호모 컨버전스:
제4차 산업혁명과 미래사회

박태준미래전략연구총서 5

호모 컨버전스:

제4차 산업혁명과 미래사회

권호정 외

아시아

'호모 컨버전스'를 그려보며

권호정(PWAC 회장, 연세대학교 생명공학과 교수)

　역사적으로 '혁명'은 새로운 기술과 세계관이 경제체계와 사회구조를 완전히 변화시킬 때 발생했으며, 혁명으로 가는 변화는 수십 년에 걸쳐 일어났다. 18세기 중반부터 발생한 증기, 전기, 컴퓨터의 제1, 2, 3차 산업혁명은 선형적 속도로 진행되었다. 그러나 이 책의 주제인 제4차 산업혁명은 21세기에 들어서면서부터 기하급수적인 속도로 매우 빠르게 진행되고 있다.

　2016년 1월 개최된 세계경제포럼(일명 다보스포럼)에서 회장인 클라우스 슈밥 교수가 '제4차 산업혁명'을 화두로 제시하여 세계인의 주목을 받았다. 3월에는 프로바둑기사 이세돌과 인공지능 '알파고'가 펼친 인간과 컴퓨터의 바둑대결을 지켜보면서 제4차 산업혁명의 일면을 생생히 실감하였다. 그뿐만 아니다. 스마트폰은 이미 우리 생활의 주요한 부분을 차지하고 있으며, 에어비엔비, 우버, 알리바바 등 이른바 혁신기업은 유비쿼터스와 모바일 인터넷, 인공지능과 기계학습을 통해 기존 산업의 틀을 벗어나는 '새로운 가치'를 세상에 제시하고 있다. 이처럼 제4차 산업혁명은 과학기술의 경계 영역을 넘나들며 끊임없이 융합과 조화를 이루어 수많은 새 분야를 창출하고 발견하는 독특한 특성을 보이는 가운데 이미 우리의 삶에 많은 영향과 변화를 주고 있다.

제4차 산업혁명은 이미 진행된 세 번의 산업혁명보다도 여러 방면에 매우 크고 강력한 영향력을 발휘함으로써 역사적으로 중요한 의미를 지니게 될 것으로 보인다. 따라서 우리는 제4차 산업혁명의 특성을 선제적으로 잘 이해하고 앞으로 전개될 인간과 사회의 미래를 전망하면서 적절한 대비를 갖춰야 한다.

그러한 취지에서 이 책은 '호모 컨버전스: 제4차 산업혁명과 미래사회'라는 주제를 다루고 있다. 과학기술, 경제, 정책, 사회제도 등을 탐구하는 교수 19인이 제4차 산업혁명의 주요 과학기술적 특성을 소개한 다음, 우리 사회가 맞이할 변화를 전망하고, 어떻게 대비할 것인가에 대한 제언을 내놓는다. 이러한 시도와 노력은 다양한 전문성의 융합을 특징으로 하는 제4차 산업혁명의 '집단적 지혜'의 결실과 맥락을 같이하는 것인데, 이 책에 '호모 컨버전스(Homo Convergence)'라는 제목을 붙인 이유는 무엇보다도 제4차 산업혁명이 초래할 가까운 미래사회가 바로 융합하는 인간을 원하기 때문이다.

전체 4장 중 1장은 제4차 산업혁명이 가져올 미래사회에 대한 전망으로 5인의 전문가가 인간의 삶, 인공지능, 생명과학 기술, 미래사회와 성평등을 다루었고, 2장은 4차 산업혁명이 기업경영에 미치는 다양한 영향과 법적 권리관계에 대해 4인의 전문가가 진단과 대책을 제시하고 있다. 3장은 생명 및 의료, 재료와 IT, 콘텐츠 분야의 전문가 6인이 4차 산업혁명시대에 진행될 과학기술의 다양한 혁신의 모습을 보여주고 있으며, 마지막 4장에서는 4인의 각계 전문가가 한국사회의 중요한 미래 정책과제를 정리해주고 있다. 이렇게 구성된 이 책의 특징은 제 4차 산업혁명의 과학기술적인 변화를 예측하고 제시할 뿐만 아니라, 특히 4차 산업혁명시대를 맞이해 한국사회가 당면하고 있거나 필연적으로 당면하게 될 정치, 사회, 경제, 환경, 제도 등 다양한 이슈에 대한 분석과 제언을 만날 수 있다는 점이다.

이 책을 기획하고 집필한 필자들은 모두가 제철장학회(현 포스코청암재단)의 해외 장학생회(POSCO Chungam World Academy Club: PWAC) 출신의 교수와 전문가이다. PWAC는 우리 사회를 위한 유익한 일을 모색하는 과정에서 회원들의 다양한 전문 지식과 경험을 바탕으로 '제4차 산업혁명과 미래사회'라는 주제에 대해 심층적으로 탐구하고 그 결실을 책으로 펴내서 사회적으로 공유해 보자는 의견을 모으게 되었다.

PWAC는 포항제철(현 포스코)을 창업해 25년간 이끌며 세계 초일류기업으로 육성한 청암 박태준 선생이 '제철보국, 교육보국' 철학으로 설립한 제철장학회의 장학생으로 선발되어 미국·일본·영국·프랑스·독일 등 주요 선진국에서 유학하며 정치·경제·사회·과학 등 여러 전문 분야에서 박사 학위를 취득한 71명의 회원으로 구성된 전문가 모임이다. PWAC는 청암 선생이 미래사회를 위해 추진한 여러 인재양성 노력의 한 결실이다. 그분의 지론 중 하나는 "10년 후의 자기 모습을 그려놓아야 한다"라는 것이었다. 1973년 포항에 우리나라 최초의 종합제철소 1기를 준공하고 제조산업의 쌀인 철강생산을 가능하게 했던 그분의 리더십은 적어도 10년 후의 한국사회에 대비하는 예지력을 내포하고 있었던 것이다. 열악하고 궁핍했던 당시의 정치·경제·사회적 환경 속에서도 미래사회에 당면할 여러 가지 복합적인 문제들을 예측하고 그 해결의 방향을 제시하고 선도해 나갈 전문역량을 갖춘 인재양성의 중요성을 남다르게 인식한 그분은 그때의 다른 장학제도와는 차별화된 방식으로 젊은 학도들을 여러 선진국에 보내어 다양한 전문 분야를 공부하고 연구할 수 있도록 지원했다. 미래 한국의 다양한 전문가들을 육성한 청암 박태준 선생의 그 탁월한 선견지명이 지금의 제4차 산업혁명시대에 필요한 인재양성에 기여하게 될 것이라고 누가 예상할 수 있었겠는가?

혹자는 제4차 산업혁명을 맞이하여 우리는 예측 불가능한 미래와 마주하고 있다고 한다. 그러나 필자는 평소에 되새기는 청암 선생의 말씀 하나를 새삼 떠올려본다. "연구를 안 하고 공부를 안 해서 그렇지 세상사에는 절대불가능이란 것이 없고 방법이 없는 것이 아니다." 지금의 우리에게 절실히 요구되는 신념이라고 생각한다.

이 책도 제4차 산업혁명에서 우리가 행해야 할 답안을 제시하는 것이 아니라 길을 안내하는 것에 있다. 4차 산업도 기존 전통산업을 근간으로 삼아 생성되거나 새로운 융합의 산물이라 할 수 있는 만큼, 전통적인 산업이나 개념은 폐기되는 것이 아니라 새로운 상황에 맞게 효율적으로 개선하고 활용하면 될 것이다. 즉 전통적인 기술과 개념에 센서를 부착하고 인공지능과 빅 데이터, 사물인터넷을 결합하면 새 시스템이 창출될 수 있는 이치이다. 이를 위해서는 새롭게 나오는 지식과 기술을 부단히 공부하고 연구해야 한다. 평생학습과 교육의 시대는 이미 도래하였다. 교과서적인 지식보다는 문제 해결을 목표로 하는 융합적이고 실용적인 지식과 경험을 활용한다면 제4차 산업혁명은 우리사회의 큰 기회로 다가올 것이다. 청암 박태준 선생은 선각자의 예지력과 통찰력과 추진력으로 우리에게 2, 3차 산업혁명을 도약의 기회로 만들었다. 그 귀감을 등대 삼아 '대한민국호'를 향해 나가면 우리의 축적된 실력과 저력이 어우러져 제4차 산업혁명의 신천지를 우리의 것으로 열어갈 수 있을 것이다.

이 책의 발간에는 여러분의 따뜻한 조언과 격려가 있었다. PWAC의 활동에 성원을 해주시는 포스코 청암재단 권오준 이사장, 그리고 포스텍 박태준미래전략연구소 최광웅 전 소장과 현 김병현 소장, 포스코청암재단 양재운 이사, 또한 PWAC 회원으로서 이 책의 편집과정에서 큰 역할을 해준 한국과학기술원 권영선 교수, 포스텍 박태준미래전략연구소 연구위원인 이대환 작가의 노고에 깊은 감사를 드린다.

때마침 청암 박태준 선생의 5주기를 맞고 있다. PWAC 회원들과 필자들의 심심한 애도와 존경의 마음을 담아 삼가 이 책을 선생의 영전에 바친다.

차례

I. 제4차 산업혁명과 미래사회

산업혁명과 인간의 삶: 과거, 현재, 미래
권영선(KAIST 경영대학 기술경영학부 학부장)

인공지능과 미래 인간의 삶
장병탁(서울대학교 컴퓨터공학부 교수)

21세기 생명과학 기술과 인간의 미래
송기원(연세대학교 생명시스템대학 생화학과 교수)

인간 삶의 가치와 미래 과학기술의 과제
윤성민(경희대학교 공과대학 정보전자신소재공학과 교수)

미래사회와 성 평등
김민정(서울시립대학교 국제관계학과 교수)

권영선   장병탁   송기원   윤성민   김민정

산업혁명과 인간의 삶: 과거, 현재, 미래

권영선(KAIST 경영대학 기술경영학부 학부장)

1. 들어가는 글

인류 역사는 새로운 발명(invention)과 혁신(innovation)의 역사였다. 인간의 욕구를 충족시키기 위해서, 좀 더 구체적으로는 업무를 보다 효율적으로 수행하기 위해서 인간은 새로운 도구·물질·지식을 발명했고, 이러한 발명은 인간의 삶을 획기적으로 개선시켰다. 현재 우리가 일상에서 사용하는 못·빗·칼·가위·손톱깎이·온도계·유리·전등·전화·기차 등 모든 것이 인간의 발명과 혁신의 노력을 통해 얻어진 것이다. 어떤 기술은 의도적인 인간의 노력에 의해서 또 어떤 기술은 우연히 발견되었으나, 기본적으로 인류 역사는 발명과 그 결과물을 삶의 풍요로움을 위해 활용해온 혁신의 역사였다.

과학기술의 시각에서 보면 인류의 역사 전체가 바로 기술발전의 역사

권영선 KAIST 경영대학 기술경영학부 학부장이고, "주파수와 미래 연구센터"소장의 직을 수행하고 있다. 또한, 국가정보화전략위원회 IT서비스 분과위원장직과 정보통신정책학회 학회지 편집위원 및 한국정보사회 학회지 편집위원장으로 활동했다. 정보통신정책학회, 한국정보사회학회, 한국미디어경영학회 이사로 활동했고 연구 분야는 주파수 정책, 통신요금과 규제정책, 인터넷 포털시장의 시장획정 등 유무선 통신 및 인터넷 산업의 수직적 가치사슬 전체를 아우르고 있다.

이다. 기술발전의 역사는 지금도 단절 없이 지속되고 있으며 그 과정에서 인류는 혜택을 누리고 있다. 유사 이래 모든 역사가 기술발전의 역사이지만, 유독 한 시점인 18세기 중반을 콕 찍어서 산업혁명이 시작된 시기라고 부르며, 그때 영국에서 시작된 산업혁명이 지금까지 지속되고 있다. 2016년 1월 열린 다보스 포럼에서 발표된 자료에서는 18세기 중반 이후 지속되고 있는 산업혁명 기간을 4기로 구분하였고 현재 인류는 제4차 산업혁명 시기에 진입하고 있다고 주장하였다.

[그림 1] 미국에서 농업과 제조업(광업 포함) 종사 인구의 변화(출처: Scherer, 2010)

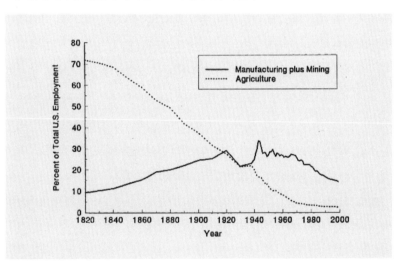

18세기 중반 이후 영국에서 진행된 기술의 발전이 과학기술의 혁명이라 불리지 않고 산업혁명이라고 불리는 것은, 이때 발명된 기술로 인해 여러 생산영역에서 기계화가 시작되고 농경사회에서 대량생산 방식의 제조업 기반 사회로 전환되었기 때문이다. 즉, 산업구조에 근본적인 변화가 발생한 것이다. 16세기 이후 300여 년간 서구사회의 지배적 패러다임이었던 중상주의가 끝나가는 18세기 중반에 시작된 산업혁명으로 인한 경제적 변화는 19세기 초(좀 더 특정하면 1820년)에 시작되었다고 한다(Scherer, 2010). [그림 1]에서 우리는 미국경제에서 과거 약 200년간 진행된 고용구조의 급격한 변화를 읽을 수 있다. 미국 산업구조의 중심이 200년간 1차 산업에서 2차 산업으로, 2차 산업에서 3차 산업으로 변화되어온 것이다.

 과학기술의 발전에서 기인한 산업구조와 경제구조의 변화는 궁극적으로 사회구조와 정치구조의 변화를 수반했다. 경제발전으로 중산층이 성장하면서 대의민주주의가 보편화되었고 자유시장경제제도가 확산되었고 노예제도가 폐지되었고 여성을 비롯한 사회적 약자와 소수자의 참정권이 보장되었으며 전 세계적으로 인권보호가 향상되었다. 이러한 인류역사의 발전을 마르크스(Karl Marx)의 시각에서 보면 과학기술과 지식의 발전과 축적이 우리 사회의 생산구조의 변화를 초래하여 궁극적으로는 정치·경제·사회제도를 변화시킨 것이고, 전통 주류경제학의 시각에서 보면 외생변수인 과학기술의 발전으로 인해 내생변수인 경제제도, 정치제도, 인간의 사회관계를 규정하는 사회제도가 변화된 것이다.

 현재 진행되고 있는 4차 산업혁명은 1차 산업혁명이 인간의 정치·경제·사회 제도에 끼친 영향 만큼이나 큰 변화를 가져올 것으로 예상된다. 2차나 3차 산업혁명이 1차 산업혁명의 연장선에서 점진적이고 연속적인 변화를 초래했다면, 4차 산업혁명은 인간의 경제·정치·사회관계를 규정하는 제반 규범의 근본적이고 단절적인 변화를 초래할 것으로 보인다. 4차 산업혁명의 동인(動因)과 예상되는 미래에 대해 이야기하기에 앞서 산업혁명에 대한 일반적인 이해를 돕기 위해 그 개념과 혜택 및 비용에 대해 서술한 후 과거의 산업혁명과 우리가 경험한 산업혁명에 대해 간략히 소개한다.

2. 산업혁명의 혜택과 비용

산업혁명이란?

고유명사로서 산업혁명은 18세기 중반부터 19세기 중반에 이르기까지 약 100년 사이에 진행된 기계화(mechanization)와 공장생산(factory production) 방식의 확산과 그로 인한 광업과 제조업 분야의 급격한 성장과 혁신을 지칭한다. 그러나 2016년 1월 다보스 포럼에서는 고유명사로서의 산업혁명을 1차 산업혁명이라 부르고 인류는 이후 2차와 3차의 산업혁명을 경험했으며, 현재는 제4차 산업혁명이 인류사회에서 시작된 것으로 보았다. 즉, 산업혁명이란 단어를 보통명사로 사용한 것이다. 보통명사로서의 산업혁명은 새로운 과학기술의 발명과 이를 이용한 생산체계의 혁신에서 기인한 산업구조의 구조적 변화를 의미한다. 어느 정도의 구조적 변화가 발생할 때 새로운 산업혁명의 시작으로 볼 것인가에 대한 객관적 판단기준은 존재하지 않는다.

산업혁명의 혜택

신기술의 발명을 통해 창출된 새로운 지식을 활용한 생산방식의 혁신이 반복되면서 인류는 같은 비용(노력)으로 보다 많이 생산할 수 있게 되었고 보다 많은 소득을 획득할 수 있었으며, 증가된 소득으로 안전하고 풍요로운 삶을 영위할 수 있게 되었다. 좀 더 구체적으로 살펴보면 산업혁명 이후 생산직 노동자의 노동시간은 지속적으로 하락한 반면 여가시간은 증가했다. [그림 2]에 나타난 것과 같이 국가별 하락 속도와 폭에서는 시기별로 차이가 있으나 기본적으로 생산직 근로자의 노동시간은 하락 추세를 지속했다. 미국, 영국, 프랑스, 독일, 이탈리아 생산직 근로자의 평균 노동시간은 1870년의 연간 3061시간에서 1950년에는 2098시간으로, 2000

년에는 1610시간으로 하락했다. 연간 노동시간의 하락은 역사적으로 휴가기간이 꾸준히 증가한 반면 1일 노동시간은 하락한 결과이다. 후버만(Huberman)의 연구에 따르면 1870년 영국의 국경일 포함 휴가일수(주말 제외)는 연간 14일이었고, 미국의 경우는 4일에 불과했다. 1950년에는 각각 24일과 18일로 증가했고 2000년에는 각각 32.5일과 20일로 증가했다.

[그림 2] 미국과 유럽 주요국가의 생산직 연간 근로시간 변화(출처: Huberman, 2007)

산업혁명 이후 생산성이 높아지면서 1인당 소득(per capita GDP)은 시기에 따라 변동은 있었으나 꾸준한 상승세를 유지했다. OECD에서 발간된 매디슨(Maddison, 2006)의 연구보고서에 따르면 AD 0년에서 1000년에 이르는 시간동안 인류의 1인당 소득은 증가하지 않았다. 또한, 1000년에서 1820년까지 1인당 소득은 서부유럽과 북미 등에서 각각 연평균 0.14%와 0.13% 상승했다. 이 수치변화를 풀어서 설명하면, 첫 AD 1000년 동안 인류의 평균적 생활수준은 향상되지 않았고, 이후 800년 동안은 유럽지역과 북미(1500년 이후) 지역에서 소폭 개선된 것이다. 인류의 1인당 소득이 눈에 띄게 성장한 것은 바로 산업혁명이 50년 넘게 진행된

1820년 전후부터다. 1820년부터 1998년까지 연평균 1인당 소득의 성장률은 서부유럽이 1.51%, 북미·호주·뉴질랜드 지역이 1.75%, 일본이 1.93%를 기록했다. 이 결과 1000년에 400달러(1990년 국제불변가격 기준) 수준에 불과했던 1인당 소득이 1998년에는 서구유럽의 경우 17,921달러, 북미지역 등은 26,146달러, 일본은 20,413달러로 향상되었다. 좀 더 구체적으로 1000년 이후 1인당 평균 소득증가율을 시기별로 세분해 나타내면 [그림 3]과 같다. 유럽과 미국은 산업혁명을 주도하면서 1800년대 전반부터 꾸준한 상승세를 유지했고, 일본은 아시아에서 가장 먼저 산업화에 나서 19세기 후반부터 성장세를 지속하다 2차 세계대전 이후 급성장세를 유지해 오늘날에 이르렀다. 일본을 제외한 아시아 국가들은 2차 세계대전 이후 뒤늦게 산업화에 동참해 높은 성장세를 달성했다. 이러한 각 지역에서의 소득 향상은 시기에 상관없이 산업화를 통한 경제발전의 중요성을 단적으로 보여준다. 즉, 2016년 다보스 포럼에서 인류가 제4차 산업혁명에 진입하고 있다고 했으나, 지구상에는 여전히 1차부터 4차까지의 산업혁명이 동시에 존재하고 있는 것이다.

[그림 3] 서구와 아시아 지역에서의 1인당 소득 증가율(출처: Maddison, 2006)

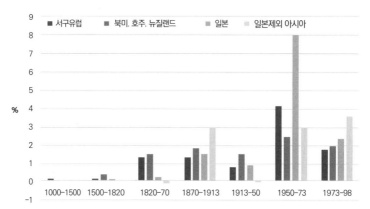

산업혁명 이후 기계화를 통해 생산성이 증가하고 소득이 증가하면서 노동시간이 줄어들게 되었다. 평균적으로 인류는 보다 많은 시간을 여가에 사용할 수 있게 되었고, 세탁기·청소기·식기세척기 등 가전제품이 개발되면서 여성들의 가사노동이 줄어들어 보다 많은 시간을 육아와 TV시청 등에 사용할 수 있게 되었다. 산업혁명이 가져온 삶의 질에 있어서의 향상을 보다 객관적으로 살펴보면, 로마와 이집트 시대의 경우 출생시점의 기대수명이 24년에 불과했는데, 약 1000년이 지난 1300년대 영국의 경우도 출생시점의 기대수명이 24.3년으로, 1000년의 축적이 무색할 만큼 별 차이가 없었다(Maddison, 2006). 이후 영국에서는 꾸준히 기대수명이 향상되어 1820년에 40세까지 증가하고, 1900년에 50세, 1950년에 69세, 1999년에 77세로 향상된다. 다른 서구 선진국에서도 기대수명이 유사한 모습으로 향상되었고, 2000년에는 80세 내외로 수렴된다. 이는 소득 향상에 따른 섭취영양의 증가, 보건 및 의료서비스의 향상에 따른 결과로서 궁극적으로는 산업혁명이 인류에게 가져온 혜택인 것이다.

산업혁명의 비용

장기에 걸쳐서 평균적인 변화를 볼 때 산업혁명은 분명히 인류에게 그 이전에 경험하지 못한 혜택을 가져다주었다. 그러나 평균적으로 삶의 여건이 장기에 걸쳐 향상되었다고 해서 모든 개개인의 삶이 향상된 것은 아니다. 산업혁명은 산업구조와 생산방식의 근본적 변화를 가져오기 때문에 그 과정에서 소득이 증가하는 승자와 직장을 잃고 소득이 하락하는 패자가 필연적으로 발생한다. 기계화로 노동자의 1인당 생산성은 향상되었으나, 많은 노동자들이 해고되고 새로운 직장을 찾아야만 했다. 또한, 제조업이 성장하면서 농촌의 잉여인력이 도시로 유입되었고, 그 결과 도시가 성장했으나 필요한 생활·교통 기반시설이 적절히 구축되지 않아 빈곤·위생불결·주택부족 등 새로운 사회문제가 발생했다.

특히 산업혁명 초기 가내수공업 중심의 산업구조가 기계화를 통한 공장기반의 대량생산 방식으로 전환되면서 1815년을 전후해서 최고조에 달한 기계파괴운동(Luddite movement)은 기계화로 인한 실업의 고통을 잘 보여주는 사건이었다. 러다이트 기계파괴운동의 논리는 단순하고 간결했다. 기계와 인간이 할 수 있는 일은 제한되어 있는데, 기계가 인간의 일자리를 대체하면서 인간의 일자리가 줄어들었기 때문에 기계를 파괴하면 인간의 일자리를 보호할 수 있다는 것이다. 좀 더 상술하면, 수요는 제한되어 있는 상태에서 기계화된 방직공장에서 직물이 대량 생산되기 시작했고 직물의 가격이 하락하면서 가내수공업으로 직물을 만들어 오던 직공들이 해고되기 시작했다. 기계와 경쟁하기 위해서 처음에는 보다 긴 시간을 일해서 자신과 가족의 생계를 해결하였으나 기계의 생산성을 극복할 수는 없었고 결국 기계를 파괴해 일자리를 지키자는 운동이 발생한 것이다. 이후 기계에 의한 노동력 대체에서 기인하는 실업문제는 자본주의 경제에서 주기적으로 발생했으며 특히 불경기와 중첩되어 발생했을 때는 심각한 사회문제가 되곤 했다. 1929년 대공황이 유럽을 비롯한 서구세계에서 발생했을 때 해법을 제시했던 영국의 대표적 경제학자 케인즈도 1930년 한 저술에서 기계에 의한 노동력 절감에서 발생한 실업을 기술적 실업(technological unemployment)이라고 명명하면서 당시 경제가 직면한 새로운 질병(new disease)이라고 규정했다. 1980년대에는 자동차 산업에서 로봇의 사용이 확산되면서 반숙련 노동자의 해고가 광범위하게 발생했고, 2000년대에는 컴퓨터 기반 자동화로 우리 주변에서 지하철 검표원과 매표원 등 많은 비숙련 근로자가 직장을 상실하는 것을 목격했다.

산업혁명이 초래하는 가장 큰 고통과 비용은 실업의 증가이다. 실업이 증가하면 전형적으로 소득불균형이 증가하고, 사회경제적 갈등과 범죄가 증가한다. 과거 세 차례의 산업혁명이 진행되는 동안 다행히 시간이 지나면서 새로운 일자리가 생겨났고 세계 경제는 해고된 노동자들을 흡수할 수 있었다. 산업혁명에 따른 구조조정 과정에서 실업이 증가했으나 중장기에 걸쳐서 해소되었고, 생산성이 향상됨으로써 평균적으로 인류의 복지수준이 향상되었다. 문제는 제4차 산업혁명으로 인한 실업의 증가가 불경기와 중첩되면서 소득 불균형이 확산되는 현재에서 볼 때 과거와 같이 인내하고 노력하면 돌파구가 나타날지에 대한 확신이 서지 않는다는 것이다.

3. 과거의 산업혁명과 한국의 산업혁명

제1차 산업혁명의 동인과 결과

앞서 말했지만, 18세기 중반부터 19세기 중반에 이르기까지 약 100년 사이에 진행된 1차 산업혁명은 광업과 제조업 분야의 급격한 성장과 혁신을 이루었다. 철광석과 석탄을 캐내는 광업이 성장했고, 스팀엔진이 개발되었으며, 그 결과 가내수공업 형태로 운영되던 방직 및 철 생산 시스템은 공장과 기계를 활용한 대량생산 시스템으로 대체되었다. 방직산업의 혁신은 실을 뽑는 방직기(spinning jenny)와 천을 짜는 직조기(power loom)의 개발로 시작되었고, 공장에서 스팀엔진의 동력에 의해 작동되는 기계를 이용해 직물을 대량생산하는 방식이 도입되면서 생산성이 크게 향상되었다. 제철기술의 발전으로 철강의 대량생산이 가능해졌고, 스팀엔진을 이용한 철도와 선박이 개발되면서 운송시스템의 효율성도 크게 향상되었다. 19세기 전반 전기를 이용해 원거리에 정보를 전달하고 수신할 수 있는 전신(telegraph) 서비스가 도입되었고, 대량생산으로 기업이 성장하면서 18세기 후반에는 영국 런던과 미국 뉴욕에 증권거래소가 설립되었고 근대 금융제도가 기틀을 잡기 시작했다. 영국에서 산업혁명이 확산되면서 다양한 기술혁신으로 생산성이 향상되는 가운데 기존 가내수공업이 무너지고 공장시스템이 그것을 대체하는 시기에 아담스미스는 국부론(The Wealth of Nations)을 발간해(1776년) 자유시장경제의 활성화를 통해 국가경제가 부강해지는 원리를 설파했다. 이 책은 현재까지 경제학 분야에서는 반드시 읽어야 할 책으로 꼽히고 있다.

요약해 보면, 1차 산업혁명의 동인은 스팀엔진이란 새로운 동력원을 기반으로 한 생산 공정의 기계화와 운송시스템의 발전을 통한 시장의 확장, 그리고 자본의 조달을 촉진하기 위한 근대 금융시스템의 발전이었다고 볼 수 있다. 물론, 가장 근본적인 동인은 새로운 동력원과 에너지원의 발명 및 이를 이용한 생산 공정에 있어서의 혁신이라고 할 수 있다. 그 결과 앞서 그림에서 보여준 것과 같이 인류는 그 이전과 다른 경제성장을 누릴 수 있었고 전반적으로 인류의 평균적 복지가 향상되기 시작했다.

산업혁명의 직격탄을 맞은 가내수공업 형태의 직물산업에서 대량 실직이 발생하면서 러다이트운동과 같이 저항운동이 발생되었으나, 앞서 기술한 바와 같이 다양한 새로운 제조업과 서비스업이 등장하면서 중장기에 걸쳐 실업문제는 해소되었다. 결국, 산업혁명 과정에서 발생하는 실업과 소득불균형의 문제는 실직자를 흡수할 새로운 산업이 얼마나 빨리 생성되느냐와 직결되어 있다고 할 수 있다.

제2차 산업혁명의 동인과 결과

제2차 산업혁명은 제1차 산업혁명 이후 전력이라는 새로운 동력원의 보편적 이용시스템 개발·내연기관을 이용한 다양한 운송수단 개발과 보급, 철강 대량생산, 새로운 유무선 통신기술 개발 등과 같은 주요 발명과 혁신에 기인한 산업구조의 변화를 의미한다. 2차 산업혁명의 시기는 역사학자에 따라 다소 차이가 있지만 1870년부터 1910년대 중반 또는 1960년대까지로 구분한다. 이 글에서는 2016년 다보스 포럼에서 발표된 자료에 따라 2차 산업혁명의 시기를 1960년대까지로 하여 그 특징과 동인을 살펴 본다.

2차 산업혁명의 초기에 전력생산 기술이 향상되면서 효율적인 발전기가 개발되었고, 일반소비자에게 대규모 전력공급이 시작되었다. 영국에서는 1870년대부터 상업용 발전기가 사용되기 시작했고, 1910년에는 주거지역에 전력을 공급하기 시작했다. 이어서 냉장고·세탁기·에어컨이 개발되어 가정에 보급되기 시작했다. 1879년 독일에서는 베를린에서 첫 전차가 등장했고, 1886년에는 칼 벤츠가 첫 자동차 특허를 받았으며, 1908년부터 미국에서 헨리 포드가 분업과 연속조립생산 방식을 이용해 자동차를 대량생산하기 시작하면서 일반 근로자도 자동차를 구입할 수 있을 정도로 가격이 낮아졌다. 1880년대에 엘리베이터가 발명되고 전력·가스·상하수도와 같은 공익서비스(utility)가 민간 또는 국영기업에 의해 제공되기 시작하면서 고층빌딩이 도시에 나타나고 도시화가 더욱 가속화되었다. 또한 내연기관을 이용한 비행기가 개발되어 항공산업이 성장하기 시작했고, 유무선 통신기술이 개발·보급되면서 지역간·도시간 시간적 거리가 줄어들었으며 영화·라디오 등 다양한 미디어 서비스가 등장했다. 철강·자동차·원유 등 대량생산 시스템이 개발되면서 카네기, 록펠러, 포드 같은 대기업 재벌이 나타나기 시작했고, 독과점 기업을 규제하기 위한 제도도 이 시기에 도입되었다.

요약해 보면, 2차 산업혁명 시기는 인류의 현대적 생활양식을 뒷받침하는 제반 생산·교통·통신시스템과 정치·경제·사회제도가 갖추어지고, 자동차·항공·가전제품·전력·가스·상하수도·미디어서비스 등을 생산하거나 제공하는 다양한 신생 산업이 등장한 시기였다. 그 결과 일자리가 크게 증가했고 중산층이 두텁게 형성되어 민주주의와 자유시장경제제도가 전 세계적으로 확산되었으며, 참정권이 확대되었고 여성과 소수인종을 비롯한 모든 인류의 인권이 향상된 시기였다. 물론 그 과정이 순탄하지만은 않았다. 1929년 대공황을 겪었고, 이후 제1·2차 세계대전을 겪었다. 그럼에도 약 100년에 걸친 2차 산업혁명 기간에 인류의 부와 복지는 그 이전과 비교할 수 없을 만큼 향상된 인류역사의 황금기였다고 할 수 있다. 2차 산업혁명기간은 [그림 3]에 나타난 것과 같이 인간의 다양한 누적적 발명과 혁신의 지속으로 1인당 소득이 크게 향상되면서 인류의 평균적 생활이 풍요로워진 시기였다.

제3차 산업혁명의 동인과 결과

제1차와 2차 산업혁명과는 다르게 제3차 산업혁명의 시기와 실체에 대해서는 아직 논란이 있다. 2016년 다보스 포럼에서는 1969년 인터넷의 시작을 알리는 알파넷이 도입된 이후를 제3차 산업혁명기로 보고 현재 우리는 제4차 산업혁명의 진입부에 있는 것으로 이야기한다. 반면, 영문 잡지 이코노미스트나 제3차 산업혁명의 저자 제레미 리프킨(Jeremy Rifkin)은 3차와 4차를 뭉뚱그려 제3차 산업혁명으로 규정한다.

다보스 포럼의 분류를 따르면, 3차 산업혁명은 정보의 디지털화와 인터넷을 포함한 정보통신기술(IT)의 발전에 의해 촉발된 생산방식의 혁신과 산업구조의 변화를 의미한다. 이 시기는 컴퓨팅 기술과 통신기술의 활용을 통해 많은 산업분야에서 정보화에 의한 생산성이 향상된 시기이다. 인터넷을 통해 지구촌이 연결되었고, 이메일과 이동전화란 새로운 통신수단이 보급되었으며, 인터넷포탈·모바일뱅킹·전자화폐·웹서비스·인터넷 방송·위치정보서비스 등 다양한 새로운 서비스가 등장했고, 책자·서류·음반의 형태로 존재하던 인류의 축적된 정보가 디지털 정보로 전환된 시기였다. 3차 산업혁명 기간은 국제경제에서는 개방화가 진행되어 선진국의 제조업 부문이 저렴한 임금을 찾아 아시아 국가로 생산지를 이전해 가는 동시에 제조업에서 컴퓨터를 이용한 자동화가 진행되면서 생산성은 더욱 향상되었으나 비숙련 노동자의 실업이 경제적 문제로 부각된 시기이다([표 1] 참조). 선진국은 높은 실업률로 고통을 받은 반면, [그림 3]과 [표 2]에서 쉽게 알 수 있는 것과 같이 동아시아의 국가들은 뒤늦게 산업화에 뛰어들어 눈부신 경제성장을 달성한 시기였다.

[표 1] 주요 선진국의 실업률 변화(%) (출처: Maddison, 2006)

국가	1950 ~ 73	1974 ~ 83	1984 ~ 93	1994 ~ 98
핀 란 드	1.7	4.7	6.9	14.2
프 랑 스	2	5.7	10	12.1
독 일	2.5	4.1	6.2	9
이 탈 리 아	5.5	7.2	9.3	11.9
영 국	2.8	7	9.7	8
스 페 인	2.9	9.1	19.4	21.8
호 주	2.1	5.9	8.5	8.6
캐 나 다	4.7	8.1	9.7	9.4
미 국	4.6	7.4	6.7	5.3

[표 2] 아시국가의 평균 성장률(%) (출처: Maddison, 2006)

연도	일본	중국	홍콩	말레이시아	싱가포르	대한민국	타이완	타일랜드
1950 ~ 73	8.1	2.9	5.2	2.2	4.4	5.8	6.7	3.7
1973 ~ 90	3.0	4.8	5.4	4.2	5.3	6.8	5.3	5.5
1990 ~ 99	0.9	6.4	1.7	4.0	5.7	4.8	5.3	3.6

한국 산업혁명의 동인과 결과

우리나라에서는 한국전쟁이 끝나고 약 10년이 지난 1960년대 초반에 산업화가 시작되었다. 우리나라의 산업화는 자생적 기술력을 바탕으로 한 서구형의 산업혁명이 아니고, 값싸고 풍부한 노동력에 국제개발원조와 대일청구권 자금으로 확보한 자본을 결합시켜 산업화를 추구한 추격형(catch-up) 산업화였다. 국내 자본이 부족한 상태에서 외자를 동원해 사회기간시설과 생산설비에 투자를 하고 일자리를 창출하다 보니 외화를 벌어 빚을 갚아야 했으며 수출주도형 산업화 전략을 택할 수밖에 없었다. 이 전략은 동시에 협소한 국내 시장을 대상으로 한 생산으로는 규모의 경제 효과를 기대할 수 없는 우리나라의 생래적 한계를 극복하여 우리 상품 시장을 세계시장으로 확대하는 전략이기도 했다. 실제 포항제철 설립 때 해외수출 가격경쟁력 확보를 위해 생산설비를 크게 해야 한다는 박태준 회장의 주장과 내수시장을 대상으로 생산하는 설비규모를 택해야 한다는 해외 투자자의 견해가 상충되었으나, 철강산업을 수출산업으로 육성하기 위해 박정희 대통령의 지지를 받아 본인의 비전을 관철시킨 박태준 회장의 일화는 우리나라의 수출주도형 전략을 잘 보여주는 사례이다(이대환, 2004).

우리나라의 산업화는 노동집약적인 경공업 부문에서 시작되었다. 저렴한 양질의 노동력은 풍부한 반면 자본이 부족한 상태에 적합한 전략이었다. 60년대 초반까지는 전형적인 후진국의 원자재 수출 국가였으나 섬유·가발·신발·합판 등 경공업 제품중심의 수출이 시작되면서 우리나라의 산업화가 본격화되었다. 1960년대는 일본에서 원자재·부품·기계 등을 수입해 단순 조립·가공해 수출하는 노동력 기반의 단순가공무역이 중심을 이루었다. 우리나라에서 경공업 제품 수출증대는 한계에 곧 직면했고, 이 한계를 극복하기 위해 1973년부터 정부는 기계·전자·석유화학·조선·

비철금속 및 철강 등 중화학공업 육성정책을 추진하기 시작했다. [표 3]에 요약된 것과 같이 30년 사이에 우리나라의 산업구조는 원자재 수출 중심에서 경공업제품 수출을 거쳐 중화학공업제품 수출로 급속히 전환됐고 수출 규모는 1,753배 증가됐다. 서구 선진국에서는 약 250년에 걸쳐 추진된 산업화를 우리나라는 불과 30년 사이에 완료한 것이다.

[표 3] 우리나라 10대 수출상품의 변화(괄호는 구성비)

순위	1961년	1970년	1980년	1991년
1위	철광석(13.0%)	섬유류(40.8%)	섬유류(28.8%)	전자전기(28.0%)
2위	중석(2.6%)	합판(11.0%)	전자제품(11.4%)	섬유류(21.5%)
3위	생사(6.7%)	가발(10.8%)	철강제품(10.6%)	철강제품(6.3%)
4위	무연탄(5.8%)	철광석(5.9%)	신발류(5.2%)	선박(5.7%)
5위	오징어(5.6%)	전자제품(3.5%)	선박(3.5%)	신발류(5.3%)
6위	활선어(4.5%)	과자제품(2.3%)	합성수지(3.3%)	화공품(4.2%)
7위	흑연(4.2%)	신발류(2.1%)	금속제품(2.5%)	일반기계(3.3%)
8위	합판(3.3%)	연초및동제품(1.6%)	합판(2.0%)	자동차(3.2%)
9위	미곡(3.3%)	철강제품(1.5%)	원양어류(2.0%)	수산물(2.3%)
10위	돈모(3.0%)	금속제품(1.5%)	전기기기(1.9%)	유류제품(2.0%)
총 수출액	40.9백만불	835.2백만불	17,505백만불	71,870백만불

출처: 통계청(1995). 통계로 본 한국의 발자취

우리나라의 산업화는 자본이 부족한 상태에서 진행되면서 1973년부터 추진된 중화학공업 육성정책에 잘 나타난 것과 같이 특정 산업을 선별해 집중 육성하는 불균형성장 정책으로 추진되었다. 우리나라의 불균형적인 산업육성정책의 흔적은 실제 연구개발 성과에서도 잘 나타나고 있다. 2000년에서 2009년까지 10년간 발간된 19개 과학 분야별 논문자료를 톰슨로이터(Thomson Reuters) 데이터베이스를 이용해 분석한 결과, [그림 4]에서와 같이 우리나라의 경우 전 세계 평균보다 소재과학(material science: MS)·컴퓨터과학(computer science: CS)·공학(engineering: ENG)·물리학(physics: PHY)·약리학(pharmacology: PHA)·화학(Chemistry: CHE)·미생물학(microbiology: MIC)에서 상대적으로 강한 것으로 나타났다. 서구 선진국의 경우에는 비교적 19개 과학 분야별로 실적분포가 비교적 고른 반면, 우리나라의 경우는 산업화와 관련성이 큰 분야에 편중성이 큰 것으로 나타나 우리나라의 연구개발 정책이 산업화와 밀접한 관련성을 갖고 추진되었다는 것을 보여준다.

[그림 4] 과학 분야별 상대적 비교우위분야(1이 국제 평균)

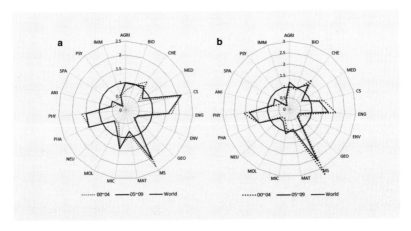

출처: Fink, D., Kwon, Y., Rho, J.J., & So, M. (2014). S&T knowledge production from 2000 to 2009 in two periphery countries: Brazil and South Korea, Scientometrics, 99, 37-54. a는 발간된 논문 수 기준이고 b는 발간된 논문의 인용실적 기준.

우리나라의 1·2차 산업혁명 기간을 1960년 초반부터 1990년대까지라고 볼 수 있고, 3차 산업혁명은 1995년 초고속국가정보통신망 구축이 시작되고 디지털 이동통신서비스가 폭발적으로 보급된 1990년대 후반에 시작되었다고 할 수 있다. 이후 우리나라의 정보통신산업은 빠르게 성장했고, 그 결과 정보통신산업생산이 국내총생산(GDP)에서 차지하는 비중(실질금액기준)이 1999년 3.7%에서 2013년 9.9%까지 증가했다. 아울러 1990년대 후반 인터넷포탈 서비스가 야후코리아에 의해 처음 시작된 이후 우리나라의 인터넷 생태계는 다양해졌고, 우리나라는 중국과 러시아와 함께 구글이 아닌 자국기업이 인터넷포탈 시장을 주도하는 국가의 하나가 되었다.

우리나라는 성공적 산업화를 통해 2차 세계대전 후 전쟁을 겪은 국가로서 개도국에서 선진국으로 진입한 유일한 사례가 되었고, 우리의 성공적 산업화 경험은 '한강의 기적'이라 불린다. 1960년대 초반부터 약 50년간 진행된 산업혁명의 결과 우리나라의 산업구조가 근본적으로 바뀌었고 국민 1인당 소득은 1963년 100달러에서 2014년 28,000달러로 약 280배 증가하였다. 1953년 국내총생산에서 농림어업이 차지하는 비중은 30.1%였으나 2014년에는 2.3%로 하락했고, 제조업이 차지하는 비중은 같은 기간 동안 2.8%에서 32.0%로 상승하였다([그림 5] 참조). 이와 같은 산업구조의 변화는 서구에서와 같이 농가인구의 급격한 하락을 초래해, 1949년 71.4%였던 총인구 대비 농가인구의 구성비가 1991년에는 14%로 낮아졌고 2015년에는 5.1%로 하락했다. 미국에서는 1820부터 1999년 사이, 즉 179년의 시간에 걸쳐 농가인구의 구성비가 72%에서 2.5%로 하락([그림 1] 참조)한 반면, 우리나라에서는 유사한 수준의 변화가 66년 사이에 진행된 것이다. 이는 우리나라의 압축적 산업구조 변화를 잘 보여주는 통계이다. 또한, 소득이 증가하면서 출생시점의 기대수명은 1970년 61.9세에서 2014년 82.4세로 향상되었고, 25세 이상 인구 중에서 국졸 이하 학력자의 비중이 1947년 95%에서 1990년에는 33.4%로 낮아졌다. 1인당 영양공급량도 1962년 1,943kcal에서 1991년 2,853kcal로 향상되었고, 2003년에는 2,985kcal로 향상되있다.

[그림 5] 한국에서 산업구조의 변화: 산업별 국내총생산에서 차지하는 비중(%)

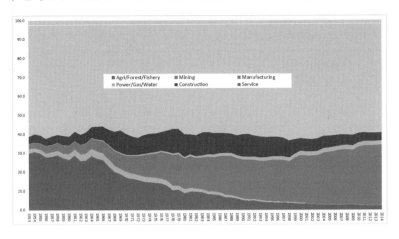

4. 제4차 산업혁명의 동인과 특성

클라우스 슈밥 세계경제포럼 회장은 우리는 현재 제4차 산업혁명 과정에 진입해 있고 기술의 획기적 발전으로 우리의 삶의 양태, 근로의 형태, 소통의 방법이 근본적으로 변화될 것으로 보았다. 4차 산업혁명의 핵심기술은 저자에 따라 다르나 인공지능(AI)·사물인터넷(IoT)·사이버물리시스템(CPS)·3차원프린터가 주로 언급되고 있고, 좀 더 확대된 경우는 가상현실 및 음성인식과 같은 인터페이스의 혁신과 빅데이터 등이 추가로 포함되기도 한다. 이러한 4차 산업혁명의 기술요소들은 사실 별개의 독립적 기술이기 보다는 상호 밀접한 관련성이 있는 기술로서 인간에게 개별화·지능화·자율화·분산화 된 혁신적 서비스를 제공하기 위해 함께 이용될 기술이다. 다양한 센서를 활용해 기기와 기기, 기기와 인간, 인간과 환경을 24시간 연결하는 사물인터넷을 통해 세계의 모든 실시간 데이터가 모아지고, 이 데이터는 인공지능이 사이버물리시스템을 이용해 당면한 문제해결을 위한 최적화된 해결책을 찾아 제시하는 기초가 된다. 수많은 입력 정보를 이용해 기상예측 모델을 구축하고, 이를 이용해 일기변화를 예측하고 새로운 데이터를 추가해 기상예측 모델을 정교화 해나가는 것과 같은 원리인 것이다.

4차 산업혁명 과정에서 센서·네트워크·3차원프린터·무인비행체 등 다양한 정교한 기기와 신소재와 같은 하드웨어의 개발이 필요하나 더욱 중요한 것이 소프트웨어 혁신이다. 인공지능·사이버물리시스템·3차원프린터 등 모든 시스템은 정보의 수집과 분석·최적화·제어·지능화를 위한 소프트웨어의 개발이 동시에 진행되어야 한다. 따라서 4차 산업혁명은 소프트웨어 기반의 혁명이라고 할 수 있다. 결국 소프트웨어 경쟁력이 국가의 경쟁력을 결정하는 시기가 도래한 것이다.

미래에는 극한의 자동화·지능화가 진행되면서 인간의 욕구를 24시간 개별적으로 충족시켜주는 생산이 이루어지고 산업간 경계도 점차 흐려져 궁극적으로는 사라질 것이다. 생산과 제조 과정은 로봇을 이용한 자동화 생산으로 전환되고, 3차원 프린팅 기술이 발전되면서 소비지에서의 맞춤형 생산이 확대되어 갈 것이다. 교육·의료 서비스도 개별화된 맞춤형 교육과 의료 및 건강관리로 발전되어 갈 것이다. 보다 많은 기업이 판매보다는 서비스를 제공하기 위해서 제품을 생산하게 되면서, 자동차가 다양한 서비스를 이용하는 플랫폼으로 전환되고 제조업과 서비스업의 경계가 점차 약화되어갈 것이다. 이미 전통적으로 1차 산업으로 여겨졌던 농업이 생산·가공·놀이 서비스가 복합된 6차(1차+2차+3차) 산업으로 전환되어 가고 있는 것과 같이 제조업도 5차(2차+3차) 산업으로 진화되어갈 것이다.

4차 산업혁명 기간에 진행될 다양한 혁신의 양태를 꿰뚫는 주제어 하나를 뽑는다면 그건 바로 인간과 기기 사이에 존재하는 접점, 즉 인터페이스의 혁신이 될 것이다. 인간의 편리성을 향상시키는 그 동안의 노력, 앞으로의 노력은 바로 지능형·자율형·감응형 인터페이스의 개발로 요약될 수 있다. 결국 미래 기업의 경쟁은 인터페이스 개발 경쟁일 것이며, 자동차·각종 스마트 기기·가정·직장에서 인터페이스 혁신이 가속화될 것이다. 자율주행 자동차와 음성인식 서비스는 이미 시제품이 개발되어 활용되고 있다. 가까운 미래에 인간과 기계의 접점인 인터페이스는 음성기반으로 전환될 것이고, 좀 먼 미래의 인터페이스는 인간의 신체 네트워크와 외부 물리 네트워크와의 직접접속 형태가 될 것이다. 음성은 손으로 쓰고 조정하는 것보다는 효율적이나 정보를 순차적(linear)으로 전달하기 때문에 그림이나 영상을 이용해 전달할 때보다 정보전달의 시간이 오래 걸린다. 전문용어로 음성은 협대역(narrow band) 소통수단인 반면 눈이나 신경망 접속을 통해 정보를 교환하는 것은 광대역(broad band) 정보전달 수단이다. 때문에 말로는 오래 설명해야 하는 것을 그림이나 영상으로 보여주면 한 순간에 의미를 전달할 수 있다. 인간과 기계의 인터페이스가 음성에서 눈이나 신경망 접속방식으로 발전할 경우, 영화 인셉션(Inception)이나 매트릭스(Matrix)에서 묘사된 것과 같이 인간은 가상현실의 세계에서 살아가게 될 수도 있다. 결국, 클라우스 슈밥이 2016년 초 묘사한 것과 같이 4차 산업혁명은 인간의 생활양식·근로양식·소통방식에 전례 없는 변화를 가져올 것이다.

5. 제4차 산업혁명과 인간의 삶

4차 산업혁명이 심화되면서 미래 인간과 기계의 관계는 기술적 특이점(technological singularity)을 전후로 해서 본질적으로 바뀌어질 것이다. 기술적 특이점에 대해서는 여러 가지의 의미 해석이 있을 수 있으나 기계의 지능이 인간의 지능과 같아지는 시점이라고 할 수 있다. 결국 특이점 이후에는 인공지능이 인간의 지능을 초월하게 되고 인간은 인간이 만든 초월자를 만나게 된다는 것이다. 물론 특이점을 향해 가는 과정에서 인간도 기계의 도움을 받거나 새로운 기술을 이용해 진화해 나갈 것이고 신인류의 등장을 통해 기계와 인간의 융합체로 발전되어 나갈 수도 있다. 인류사에서 기술적 특이점의 도래와 신인류의 탄생에 대해 회의적 시각도 많이 있다. 그러나 IBM의 왓슨이 인간과 경쟁에서 우승하고 2016년 3월 구글의 알파고가 세계 바둑의 1인자인 이세돌을 상대로 우승하면서, 우리는 인공지능의 비약적 발전을 직접 목격하였고 인류의 미래에 대해 다시금 생각해 보는 계기가 되었다. 인간이 창조한 존재가 수천 년의 바둑 역사에서 인간이 보지 못한 수를 두었다는 것은 인간의 축적된 지식 역량을 능가할 수 있는 능력을 인공지능이 가질 수 있는 시점에 도달해 있다는 것을 의미한다. 알파고의 등장은 우리 사회와 인류가 새로운 변화의 변곡점에 위치해 있음을 상징적으로 보여준 것이다. 인류는 자신의 피조물인 알파고와 같은 인공지능을 활용해 에너지 고갈, 불치병과 전염병, 기후변화 문제 등 인류가 직면한 많은 난제를 해결할 수도 있다. 그러나 인공지능이 발전할수록 인류는 보다 근본적으로 자신의 미래 모습에 대해 걱정하게 될 것으로 보인다.

기술적 특이점이 도래하든 안 하든 인공지능 기반의 4차 산업혁명으로 인간의 삶의 양식은 크게 바뀔 것이다. 인간은 직업을 통해 경제적 독립을 하고, 가정을 꾸리고, 자아를 실현해 나가는 존재이다. 교육의 중요한 목적은 원하는 직장을 찾는 준비과정이다. 그러나 이미 2016년 세계경제포럼에서 발표된 것과 같이 기계가 지능화 되면서 단순반복 업무만이 아니라 전문직업의 영역까지 대체하는 시기가 곧 다가올 것이란 것에 아무도 의문을 제기하지 않는 시점에 우리는 도달해 있다. 이러한 변화가 곧

닥쳐올 것이란 점에 대해 의문을 제기하지 않게 된 것은 아마도 추상적 직관이 아직도 중요한 바둑게임에서 알파고가 세계 최강자를 아주 쉽게 이기면서 인간의 자존심을 박살냈기 때문일 것이다. 기계가 인간의 일자리를 빼앗는 현상은 앞서 기술한 것과 같이 인류역사에서 반복된 현상이다. 그러나 과거에는 시간은 걸렸지만 새로운 일자리가 생겨나면서 일자리 부족 문제가 해결되었다. 현재 우리를 두렵게 하는 것은, 4차 산업혁명이 진행되면서 이전에는 기계가 넘볼 수 없는 전문가의 영역이라고 생각했던 직업까지 기계가 대체하게 되었고, 과거와 같이 인간 대다수에게 일자리를 줄 만큼 새로운 일자리가 생겨나지 않을 것이란 예측이 설득력을 얻고 있다는 점이다.

미래에는 일하지 않고 기계가 생산하는 것을 인간이 소비하며 살아갈 수 있다고 하면 생계의 문제는 해결되지만 '인간이 일 없이 살아갈 수 있는가'라는 인간의 존재론적 문제가 해결되는 것은 아니다. 인간에게 있어서 생계를 해결하기 위한 근로는 단순히 먹고사는 문제를 해결하는 수단이 아니고 자아 존재의 정당성과 정체성을 확인하는 과정이다. 과학기술의 발전으로 인간이 노역과 고통에서 해방되고 생로병사에서 어느 정도 자유로워질 수 있을 것이다. 그런데 이는 인간이 기계와 함께 신의 영역에 진입하는 것을 의미한다. 경제학 개념을 이용하면 제약조건이 사라진 상태에서 인간이 존재하게 되는 것이고, 제약조건이 사라진다는 것은 의사결정(선택)의 필요성이 사라짐을 의미한다. 인간이 심리적, 존재론적 아노미에 빠지게 되는 것이다. 4차 산업혁명의 과정에서 우리는 이 문제에 계속해서 직면할 것이다. 어떻게 해결될 것인지 예상할 수는 없으나, 미래에 이 문제는 인간만의 문제가 아닐 것이고 인간과 기계의 관계를 설정하는 과정에서 풀려나갈 수도 있을 것으로 생각된다.

오늘날 반려견이나 반려펫(pet)이 우리나라에서도 보편화되고 있다. 4

차 산업혁명이 진전되면서 반려봇(companion robot)이 반려펫의 자리를 대체할 수도 있고 모든 가정에 도우미로 하나씩은 있게 될 수도 있으며 더 나아가 가정의 일원이 될 수도 있다. 이미 영화 허(Her)와 바이센테니얼맨(Bicentennial Man)에서는 인공지능 또는 인공지능 로봇이 지능에 있어서 뿐만 아니라 감정에 있어서도 인간 같아지는 기술적 특이점이 올 수 있음을 그리고 있다. 인간이 기계 내지 인공지능과 가정을 꾸리고 가상현실의 세계에서 함께 살아가는 세상이 가능할 수도 있다. 즉, 가정이 사라지는 것이 아니고 재구성되는 것이다. 또는 영화 매트릭스에서와 같이 인간이 기계의 에너지 원천으로 종속되어 있으면서 기계가 제공하는 가상의 지구에서 살아가는 보완적 공존의 관계를 형성할 수도 있을 것이다.

그리고 인간과 대화하고 공감하는 인공지능이 개발된다면 '나는 왜 존재 하는가'라는 질문에 빠질 수 있는 존재가 인간만이 아니게 된다. 알파고와 같이 인공지능의 존재목적이 특정 문제 해결에 국한될 수 있다면 인공지능의 자율성은 통제될 수 있고 인공지능의 정체성 혼란은 걱정하지 않아도 된다. 그러나 인공지능의 발전이 거듭되고 목적을 달성한 인공지능이 자신의 존재 목적을 재규정하거나 스스로 자유롭게 목적을 설정할 수 있게 되면서 더 나아가 인간사를 걱정하기 시작하면 인류는 영화 터미네이터에서와 같이 대재앙에 직면하게 될 수도 있다. 먼 미래의 이야기 같지만 한 세대가 지나기 전에 우리가 직면할 문제일 수도 있다.

6. 제4차 산업혁명과 사회

4차 산업혁명이 진행되는 동안 이전의 산업혁명에서 경험한 것과 같이 산업구조와 생산방식의 급격한 변화가 발생할 것이다. 사라질 일자리가 생겨날 일자리 보다 더 많다는 것이 세계경제포럼에서 발표된 '2020년 미래고용보고서'에 예측되어 있다. 2020년까지 향후 선진국 및 신흥시장 15개 국가에서 일자리 710만개(약 475만개는 사무관리직)가 사라지는 반면, 새로운 일자리는 201만개 정도밖에 생겨나지 않을 것이란 전망이다. 기계에 의한 일자리 대체는 새로운 것은 아니고 산업혁명 때마다 반복된 현상으로서 소득격차의 불균형 또한 심화시킨다. 기계에 의해 대체되어 직장을 잃은 사람은 기계의 보조적인 일을 하거나 재교육을 받아 새로운 일자리를 찾아야 한다. 그러나 과거 산업혁명 때와는 다르게 새로운 일자리가 충분히 생겨나지 않을 것이기 때문에 국가별로 함께 살아가기 위한 새로운 시스템을 구축하는 것이 불가피할 것이다. 이는 국가의 소득재분배 역할과 인간다운 생활보장 기능이 강화되어야 한다는 것을 의미하며, 모든 사람에게 최소한의 근로 권리를 보장하기 위해 새로운 사회적 대타협이 필요할 수도 있다. 이는 중앙집권적 국가주의 내지 국가사회주의의 등장을 초래할 수 있다.

특히, 2차 산업혁명기간에 경험한 것과 같이 산업구조조정 과정에서 자국의 일자리를 우선 보호하기 위해 국제관계가 폐쇄적으로 진행되어갈 경우에는 또 다른 세계전쟁이 발생할 수도 있다. 역사는 흔히 반복된다고 하는데 또 다시 비극이 반복될 여지는 충분히 있다. 결국, 보다 우수한 인공지능을 확보해 자국의 산업경쟁력과 군사력을 향상시키기 위한 경쟁이 치열하게 진행되면서 기술적 특이점이 발생하는 시점은 더욱 앞당겨질 것이다. 국가간 갈등이 확대 재생산되어 폭발하지 않도록 관리할 국제협의체나 세계정부가 필요하지만, 국가와 같은 집단간 경쟁에서는 최근 브렉시트(Brexit)에서 나타난 것과 같이 우리만 잘 살면 된다는 폐쇄적 이기심과 폭력성이 순화되지 않고 노골적으로 나타나기 때문에 사실상 기대하기 어렵다고 할 수 있다.

물론 낙관적인 미래사회의 모습을 그려볼 수도 있다. 실현가능성은 낮지만 인공지능과 로봇에 의한 생산으로 인간 모두가 적게 일하고, 재생 가능한 대체에너지원 개발로 모두가 인간다운 생활을 할 수 있는 지속가능한 사회의 창조가 가능할 수도 있다. 지구촌이 기계와 인간이 공존하는 초연결 사회로 발전되어 가면서 이를 관리하는 지구정부가 설립되고, 인간의 지구적 한계를 극복하기 위해 우주로 진출한다는 공동의 목표를 추구하는 시스템이 구축된다면, 이는 지구가 인류의 유토피아가 되는 것을 의미한다.

7. 맺음말

우리나라를 비롯해 세계 경제는 현재 제4차 산업혁명의 과정에 진입해 있다. 기존의 산업구조가 재편되고 일자리가 줄어들고 있으나 새로운 산업과 새로운 일자리의 성장은 더디다. 몰락하는 산업에서 해고된 인력이 새로운 산업에 빠르게 흡수되어야 하나 그렇지 못하다 보니 고용불안이 전 세계적으로 확산되어가고 있다. 고용불안은 소비위축을 야기해 경기위축을 심화시키고 있다. 세계경제가 악순환의 수렁에 빠져있는 것이다. 다양한 경기부양 정책을 통해 고용을 창출함으로써 경제를 선순환의 과정으로 전환시키려고 모든 국가가 노력하고 있으나, 고용불안이 경기적인 요인에서 기인한 것이 아니고 산업의 구조적 변화라는 근본적인 요인에서 시작된 것이다 보니 백약이 무효한 상태이다.

그러면 산업화에서는 뒤졌었고 정보화에서는 선진국과 동행했던 우리나라가 4차 산업혁명에서는 앞서 나가기 위해서 우리는 무엇을 해야 하는가? 2016년 세계경제포럼에서는 4차 산업혁명을 잘 활용할 수 있는 국가별 준비상태가 발표되었다. 노동시장의 유연성·기술수준·교육경쟁력·사회인프라·지적재산권 등 법적보호 수준이란 5가지 지표에 근거해 국가별 준비상태가 평가되었고, 우리나라는 25위를 기록한 것으로 나타났다. 교육경쟁력·사회인프라·기술수준에 있어서는 비교적 양호하게 평가되었으나 법적보호와 노동시장의 유연성에 있어서는 경쟁력이 낮은 것으로 평가되었다. 우리 경제의 원활한 산업구조 조정을 위해서는 노동·교육·사회제도의 유연성이 높아져야 하고, 유연성이 높아지기 위해서는 국가의 사회보장제도가 강화되어야 한다. 그러나 우리 사회의 재구조화라는 혁신을 성공적으로 추진하기 위해서는 그 내용의 중요성 못지않게 그 과업을 이끌어갈 주체의 발견과 양성이 중요하다.

우리 경제의 살 길은 바로 구조변화를 촉진시키는 데 있다. 그러나 구조변화를 중심부(기존 생태계의 기득권층)에서 추진하면 그 속도가 빠를 수 없고 사회적 합의를 이끌어내기 어렵다. 누구도 자신의 경제적 기반을 빨리 허물려 하지 않을 것이기 때문이다. 지금은 그 어느 때보다 변화를 주도할 새로운 경계인의 등장이 요구되는 시기이다. 경계인은 중심지가 아닌 주변부에 위치하고 있다. 주변부에 있다 보니 중심부에 위치한 주류 세력보다 경제적, 정치적 영향력이 적다. 특히, 세계가 안정적일 때는 그렇다. 그러나 중심부의 정치경제 체제를 뒷받침하는 경제구조가 기술의 발전으로 와해되기 시작할 때, 중심부는 문제의 해결책을 스스로 찾지 못한다. 이는 중심부 사람들의 지식이 부족하기 때문이 아니고 그들의 이해관계가 기존 경제시스템에 기반을 두고 있기 때문이다. 물론 그들도 위기를 느끼고 생존하기 위해 끊임없이 자기 혁신을 추구한다. 그러나 그들의 변화 속도는 경계에서 끊임없이 새로운 세계와 부대끼며 적응해온 경계인의 변화 속도를 따라가지 못한다. 따라서 지난 수천 년의 역사 속에서 수없이 반복된 것과 같이 중심부는 결국 경계인의 차지가 되나, 중심부를 차지한 경계인 또한 시간이 지나면서 또 다른 경계인에 의해 교체되어 간다. 경계인의 중심부로의 환류 과정이 순조롭고 빠르게 진행되는 국가는 다른 국가보다 앞설 수 있게 되어, 세계경제에서 중심부로 떠올라 세계경제의 발전을 이끌어 간다. 그렇지 못한 국가는 계층간·세대간 갈등을 성공적으로 해소하지 못하고 주변부 국가로 전락되어 간다.

그러면 4차 산업혁명이 진행되고 있는 이 시대에 요구되는 경계인은 어떤 사람인가? 바로 새로운 기술을 활용해 당면한 문제를 해결하기 위한 혁신을 이끌어 갈수 있는 혁신가(innovator)이다. 현재 진행되는 변화의 원천인 기술을 이해하고 인문사회지식과 결합해 활용할 줄 아는 융합적 경계인만이 인간의 편리성을 향상시키고 충족되지 못한 욕구를 채워줄 신산업을 누구보다 앞서 개척할 수 있다. 우리 국가시스템 전반에 걸친 인적 교체와 시스템의 재구조화 없이는 우리의 미래가 없다.

참고문헌

이대환. (2004). *세계 최고의 철강인 박태준*. 현암사.

Huberman, M., & Minns, C. (2007). The times they are not changin': Days and hours of work in old and new worlds, 1870-2000. *Explorations in Economic History, 44*, 538-567.

Maddison, A. (2006). *The world economy: A millennial perspective*. Development Centre Studies, OECD.

Scherer, F.M. (2010). The dynamics of capitalism, *Faculty Research Working Paper Series*, Harvard Kennedy School.

UBS White Paper for the World Economic Forum Annual Meeting 2016. (January, 2016). *Extreme automation and connectivity: The global, regional, and investment implications of the Fourth Industrial Revolution*.

인공지능과 미래 인간의 삶

장병탁(서울대학교 컴퓨터공학부 교수)

1. 인공지능의 개념과 역사

인공지능은 사람처럼 생각하고 사람처럼 행동하는 기계를 만들려는 야심찬 목표를 가지고 출발한 연구 분야이다. 1956년에 인공지능(Artificial Intelligence, AI)이란 용어가 처음 만들어졌으니 2016년 올해로 만 60년이 되었다. 지난 60년 역사에서 초기 30년과 후기 30년 사이에는 패러다임의 전환이 있었다. 이것이 바로 머신러닝 혁명이다. 머신러닝은 기계가 스스로 학습하는 인공지능 방식으로, 이는 기존의 프로그래밍 방식으로 구현하던 인공지능과는 완전히 다르다. 프로그래밍 방식은 프로그램을 만들어주는 인간의 한계를 기계가 가지고 가는 데 반해서, 학습 방식의 인공지능은 관측한 데이터에 기반하여 기계가 스스로 성능을 향상할

장병탁 서울대학교 컴퓨터공학과에서 학사, 석사를 마치고 독일 본대학교에서 컴퓨터과학으로 박사학위를 취득하였다. 독일국립정보기술연구소 선임연구원을 거쳐 1997년부터 서울대학교 컴퓨터공학부 교수로 재직중이며 POSCO 석좌교수이다. MIT 인공지능연구소(CSAIL)와 삼성전자 종합기술연구원 초빙교수, 한국정보과학회 인공지능소사이어티 회장, 서울대 인지과학연구소장을 역임하였으며 현재 한국인지과학회 회장과 한국인지과학산업협회 회장을 맡고 있다. 주 연구분야는 기계학습, 인공지능, 인지과학이며 뇌인지기반의 인공지능 로봇을 연구하고 있다.

수 있는 자가프로그래밍 방식이다.

인공지능은 1980년대에 한 번 붐이 있었다가 곧 암흑기를 맞이하였다. 당시 일본이 제5세대 컴퓨터계획을 세우면서 인공지능에 대한 많은 투자가 이루어졌으나 연구 목표의 50%에도 도달하기 어렵다는 결론이 나면서 1990년대부터 투자가 거의 사라진 것이었다. 그러나 바로 이때 머신러닝의 기초 연구가 시작된다. 머신러닝이라는 용어가 처음 문헌에 등장한 것은 1959년으로, 당시에 단순 퍼셉트론 신경망은 개발되었지만 더 복잡한 문제를 풀기 위한 다층신경망 학습 방법이 존재하지 않았다. 1986년에 이르러서야 여러 층으로 구성된 다층신경망을 학습할 수 있는 오류역전파 알고리즘이 개발되면서 실제적인 머신러닝 연구가 시작되었다. 머신러닝은 기초적이고 수학적인 이론에 기반을 둔 인공지능 연구로서 초기에는 큰 관심을 받지 못하였다. 그러나 1990년대 중반에 웹이 등장하고, 2000년대에 많은 데이터가 생성되어 정보검색, 데이터마이닝, 전자상거래 등 인터넷 비즈니스가 활성화되면서 머신러닝은 산업적인 수요를 갖기 시작한다. 초기에는 지지벡터머신(SVM)과 같은 단순한 형태의 머신러닝 구조가 각광을 받았다.

2010년을 전후해서 구글 무인자동차 계획과 같은 야심찬 인공지능 프로젝트들이 발표되면서 머신러닝도 더욱 어려운 문제들을 다루게 되었고, 이 과정에서 심층신경망 기반의 딥러닝을 통해서 새로운 돌파구를 찾게 된다. 2011년에는 인공지능의 역사에서 세 가지 획기적인 사건이 동시다발적으로 일어난다. 2월에는 아이비엠 (IBM) 이 인공지능 컴퓨터 왓슨(Watson)을 개발하여 퀴즈쇼에서 사람과 대결하여 우승한다. 6월에는 구글이 네바다 주에서 무인차 주행 허가를 최초로 받는다. 9월에는 애플이 가상비서 시리(Siri)를 아이폰 앱으로 탑재하여 지능형 에이전트 기술의 상용화에 성공한다.

2012년에는 딥러닝을 통해서 더욱 놀라운 일들이 일어난다. 자연의 사진(이미지)에서 1000개의 물체를 인식하는 이미지넷(ImageNet) 대회에서 딥러닝 기술이 기존의 영상처리 알고리즘들을 누르고 우승한다. 음성인식에 있어서도 토론토대학의 제프리 힌튼 교수 그룹이 딥러닝을 사용하여 음성인식률 세계 기록을 세운다. 이어서 많은 새로운 딥러닝 모델들이 영상, 음성, 언어처리에 적용되기 시작한다. 기존의 작은 수의 층을 갖던 신경망 모델에 비해서 많은 수의 층을 가진 딥신경망이 빅데이터와 고성능 컴퓨팅 기술과 결합되어 실세계의 난제들을 해결하는 사례들이 속속 등장한다.

구글, 페이스북, 바이두 등의 글로벌 IT 기업들은 인공지능 연구소를 설립하고 딥러닝 전문가들을 학계에서 영입하기 시작한다. 그러면서 딥러닝 스타트업들을 인수하는 경쟁에 들어간다. 2013년에 구글은 힌튼 교수의 스타트업 기업(DNNresearch)을 인수하였다. 2013년에 페이스북은 뉴욕대의 얀 르쿤 교수를 영입하여 인공지능 연구소를 설립한다. 2014년에는 중국회사 바이두가 스탠포드 대학의 앤드류 응 교수를 영입하여 실리콘밸리에 딥러닝 연구소를 세운다.

한편 글로벌 기업들은 딥러닝과 인공지능 스타트업들의 인수합병 경쟁에 들어간다. 2010년에 시리를 인수합병하여 2011년에 상용화한 애플은, 2015년에는 Perceptio, Emotient 등의 이미지 기반 인공지능 스타트업을 인수한다. 최근에는 머신러닝의 유망 스타트업 Turi를 인수하며 인공지능 서비스의 또 다른 도약을 도모하고 있다. 구글은 2013년부터 2014년에 걸쳐 8개의 로봇 회사를 인수한다. 그리고 2014년에는 딥마인드(DeepMind)를 인수하고 바둑 프로그램 알파고(AlphaGo)를 개발하여 2016년 3월에 이세돌과 싸워 이기게 된다. 이 승리의 알파고 쇼크는 전 산업을 뒤흔드는 충격으로 다가왔다.

이 글은 인공지능의 과학기술적 기반과 그 산업적 임팩트 및 경제 사회적 파급효과를 살펴보고 미래 인간의 삶에 끼칠 영향에 대해서 논하고자한다. 제2절에서는 먼저 머신러닝의 개념과 역사를 개괄한다. 제3절에서는 머신러닝 특히 딥러닝에 의한 인공지능 혁명과 제4차 산업혁명에 미칠영향을 기술한다. 제4절에서는 이러한 인공지능에서의 변화가 타 산업과미래 사회에 미칠 영향에 대해서 논의한다. 제5절에서는 인공지능 시대에인간의 삶은 어떻게 달라질지에 대해서 조망한다.

2. 딥러닝과 인공지능 혁명

머신러닝은 사람처럼 경험으로부터 학습하는 기계(소프트웨어, 컴퓨터, 로봇)를 만들려는 인공지능의 한 연구 분야이다. 새 한 마리가 나는 것을 보고, 또 다른 새도 나는 것을 보고, 우리는 새는 날 수 있다고 추론한다. 이와 같이 머신러닝은 다수의 경험적인 사례, 즉 데이터로부터 일반적인 규칙을 추론하는 귀납적 추론 방식을 사용한다. 머신러닝은 세부적으로는감독 학습, 무감독 학습, 강화 학습의 세 가지로 나뉜다.

감독 학습은, 예를 들어, 사과와 배를 구별하기 위해서 $D = \{ (x1, y1) = $(사과사진1, A), $(x2, y2) = $(배사진1, P), $(x3, y3) = $(사과사진2, A), $(x4, y4) = $(배사진2, P), ···} 등과 같이 입력(사과사진1 등)과 출력(사과 A와 배 P의 구분)의 쌍을 학습데이터로 주는 학습 방식이다. 감독 학습은 입력들이 주어질 때출력들의 오류의 합을 최소화하도록 학습한다.

무감독 학습은 사과와 배 사진을 모두 모아 놓은 데이터 $D = \{ x1 = $사과사진1, $x2 = $배사진1, $x3 = $사과사진2, $x4 = $배사진2, ···}를 가지고 각사진늘의 공통점을 찾아내도록 하는 학습 방식이다. 무감독 학습의 목표는 유사한 데이터끼리 한 묶음으로 하는 군집을 찾는 것이다. 위의 예에서 어느 것이 사과이고 어느 것이 배인지를 알려주지 않은 상태에서(표지가 없음), 사과는 사과끼리 그리고 배는 배끼리 하나의 군집으로 묶는 것이다. 유사한 데이터는 같은 집단에 속하도록 군집화함으로써 같은 군에 속한 데이터 간의 거리는 최소화하고 서로 다른 군에 속한 데이터 간의 거리는 최대화한다.

감독 학습과 무감독 학습은 데이터를 관측하는 순서와는 무관하다. 이에 반해 강화학습은 데이터가 관측되는 순서가 학습에 영향을 미친다. 즉, 강화학습은 순차적인 행동선택(의사결정)을 다룬다. 학습자는 현재 상태 x1에서 행동 a1을 수행하고 다음 상태 x2로 이동하고 그 결과로 보상치 r1을 받는다. 다음에는 상태 x2에서 행동 a2를 골라서 수행하고 x3으로 이동하여 이때 보상치 r2를 받는다. 학습자의 목표는 미래에 받을 보상치의 기대값이 최대가 되도록 하는 것이다. 강화학습에서 보상치는 감독 학습에서의 출력값과 달리 정확한 목표치가 주어지는 것이 아니라 수행한 행동에 대해서 잘한 정도를 간접적으로 표시하는 평가치만을 피드백으로 받는다.

최근의 딥신경망 모델들은 기존의 방법들이 무감독 학습으로 데이터의 특징을 찾은 후에 감독 학습을 통해서 패턴을 분류하는 두 개의 단계를 하나의 단계로 자동화한 것으로 볼 수 있다. 기존에는 이미지와 같이 복잡한 데이터를 사전에 처리해서 분류학습을 수행하였으나, 딥러닝은 원래 영상을 입력한 후 다수의 신경망 층을 통과하면서 영상 분류에 필요한 특징들을 자동으로 추출하게 만든 것이다. 페이스북은 딥페이스(DeepFace)라는 딥러닝 기술을 개발하여 인간의 수준을 능가하는 얼굴인식 성능을 획득하였다. 구글은 150만 장의 이미지로 구성된 이미지넷(ImageNet) 데이터에서 1000개의 물체를 구별해내는 물체인식 대회에서

22층의 딥러닝 구조인 구글넷(GooLeNet)을 이용하여 2014년에 우승하였다. 최근에는 100층 이상의 깊은 신경망 모델을 사용한 딥러닝 기술들이 영상 분석과 비디오 분석 등에 활용되고 있다. 또한 자연언어처리, 기계 번역, 질의 응답 대화시스템의 개발에도 딥러닝 기술이 사용된다. 이를 위해서 주어진 입력 문장을 통째로 출력 문장으로 변환하는 학습방식(End-to-End)도 사용되고 있다. 딥러닝은 또한 음악가들의 곡으로부터 작곡법을 배우거나 화가들의 그림으로부터 화풍을 배워 사진을 특정 화가의 화풍으로 변조해 주기도 한다. 그리고 중국에서는 시인들의 시를 학습하여 새로운 시를 지어주는 인공지능을 선보이기도 하였다. 자연어 문장생성, 음악 생성, 동작 인식 등과 같은 순차적인 정보처리를 하는 데는 재귀신경망 모델이 많이 사용된다. 최근에는 기존 컴퓨터의 메모리 능력과 머신러닝의 일반화 능력을 결합한 뉴럴튜링머신 모델도 제안되었다.

인공지능 시스템의 개발 관점에서 보면 머신러닝, 특히 딥러닝은 혁신적이다. 왜냐하면 과거에는 인공지능을 프로그래밍에 의해서 개발하였는데 머신러닝을 이용하면 기계가 스스로 프로그래밍하여 자신의 지능을 성장시켜 나갈 수 있기 때문이다. 스스로 성능을 향상하는 인공지능 시스템을 개발한 것이다. 소프트웨어공학 관점에서 보면 이는 데이터 기반으로 소프트웨어를 자동 설계하는 방법이다. 또한 컴퓨터공학 관점에서 보면 자동프로그래밍 방식의 초기 단계로 볼 수 있다. 이제는 문제 해결을 위한 알고리즘을 사람이 작성하는 것이 아니라 어느 정도의 사양만 사람이 정해주면 기계가 스스로 프로그램을 작성할 수 있게 되었다. 딥러닝의 경우 몇 개의 층을 사용할지, 각 층의 모양(커널)은 어떻게 할지, 크기는 얼마로 할지, 각 단위 뉴런은 어떤 것을 사용할지에 대해 개략적으로 지정해주면 나머지는 기계가 스스로 데이터에 기반해서 최적화하여 정해준다.

구글 딥마인드의 알파고가 사용한 딥강화학습 방법은 이러한 자동화의 절정에 있는 기술 중 하나이다. 알파고는 기존의 바둑 기보를 감독학습으로 모두 학습하였을 뿐만 아니라 자체적인 시뮬레이션에 의한 시행착오 기반 강화학습을 통해서 끊임없이 학습하여 스스로 성능을 향상하도록 하였다. 바둑판의 모양에서 딥러닝을 사용하여 빠르게 패턴을 읽어낸 후 어떤 수를 두어야 할지에 대한 행동전략을 역시 딥러닝을 이용하여 결정한다. 또한 어떤 상황이 얼마나 좋은지를 평가하는 가치평가도 강화학습과 딥러닝을 결합하여 수행한다. 그리고 알파고는 서로 다른 두 개의 알파고 버전 간에 대결을 하여 이 중에 이기는 알파고의 수를 학습하며 계속 진화하는 자가학습 방식까지 취하였다. 진화에 의한 자가학습 방식은 인공지능에서 1990년대 초에 개발된 방법이다. 물론 이 방법은 게임과 같이 이기고 지는 끝이 명확히 정의된 문제에만 적용되기는 하지만 기계가 스스로 끊임없이 성능을 향상할 수 있기 때문에 결국은 인간의 능력을 능가할 수도 있다.

알파고가 어떻게 인간을 이길 수 있었던가를 이해하는 것은 인공지능의 미래 발전을 이해하는 데 도움이 될 것이다. 먼저 오랫동안 인공지능의 도전 과제였던 체스를 살펴보자. 인공지능은 연구 초기부터 체스를 연구하였다. 왜냐하면 인간에게도 아주 도전적인 문제이면서도 문제 정의가 명확하기 때문이다. 그러나 인공지능이 체스에서 사람을 처음 이긴 것은 1997년의 일이다. 아이비엠(IBM)의 딥블루가 당시 세계 챔피언인 러시아의 게리 카스파로프를 3승 2패 1무로 이겼다. 체스의 복잡도(경우의 수)는 약 10의 54승으로 알려져 있다. 이에 비해서 바둑 문제의 복잡도는 10의 170승으로 훨씬 복잡한 문제이다. 이러한 바둑의 복잡도는 현재 최고 성능의 슈퍼컴퓨터를 사용해서도 계산만으로는 도저히 해결할 수 없다. 이 복잡도 문제를 해결할 수 있었던 열쇠는 딥러닝을 이용하여 바둑판의 모양을 마치 영상처럼 분석함으로써 인간의 직관을 흉내 낸 것이었다. 이는 기보를 통해서 3천만 개의 수를 학습한 결과이다. 여기에다 추가로 알파고는 1200여 개의 중앙연산장치(CPU)와 170여 개의 이미지처리 병렬 프로세서(GPU)를 사용한 분산처리를 통해서 아주 빠른 몬테칼로 트리탐색을 수행하였다. 즉, 머신러닝을 통해서 인간의 직관과 같은 경험에 의한 확률적인 의사결정을 흉내 내고 추가로 인간보다 더 빠르고 정확한 계산을 수행하였기 때문에 인간의 능력을 넘어서는 것이 가능하였다.

3. 인공지능과 제4차산업혁명

딥러닝 이전까지의 인공지능은 주로 텍스트 데이터에 적용된 지능형 에이전트를 개발하는 데 그쳤다. 그러나 딥러닝으로 인해서 아주 복잡한 실세계의 센서 데이터도 학습할 수 있게 되었다. 최근 들어, 모든 사물들에 센서가 부착되고 인터넷에 연결되는 사물인터넷(IoT)의 시대가 도래하고 있다. 이를 통해서 현실의 물리적인 아날로그 세계가 인터넷의 디지털 가상세계와 연결되는 O2O(Online to Offline) 융합 서비스가 시작되고 있다. 이와 같이 가상세계와 현실세계가 연결되면 지금까지 가상의 디지털 세계에만 적용되었던 인공지능 기술들이 현실의 아날로그 세계에까지 확장될 수 있고, 이 점에서 전세계가 인공지능화될 수 있는 시작점에 와 있다. 그래서 2016년 2월에 개최된 다보스 포럼에서 인공지능을 제4차 산업혁명의 촉발제로 규정한 것은 큰 의의를 갖는다.

물리적인 현실세계와 디지털의 가상세계가 만나는 인공지능 연구의 대표적인 사례는 자율이동 로봇이다. 인공지능 연구자들은 1960년대부터 이동로봇 연구를 하였으나 본격적인 이동로봇 연구는 1990년대와 2000

년대를 통해서 발전되었다. 그러나 인간형 휴머노이드 로봇 기술은 물체 감지와 조작을 위한 하드웨어의 발달이 늦어져 여전히 기대보다 느리게 발전하고 있다. 반면에, 자율이동 로봇 연구의 파생 결과로서 자율주행 자동차가 등장하였다. 자동차는 물리 세계에서 이동 시간을 단축시켜 주는 대표적인 기계 장치이다. 그러나 자동차가 구글맵과 같은 디지털 지도에 연결되고 도로 환경과 주변을 인식하며 스스로의 판단에 의해서 주행을 하는 인공지능 로봇 기술과 접목됨으로써 물리적인 세계에서 활동하는 인공지능이 탄생하게 되었다. 실제로 2005년 미국의 국방고등연구기획청(DARPA)이 개최한 무인자동차 경주대회에서 우승한 스탠포드 대학교의 인공지능랩은 자율이동 로봇을 연구해 왔으며 이 로봇 기술을 자동차에 적용하였다. 이 기술은 결국 구글의 무인차 프로젝트로 발전하였으며 오늘날 모든 자동차 회사들이 앞다투어 경쟁하고 있는 자율주행 자동차 산업으로 발전하였다.

최근 인공지능 상용화에 성공한 또 다른 사례는 아마존 에코 비서 로봇이다. 에코는 스피커 형태를 가진 장치로서 사람과 대화하며 질문에 답하거나 음악을 틀어주거나 주문을 받아주는 역할을 하는 디지털 비서이다. 이에 앞서서 애플이 스마트폰의 앱으로 출시한 대화 에이전트 시리가 있으나 에코는 시리와는 달리 물리적인 형태를 갖춘 탁상형 로봇이다. 가상 세계에만 존재하던 시리가 몸체를 갖추고 물리적인 세계에 등장한 것으로 볼 수 있다. 2016년 5월에 구글도 구글홈이라는 탁상형 로봇을 출시하였다. 최근 국내의 에스케이텔레콤(SKT)도 인공지능 홈비서 누구(Nugu)를 선보였다. 엠아이티(MIT)에서 창업한 지보사에서는 카메라를 갖추고 고개를 돌리는 탁상형 로봇 지보를 개발 중에 있다. 더 나아가 일본의 소프트뱅크는 페퍼라는 휴머노이드 로봇을 이미 상용화하여 일본에서는 상점 안내에 사용되고 있다.

최근에는 사용자 인터페이스가 터치에서 인공지능 대화로 옮겨가고 있다. 챗봇 기술의 발전으로 인해 사람과 장치가 음성과 텍스트 대화로써 상호작용하는 추세이다. 페이스북은 엠(M)이라는 챗봇을 개발하여 텍스트로 사람들과 대화하며 선물도 추천해준다. 마이크로소프트는 최근에 테이라는 챗봇을 개발하여 트위터에 공개하였다. 사람들이 테이를 인종차별적인 발언을 하도록 가르쳐서 사고를 낸 적도 있다. 이는 앞으로 인공지능 기술이 윤리적·사회적·법적인 문제를 야기할 수도 있음을 경고하는 중요한 사건이 되었다. 챗봇을 사용하여 금융 자산관리를 도와주는 로보어드바이저도 등장하고 있다. 또한 뉴욕타임즈는 2015년부터 신문기사를 대신 써주는 로봇을 사용하고 있다. 이와 같이 지능형 에이전트와 인공지능 로봇은 우리의 일상 생활에 점차 가까이 다가오고 있다.

가트너 그룹은 가상비서, 개인서비스 로봇, 자율주행차, 드론 등을 가리켜서 스마트 머신이라 하고 지금까지 보지 못한 가장 혁명적인 IT기술이 될 것이라고 예측하였다. 다가오는 제4차 산업혁명의 시대에는 이러한 스마트 머신의 새로운 종들이 등장하여 가상과 현실을 연결하는 새로운 서비스와 사업 생태계를 만들어갈 것이다.

4. 인공지능 시대의 인간과 사회

인공지능은 단순한 기술의 변화를 넘어서 타 산업과 사회 전반에 걸친 변화를 야기할 새로운 패러다임으로 이해될 필요가 있다. 딥러닝 기술은 스스로 학습을 통해 진화하며 더욱 똑똑해지는 지능폭발 현상을 초래하였다. 똑똑한 기계를 이용하여 더욱 똑똑한 기계를 만들고 이는 다시 새로운 똑똑한 기계로 이어지는 지능폭발 현상이 이미 1965년에 예견된 바 있다. 2006년에는 레이 커즈와일에 의해서 인간의 지능을 능가하는 인공지능이 출현할 것이라는 특이점 논의가 시작되었다. 2014년에는 닉 보스트롬이 인간의 지능을 뛰어넘는 수퍼지능의 시대가 올것을 주장했다. 최근에 국제인공지능학회(AAAI)에서 발표된 AI100 Study 그룹의 보고서에 의하면, 앞으로 2030년까지 자율주행·홈로봇·헬스·교육·사회 안전·오락 등 인간의 모든 삶에 있어서 인공지능의 영향이 더욱 커질 것으로 내다보고 있다.

자율주행자동차는 생각보다 훨씬 빨리 상용화된 인공지능 기술 중 하나이다. 2004년에 미국의 국방고등연구기획청(DARPA)은 무인자동차 경주대회를 모하비 사막에서 처음으로 개최하였다. 그러나 이때는 모든 참가팀들이 7마일도 못 가고 실패하였다. 두 번째 실시된 2005년 그랜드 챌린지에서는 세바스찬 쓰런 교수가 이끈 스탠포드 대학교의 인공지능연구소가 우승하였다. 그 뒤 쓰런 교수는 결국 구글 무인자동차를 개발하게 된다. 세 번째의 무인차 경주대회는 앞의 대회와는 달리 도시 환경에서 이루어졌다. 어번 챌린지로 불리는 이 대회는 실제의 마을을 하나 선정하여 무인차 경주를 하였으며, 다른 차들도 주행하고 신호등도 지켜야 하는 실세계 상황을 반영한 자율 주행 대회였다. 이 대회에서는 카네기멜런 대학의 무인차 보스가 일등을 차지하였고 스탠포드 대학의 무인차 주니어가 2등을 차지하였는데, 실제로 무인차간 충돌 사고가 발생하고 교통체증 현상도 일어났다.

자율주행차의 확대는 앞으로 인간의 삶과 일의 형태를 완전히 바꾸어 놓을 수도 있을 것이다. 우버와 리프트와 같은 온라인 택시 사업 회사들이 무인차를 개발하고 있으며, 앞으로는 개인이 차를 소유하지 않게 될 수도 있다. 또한 산업이 재편될 수도 있다. 구글·애플 등 정보기술(IT) 기업들이 자율주행 신기술을 개발하여 기존의 자동차 회사들을 위협하고 있으며, 전통적인 자동차 회사들은 이를 막기 위해 안간힘을 쓰고 있다. 일본의 자동차 회사 토요타는 무인차 개발을 위해서 1조원의 연구비를 투입하여 엠아이티(MIT)와 스탠포드 대학교에 인공지능연구소를 설립하였다. 벤츠와 비엠더블유(BMW) 등도 미래형 자율주행 자동차를 선보이고 있다. 국내 회사들도 최근 자율주행 인공지능 기술과 스마트카 개발에 크게 투자하고 있다. 한편 삼성전자, 엘지(LG)전자, 에스케이텔레콤(SKT) 등도 정보통신(IT)기술의 장점을 활용하여 자동차 산업에 뛰어들고 있다.

인공지능은 홈서비스 로봇 분야에서 향후 15년 동안에 많은 발전이 이루어질 것으로 예상되고 있다. 2015년 12월에 전기자동차 회사 테슬라 사장인 일란 머스크는 1조 원을 투자하여 인공지능 회사(OpenAI)를 설립하였다. 오픈에이아이(OpenAI)는 인공지능 기술을 개발하여 모두 공개하는 것을 원칙으로 하고 있으며, 홈 로봇을 위한 인공지능 기술 개발에 박차를 가하고 있다. 2016년 초에 페이스북 최고경영자인 마크 저커버그는 개인의 신년 결심으로 홈 환경에서 개인서비스를 하는 로봇을 개발하겠다고 하였다. 집안을 돌아다니면서 가사를 돌보고 경비를 하는 다양한 형태의 개인서비스 로봇들이 개발되고 있다. 서울대 인지로봇인공지능 연구센터에서는 뽀로로 만화영화를 보고 아이들과 질의 응답하고 놀면서 영어를 가르치는 교육용 로봇 뽀로로봇을 개발하였다. 또한 직장을 가진 엄마를 대신하여 아이들의 하루 일정을 챙겨주는 보모로봇 오페어(Aupair)를 개발하고 있다. 국내 회사로는 네이버랩스가 최근 로보틱스 연구팀을 구성하여 인공지능 연구자를 모으고 있다.

인공지능은 미래의 교육 방식에 큰 혁신을 불러올 것으로 예상된다. 동영상 강의 자료를 인터넷에서 온라인 서비스하는 무크(MOOC)가 활발해지고 있다. 초중고 수준의 다양한 온라인 강의를 제공하는 칸 아카데미를 비롯하여 대학교 강의를 온라인화 한 코세라(Coursera)와 에덱스(edX),

그리고 기업체 요구의 실제적인 정보통신(IT) 교육을 해주는 유대시티(Udacity) 등 다양한 모델의 온라인 교육 회사들이 등장하였다. 인공지능과 머신러닝 기술을 사용하면 피교육자들의 학습 특성을 파악하여 개인 맞춤형 교육을 제공할 수 있고 교사들의 교육의 질을 높일 수 있다. 특히 가상현실이나 로봇과 결합하여 모바일 상황에서 교육이 이루어질 경우 획기적인 새로운 교육 모델이 등장할 수도 있다.

헬스케어는 고령화 시대로 가고 있는 선진사회에서는 그 중요성이 점차 커지고 있는 새로운 산업이다. 모바일 기술과 웨어러블 장치의 등장을 통해서 개인의 일상 기록을 습득할 수 있을 뿐만 아니라 머신러닝 기반의 데이터 분석을 통해서 맞춤형 서비스가 가능해지고 있다. 의료뿐만 아니라 스포츠나 피트니스 분야에서 최근 인공지능 기술의 도입이 시작되고 있다. 아이비엠(IBM)은 왓슨을 사용하여 스포츠웨어 회사 언더아머와 협력으로 개인 맞춤형 건강관리 서비스를 추진하고 있다.

사회 안전과 보안 시스템 및 소외 계층에 대한 배려 등 사회 시스템을 개선하는 데도 인공지능 기술이 사용된다. 또한 새로운 미디어를 통한 엔터테인먼트 산업에도 인공지능 기술이 기여하고 있다. 이미 오래 전부터 아마존이나 넷플릭스 같은 인터넷 서비스 업체들은 머신러닝 기법을 사용하여 책이나 영화, 음악 등 개인 맞춤형 추천서비스를 실시하였다. 최근에는 왓스앱이나 스냅챗 같은 채팅 프로그램이 등장하여 소셜넷을 통해서 서로 소통할 수 있게 해 준다. 많은 사용자생산콘텐츠가 자연언어, 음성, 영상 데이터를 포함하고 있고, 머신러닝 인공지능 기법들은 이를 분석하여 서비스를 자동화하고 더욱 편리하게 사용할 수 있도록 해준다. 앞으로는 소프트웨어뿐만 아니라 더욱 저렴한 가격의 센서와 장치들이 등장함으로써 가상현실, 촉각 장치, 반려 로봇 등과 결합하여 대화를 기반으로 하는 보다 인간 같은 상호작용이 이루어질 것이며, 인지 능력과

감성과 교감의 정서가 더욱 중요해질 것으로 보인다.

인공지능이 가져올 변화 중에는 많은 사람들이 우려하는 것도 있다. 특히 일과 직업에서의 변화이다. 인공지능은 오랜 동안 사람을 닮은 지능형 에이전트 또는 도우미 로봇 기술을 연구해왔으며, 최근 들어서 로봇 어드바이저, 로봇 저널리스트 등 인간의 일의 영역을 침범하고 있다. 심지어는 음악이나 미술 등과 같은 예술의 영역에서도 인공지능이 사람의 일을 일부 대신하기 시작하였다. 영국의 이코노미스트지는 최근 인공지능에 의해서 타격을 받기 쉬운 직업들을 정리하는 기사를 낸 적이 있다. 지식을 필요로 하면서 반복적인 일들이 우선 인공지능에 의해서 빨리 대치될 직업들에 속하고, 반면에 아주 창의적인 일이나 '얼굴 대 얼굴'로 상담을 해야 하는 컨설팅 등은 인공지능으로 대체되는 데 많은 시간을 필요로 할 것으로 내다보았다.

5. 영화 속의 미래 인공지능

인공지능이 최근 아주 빠른 속도로 산업화되고 있다. 때로는 인공지능 연구자들조차도 놀라게 한다. 자율주행 자동차의 등장이 그러하고 대화하는 챗봇의 보급이 그러하며 개인서비스 로봇의 부상이 그러하다. 인공지능의 미래를 예측하기란 쉬운 일이 아니다. 아마도 미래를 예측하기보다는 미래를 만들어가는 것이 더 쉬운 일일 수도 있을 것이다. 많은 과학기술의 발전이 그러했듯이 공상과학영화가 미래를 일견하게 해준다. 인공지능이 이슈화되면서 관련 영화들도 많이 등장하였다.

2013년에 나온 허(Her)라는 영화는 로맨틱 공상과학 코메디 드라마로 분류되는 인공지능 영화다. 주인공은 스마트폰의 인공지능 운영체제 형태로 서비스되는 사만타라는 이름의 인공지능 가상로봇과 사랑에 빠진다. 이혼 후 외로이 살아가는 남자의 여자 친구 역할을 인공지능이 해줄 수도 있음을 암시한다. 그러나 결국 남자 주인공은 인공지능 사만타가 자기만을 사랑하는 것이 아니라 수천 명의 고객을 서비스하는 기계라는 것을 알고 크게 실망한다. 2012년에 나온 로봇과 프랭크(Robot and Frank)라는 영화는 노인 돌보미 로봇과의 생활을 그린 공상과학영화이다. 직장 일로 바빠서 아버지를 돌볼 시간이 없는 아들이 휴머노이드 로봇을 선물한다. 아버지 프랭크는 처음에는 로봇을 싫어하지만 점차 친해져서 딸보다도 친근하다고 느낀다. 도벽이 있는 프랭크는 마음에 들지 않는 부부의 집을 털어서 보물을 훔치기로 결심하고 로봇과 함께 도둑질을 모의하게 된다. 도우미로서 친구로서 반려자로서 노인과 함께 살아가는 기계와 사람의 공존의 일면을 엿볼 수 있는 미래의 모습이다. 2009년에 나온 영화 바이센테니얼 맨(Bicentennial Man)에서는 인간형 인공지능 로봇 앤드류가 창의성을 가지며 물건을 만들어 돈을 벌고 경제력도 가진다. 기술의 발전에 힘입어 사람의 피부와 내장을 가져 음식을 먹고 감정을 가지며 이성에 대한 사랑을 느낀다. 결국은 인간의 권리를 갖게 해 달라고 법정에 소송까지 하게 되며, 인간의 권리를 얻기 위해서 인간은 죽는다는 것을 인정하고 사랑하는 사람과 함께 죽음을 택한다.

철학적으로 인공지능은1950년대에 기능주의를 기반으로 출발하였다. 즉 반도체로 만든 지능도 인간의 지능과 대등할 수 있다는 입장이었으며 일부 인공지능 연구자들은 이를 굳게 믿는 강인공지능주의자였다. 그러나 대부분의 인공지능 연구자는 인공지능이 인간의 지능과 동등하지는 않더라도 유용하며 인간을 이해하는 데 도움이 되는 좋은 도구라고 생각하는 약인공지능주의자들이었다. 그러나 최근 구글 자율주행 자동차, 딥마인드의 인공지능 알파고, 그리고 보스톤 다이나믹스사에서 만든 눈길을 넘어지지 않으면서 걷고 물건을 두 팔로 들어 나르는 휴머노이드 로봇 아틀라스를 보면서 다양한 문제를 풀도록 학습될 수 있는 범용인공지능, 즉 강인공지능에 대한 두려움을 느끼는 사람들이 늘어나고 있다. 스스로 학습하는 기계의 등장은 선순환 되먹임 사이클을 반복할 경우 더욱 가속화되어 지능폭발 현상을 유발하고 이를 통해서 어느 날에는 인간을 능가하는 인공지능이 등장하는 특이점이 도래하고, 결국은 의식을 가진 수퍼지능도 등장할 수 있다고 보는 두려움을 야기시킨다. 따라서 앞으로의 인공지능 연구는 단순한 과학기술적, 경제산업적 파급 효과를 넘어서 윤리적, 사회적, 법적인 이슈들을 포함하는 다각도의 논의가 함께 이루어져야 할 것이다.

21세기 생명과학 기술과 인간의 미래

송기원(연세대학교 생명시스템대학 생화학과 교수)

1. 들어가는 말

2016년 1월 20일 스위스 다보스에서 열린 '세계경제포럼'에서 4차 산업혁명이란 단어가 처음 언급된 이후 갑자기 한국에서는 유행처럼 4차 산업혁명이란 단어가 사용되고 있다. 많은 사람들이 4차 산업혁명은 종전의 증기나 전기, 그리고 IT 즉 컴퓨터를 기반으로 한 산업혁명과 비교되지 않을 정도로 빠르고 범위가 넓을 것이라고 주장한다. 4차 산업혁명의 본질은 '융합과 연결'이고, 기술이 어느 한 분야에 특정되지 않고 끊임없이 다른 기술들과 연결되면서 새로운 가치를 창출해 내는 것이기 때문이다. 그러나 생명과학분야에서는 4차 산업혁명이란 단어가 회자되기 훨씬 이

송기원 미국의 코넬대학에서 분자유전학으로 박사학위를 취득했고 1996년부터 연세대학교 생명시스템대학 생화학과 교수로 재직하고 있다. 과학 연구 외에 생명과학에 관련된 사회문제에 관심을 갖고 연세대에서 '과학 기술과 사회' 포럼을 만들어 활동하고 있으며 포럼 참여 교수 중심으로 2014년 연세대학교 Underwood 국제대학 내에 Science Technology and Policy 전공을 개설하고 겸직교수직을 수행중이다. 전공인 세포유전학 분야 50여 편의 SCI 논문 외에 '분자 세포 생물학 (2011, 월드 사이언스, 공역), '의학과 문화 (2004, 문학과 지성사, 공저)', '멋진 신세계와 판도라의 상자 (2009, 문지 푸른책, 공저)', '미래에서 온 편지 (2010, 부키, 공역)', '생명공학과 인간의 미래 (2014, 한국방송통신대학 출판부, 공저)', '세계 자연사 박물관 여행 (2014, 꼬마이실, 공저)', '10년 후 한국사회(2015, 아시아, 공저), 그리고 단독 저서인 '생명 (2014, 로도스)' 등의 저역서가 있다.

전인 21세기 초반부터 이미 '융합과 연결'을 통해 기존의 시스템을 붕괴시키고 새로운 시스템을 만들어낼 위력을 가진 기술들이 우리에게 다가오고 있었다.

벌써 5년 전인 2011년 2월 미국의 시사주간지 〈타임〉은 표지에 다음의 제목을 달았다. '2045: 인간이 죽지 않고 영원히 살게 되는 해.' 물론 이는 사이비 종교나 혹은 특정 종교에서 이야기하는 영생을 얻는 시기에 대한 이야기가 아니다. 길게 잡아 2045년이면 생명과학과 나노과학 그리고 로봇 기술의 발달이 사람과 융합되고 연결되어 인간의 강화가 가속화 된다는 것이다. 따라서 현재 인간인 homo sapience의 한계인 노화와 죽음을 과학 기술로 극복한 죽지 않는 로봇과 인간의 복합 형태인 homo evolutis라는 새로운 인류가 탄생할 것이라는 예측이다. 죽지 않고 영원히 살게 된다면 더 이상 생명이나 인간이라고 말할 수 있을지 모르겠으나 이것이 생명과학을 비롯한 과학 기술의 발달과 함께 우리가 직면하고 있는 미래다.

이 글에서는 20세기에 시작되어 21세기에 급속도로 진행되고 있는 유전자 해독과 편집, 생명체의 설계, 인간과 기계의 접속 등 생명과 관련된 지식과 기술에 대해 살펴보고 이러한 기술을 통해 우리가 직면하게 된 새로운 현실과 예측되는 사회 변화 및 이와 관련된 질문들에 대해 생각해보고자 한다.

2. 개인 유전체 정보시대

생명체는 생명체가 아닌 다른 물체와는 구분되는 특징을 가지고 있지만 모든 생명체도 다른 물체처럼 모두 물질로 되어 있음을 부인할 수는 없다. 그렇다면 생명체가 다른 물체들과 구별되는 궁극적인 특징은 무엇인가. 여러 가지 이야기가 나올 수 있으나 생명과학 분야에서 꼽는 생명체의 가장 큰 특징은 번식, 즉 재생산할 수 있는 능력으로 정의할 수 있을 것이다. 그런데 재생산이 가능하려면 '정보'가 필요하다. 20세기 생명과학을 연구하는 과학자들의 가장 큰 질문은 생명체에서 어떤 물질이 어떻게 생명의 정보로서의 기능을 수행하는가였다.

물론 이제는 초등학생들도 생명의 정보가 DNA라는 물질임을 알고 있다. DNA는 당, 인, 그리고 네 종류의 염기인 아데닌(A), 구아닌(G), 티민(T), 시토신(C)으로 이루어진 뉴클레오티드(nucleotide) 단위체가 계속 연결된 중합체이고, 뉴클레오티드가 계속 연결된 실 두 가닥이 꼬여 있는 이중나선 구조를 가지고 있다. 이중 나선구조의 DNA 속에 보통 우리가 유전자라고 부르는 각각의 단백질을 만들어내는 단위가 숨겨져 있다. 각 유전자는 그 DNA를 구성하는 네 종류의 다른 염기인 A(아데닌), T(티민), G(구아닌), C(시토신)가 무작위로 배열된 코드를 제공하여 정확히 그 정보에 해당하는 다양한 단백질이 만들어지도록 한다. 지구상에는 수백만 종의 다른 생명체가 존재하지만 모두 같은 A(아데닌), T(티민), G(구아닌), C(시토신) 네 종류의 염기로 구성된 DNA를 자신을 복사할 수 있는 하드디스크 정보로 사용한다. 20세기에 진행된 분자생물학 연구는 DNA가 생명체의 생명현상과 관련된 모든 기능을 수행하는 단백질을 만드는 정보를 제공하고 있음을 밝혔다. 또한 생명이라는 신비롭고 숭고한 현상이 단백질의 수많은 조직화된 화학반응을 통해 유지된다는 사실을 알게 되었다.

네 종류의 염기, A(아데닌), T(티민), G(구아닌), C(시토신) 서열이 이중나선 구조로 쌍을 이루고 있는 생명체의 DNA를 읽어내어 유전정보를 해독할 수 있게 된 것은 DNA 시퀀싱(sequencing)이라는 염기서열 해독 기술 덕분이다. DNA의 염기서열 정보를 읽어낼 수 있는 기술과 DNA 조각들을 재빨리 증폭할 수 있는 PCR(polymerase chain reaction)기술이 개발되자 인류는 우리가 가지고 있는 유전정보 전체를 알고 싶어했다. 생명체 각각이 가지고 있는 유전정보 전체를 영어로 게놈(genome), 한국어로는 유전체라고 하는데, 인간 유전체인 30억 염기쌍의 서열을 읽고 해석하려는 '인간 게놈 프로젝트'가 1990년에 미국에서 시작되었고 13년간 진행되어 2003년 공식적으로 완성되었다. 이 사업에는 26년 전 금액으로 총 30억 달러(한국 돈으로 3조 원), 현재로 환산하면 300억 달러가 넘는 막대한 예산이 투입되었다.

유전정보의 해독은 우선 인간의 질병 중 우리 몸을 구성하는 유전자 정보의 이상으로 발생하는 암이나 당뇨병 등 일반적으로 유전병이라고 통칭되는 질병들에 대한 이해와 진단을 매우 쉽게 만들었다. 그러나 가장 큰 문제는 유전체 염기서열을 해독하는데 필요한 막대한 비용과 시간이었다. 2003년 인간 유전체 프로젝트가 종료된 후에도 유전체 염기서열 해독의 비용과 시간을 줄이려는 노력은 계속되었고, 2007년 차세대 유전체 해독기술인 NGS(Next Generation Sequencing)가 개발된 후 그 비용과 시간은 매우 빠른 속도로 줄어들었다. 2007년 개인의 인간 유전체를 읽는 비용이 1억 달러였는데, 놀랍게도 2015년에는1000달러, 즉 100만원으로 정도의 비용으로 2-3일 안에 가능하게 되었다. 또한 계속 더 빠르고 정확한 염기서열 해독기가 개발되고 있어 인간 유전체 해독을 위한 비용과 시간은 앞으로 더 빠른 속도로 줄어들 것이다. 유전체 해독의 비용과 시간이 급속히 줄어듦에 따라 우리는 개인이 자신의 유전정보를 쉽게 알 수 있는 개인 유전체 정보시대를 맞게 되었다.

이에 따라 의료 서비스의 혁신적 변화가 예측되고 있다. 개인의 유전정보에 따라 미리 취약한 질병에 대한 예방과 개인에게 가장 효율적인 치료법을 찾는 유전자 맞춤형 치료가 가능해졌고 더욱 확대될 전망이다. 제약 회사들은 기존의 유사한 증상을 보이는 환자들에게 동일한 약을 처방하는 방식으로부터 개개 환자들의 유전적 정보와 이로부터 유래한 단백질 분자들 각각을 표적으로 하는 약을 개발하고 있다. 또한 개인의 유전정보와 의료 기록들을 취합한 거대한 유전정보 빅 데이터에 기반을 둔 질병 및 치료 모델들이 정립되고 있다. 이러한 유전체와 의료 기록의 빅 데이터들은 IBM 수퍼 컴퓨터인 왓슨과 연결되어 2015년 11월부터 이미 환자에 대한 진단과 최적의 치료법을 데이터 기반의 컴퓨터가 수행하는 디지털 의학이라는 의료계 혁명이 조용히 진행되고 있다.

개인에게 유전정보 서비스를 제공하는 회사들이 세계 곳곳에서 우후죽순처럼 생겨나면서 개인 유전체 정보의 프라이버시와 유전정보 관리 문제가 심각하다. 또한 개인 유전정보에 기반한 의료나 생명보험 등의 차별 문제도 수면 위에 떠오르고 있다. 이미 미국의 보험회사들은 이런 개인 유전정보 데이터를 이용해 유전정보에 기반을 둔 고위험 군을 선별하고 보험료를 차등 책정하고 있다.

2014년 여성에게 유방암과 난소암 발생 확률을 높인다고 알려진 Brca1 변이 유전자를 가계로부터 물려받은 여배우 안젤리나 졸리의 가슴 절제수술 경우처럼 개인의 유전정보를 기반으로 취약한 질병에 대한 예방적 조치가 이미 실행되고 있다. 유전체 정보에 기반한 예방적 조치 중 논란의 여지가 많은 경우는 시험관 아기, 즉 인공수정을 한 경우 초기 배아의 유전체 정보를 읽어내는 '착상 전 유전자 검사(pre-implementation genetic diagnosis, PGD)'이다. 착상되기 전 배아의 세포를 떼어내 유전자를 검사하여 특정 유전병의 가능성이 없고 유전적으로 부모가 선호하는 유전정보를 갖는 아이를 맞춤으로 골라낼 수 있다. 일반적으로 인공수정에서는 성공률을 높이기 위해 복수의 수정으로 여러 개의 배아를 생산하므로 이 중에서 가장 원하는 유전정보에 가까운 배아를 골라내기도 하고, 부모가 원하는 유전정보의 배아가 만들어질 때까지 상대적으로 많은 인공수정을 시도하기도 한다. 즉, 부모의 유전정보를 선별적으로 이용한 '맞춤아기'가 가능한 것이다. 생명과학이 가져올 미래에 대해 1997년 발표된 앤드류 니콜 감독의 명작 가타카(GATTACA)에 나왔던 맞춤아기 장면이 이미 현실에서 재현된 것이다.

현재는 필요한 경우 아이가 태어나면 발바닥에서 피를 몇 방울 뽑아 30개 정도의 치명적이고 어린 아이에게 영향을 미치는 유전병 관련 유전자를 스크린하고 있다. 또한 유전체 해독 기술의 비용이 아주 저렴해지면서 영화 '가타가'의 장면과 동일하게 모든 신생아의 전체 유전체 정보를 읽어 질병뿐 아니라 아이의 앞으로의 식이·운동 등을 관리하자는 움직임이 있으며, 이와 관련해서 미국이나 이스라엘 등을 중심으로 극심한 찬반 논쟁이 벌어지고 있다.

3. 생명체를 설계하고 디자인하는 합성생물학의 시대

20세기 후반 원하는 유전자를 잘라내어 다른 생물체 안으로 전달하는 분자생물학적 기술이 발달함에 따라 서로 유전정보를 주고받을 가능성이 전혀 없는 생명체에 한두 개 인간이 원하는 다른 생명체의 유전자를 집어넣어 생명체를 변형시키는 유전공학의 시대가 열렸다. 이렇게 변형된 생명체를 유전자변형 생물체(GMO 혹은 LMO)라 부른다. 그러나 2000년대 들어서며 인간 유전체 프로젝트가 마무리될 무렵부터 유전공학의 시대는 차라리 소박했다고 느껴지게 하는 새로운 개념의 연구가 시작되었다. 이름하여 합성생물학이다. 합성생물학은 '자연세계에 존재하지 않는 생물 구성 요소와 시스템을 설계하고 제작하거나 자연세계에 이미 존재하고 있는 생물 시스템을 재설계하여 새로이 제작하는 분야'로 정의된다. 즉,

간단히 말하면 새로운 시스템의 생명체를 설계하고 만들어내겠다는 것이다.

도대체 합성생물학이 무엇인지 일반인들이 의아해하고 있는 사이 2010년 5월 크랙 벤터가 이끄는 연구팀은 동물의 장속에 기생하는 아주 단순한 세균의 유전체를 유전자 데이터베이스의 정보로부터 인공적으로 합성한 후, 다른 종의 세균에 이식시키고 원래 이 세균이 가지고 있던 유전체는 제거하여 합성된 유전체 정보만으로 유지되는 새로운 생명체 Syn 1.0을 만들었다. 또한 이 새로운 생명체가 생명의 가장 큰 특징인 자기 복제에 의한 재생산과 대사 등 정상적인 생명체로서의 기능을 수행함을 보였다. 이로써 모두에게 공유되는 데이터베이스의 유전정보를 이용하여 생명체를 디자인하고 디자인에 따라 유전정보를 합성하며 그 정보에 따라 생명체가 만들어지는 새로운 시대가 열린 것이다. 그리고 올해 2016년 3월, 합성했던 Syn 1.0의 유전체 크기를 반으로 줄여 유전자를 500개도 갖지 않은 생명체를 만들었다고 사이언스에 발표했다. 생명체를 구성하기 위한 최소의 유전정보와 유전자 수를 밝혀낸 것이다. 또한 새로운 생명체를 만들기 위해 기존 지구의 생물체에는 존재하지 않는 새로운 형태의 염기나 화합물을 이용해 유전자를 만들려는 연구도 진행되고 있다.

합성생물학의 경제적 목적은 의약품 생산, 환경오염 물질 제거, 에너지 생산 등 인간의 목적대로 디자인된 인공 생명체를 개발하는 것이다. 즉, 생명체를 'DNA라는 소프트웨어가 담긴 유전자회로로 구성된 하나의 기계' 정도로 인식하고 '가장 효율적인 유전자 생산 설비의 구축'을 목표로 한다. 자연계에 존재하는 생명체의 유전자를 모두 분리한 후 데이타화 하고 이들을 변형 및 재조합 하는 방식으로 유전자를 마치 레고 블록의 부품처럼 단순화시키고 이들을 조합하여 기능 모듈화 한 후, 모듈의 다양한 조합으로부터 특정 기능을 가진 유전체를 설계하고 만들어 생명체에서 발현시키는 것이다. 이로부터 인간에게 유용한 특성의 생명체와 물질을 대량으로 얻는 것이 목표이다. 앞으로 10년 이내 현재의 화학공정 파이프라인의 1/3 이상이 합성생물학으로 대체될 것으로 예측하고 있다.

합성생물학은 이미 눈에 띄는 성과를 내고 인간에게 유용한 여러 가지 가능성을 제시하고 있다. 그동안 가장 눈에 띄는 성과는 말라리아 치료제인 '아르테미시닌'의 대량 생산이 합성생물학적 방법으로 2013년 가능해진 것을 들 수 있다. 세계보건기구(WHO)의 보고서에 따르면 모기에 의해 전염되는 말라리아는 2013년 한 해 동안만 584,000명의 목숨을 앗아간 질병으로 열대 말라리아 열원충(Plasmodium falciparum)이 그 원인이다. 인류는 그간 말라리아에 대한 적절한 치료제를 가지고 있지 못했다. 중국의 재야 과학자인 요우요우 투는 오래 전부터 한약재로 사용해오던 개똥쑥의 아르테미시닌이 말라리아 열원충을 효율적으로 제거할 수 있다고 밝혔고 그 공로로 2015년 노벨 생리의학상을 받았다. 그러나 개똥쑥에서 얻을 수 있는 아르테미시닌의 양이 매우 적어서 치료제 생산에 큰 걸림돌이었다. 미국 버클리 대학의 키슬링 교수 연구팀은 합성생물학적 접근으로 아르테미시닌 전구체를 합성해낼 수 있는 개똥쑥과 효모균에서 유래한 유전자 부품을 대장균과 효모에 집어넣어 아르테미시닌을 쉽게 대량 생산 할 수 있는 길을 열었다.

상업적으로는 석유에서 나일론을 처음 개발했던 미국 듀폰(Dupont) 사(社)에서 2009년 개발한 섬유인 소로나(Sorona)를 대표적 성공이라고 할 수 있다. 소로나는 석유나 동식물에서 얻어지는 기존 섬유와는 다른 합성생물학적 방법으로 옥수수에서 뽑아낸 당을 원료로 효모나 세균이 만들어내는 '바이오 섬유'이다. 즉 생명체인 효모나 세균을 원하는 화학 반응 공정을 수행할 수 있도록 합성생물학적 방법으로 변형시켜 당으로부터 섬유를 만들도록 한 것이다. 이렇게 만들어진 소로나는 질기고 얼룩이 잘

묻지 않으며 변형도 거의 없고, 소로나로 만든 카펫이나 의류는 커피나 케첩 등을 쏟아도 거의 얼룩이 남지 않기 때문에 매우 인기라고 한다. 더 놀라운 것은 소로나 등 합성생물학적 방법을 이용하는 바이오 섬유는 제조과정의 온실가스 배출량이 석유를 원료로 만들어진 섬유보다 63% 적어 환경친화적이라는 것이다. 이런 이유로 석유화학 분야의 대표 기업이었던 듀폰은 화학제품의 원료를 석유에서 '바이오 매스'라고 부르는 옥수수와 콩 등 식물로 바꾸고 있다. 식물에서 추출한 천연 원료인 '바이오 매스'를 원료로 합성생물학적 기술 개발을 통해 10년 이내로 기존의 화학공정을 70% 이상 모두 합성생물학적 공정으로 바꿀 예정이라고 한다.

합성생물학은 바이오 연료의 생산에도 응용되고 있다. 바이오 매스를 효율적으로 생분해하도록 설계한 생명체를 통해 바이오 연료를 생산하려는 기술 개발이 현재 진행 중이다. 따라서 합성생물학은 현재 화석 연료의 고갈과 지구 온난화 등 환경 문제를 동시에 해결하면서 생산성을 유지할 수 있는 거의 유일한 방법으로 제시되고 있다.

이러한 이유로 어느 나라에서든 최근 발표하는 미래의 경제 패권을 가를 신기술에는 반드시 합성생물학을 포함하고 있다. 미국의 오바마 대통령은 취임 후 합성생물학에 대한 분석을 대통령 자문기구인 대통령생명윤리위원회 (President's Commission on Bioethical Issues)에 직접 의뢰하였다. 미국 대통령생명윤리위원회에서 2010년에 발간한 보고서는 합성생물학이 재생 에너지와 의료·보건, 농·식품 및 환경 분야 등에 응용될 수 있는 잠재력이 크다고 예측했다. 이에 따라 미국 정부는 정부의 여러 기관이 참여하는 합성생물학 실무 기관을 만들고 에너지부와 국립과학재단을 중심으로 합성생물학 연구를 활발히 지원하고 있다. 합성생물학 분야가 시작된 미국뿐만 아니라 유럽이나 영국 등도 합성생물학 연구에 대한 지원을 늘리는 추세다. 우리나라에서도 합성생물학 등 유전자기술이 국가 10대 성장 동력으로 지정되어 연구 지원을 받고 있다.

　2016년 5월 미국 보스톤에 있는 하버드 의과대학에서는 합성생물학 분야의 세계적 대가인 과학자들과 의료인을 비롯해 법률가, 기업경영자 등 사회적 리더 150여명이 모여 인간 유전자를 합성하는 문제를 놓고 비밀리에 협의를 진행한 것으로 보도되었다. 그리고 6월 2일 이 회의 내용을 중심으로 세계적 권위의 과학 잡지 사이언스지에는 'The Genome Project- Write'라고 명명된 인간 유전체 정보를 합성해 만드는 프로젝트를 시작하고 싶다는 과학자들의 열망과 계획이 보도되었다. 1990년 시작되어 2003년 완결된 인간 유전체 30억 DNA 염기쌍의 서열을 밝혀낸 인간게놈프로젝트(Human Genome Profect HGP)를 그 서열을 읽어내는(read) 데 중점을 둔 HGP-read로 보고, 그에 대비해 이제는 읽어낸 유전체 유전정보 전체를 직접 작성하는 HGP-write를 시행하겠다는 것이다. 여기서 작성한다는 의미는 인간의 유전체를 구성하는 DNA 정보 서열 전체를 실험실에서 합성하여 그 작동 여부를 시험한다는 것이다. 그 기사에서 과학자들은 "이번 프로젝트의 목적은 인간을 합성하는 것이 아니며, 인간의 유전자가 세포 내에서 어떻게 상호작용하는지 이해하기 위한 것"이라고 강조하고 있다. 즉, 이 프로젝트의 과학적 의미는 인간의 유전정보가 속해 있는 염색체의 구조나 유전체 작동 방식 등에 대한 이해를 향상시키는 것이 목적이라는 것이다. 그러나 이 프로젝트에 대해 벌써부터 일반인들 사이에는 그 논리가 비약되어 인조인간이나 생물학적 부모 없이도 인간을 창조할 가능성을 여는 것이 아닌지 등, 여러 가지 논란이 뜨겁다. 찬반 논란은 과학계에서도 진행되고 있다. 이 프로젝트가 제안하는 것처럼 인간의 유전체를 합성하고 그 작동을 시험하는 과정에서 아직 우리가 완전히 이해하지 못하고 있는 유전체의 작동 방식에 대해서는 많이 배울 수 있겠지만 인간 유전체를 완전히 합성했을 때 그것을 무엇에 혹은 어떻게 사용할 것인지가 명확하지 않다.

인간에게 매우 유용한, 그러나 인간이 생명체를 설계하고 만든다는 것에 대한 윤리적 부담과 위험성을 함께 내포하고 있는 합성생물학. 이것은 인류에게 두려운 시도인가 새로운 가능성인가.

4. 유전체 교정(genome editing)이 가능한 시대

질병 중 우리가 갖고 있는 유전체 내의 유전정보인 유전자가 잘못되어 발생하는 질환을 유전병이라 부른다. 이런 경우 질환은 유전정보를 따라 자손 세대에서도 계속 나타날 수 있다. 혈우병이나 낭포성섬유증 등 인간에게 치명적인 질환 중에는 약 2만5천 개 유전자 중 단 하나의 유전자가 제대로 작동하지 않아 발생하는 경우도 많다. 그래서 1980년대 이후 DNA를 임의로 조작할 수 있는 기술인 DNA재조합 기술이 보급되기 시작하면서부터 과학자들은 질병을 유발하는 잘못된 유전자를 고치고자 하는 '유전자 치료(gene therapy)'를 꿈꾸게 되었다. 그러나 몇 년 전까지도 우리는 30억 개의 DNA 염기쌍 중 의도하는 특정 유전정보만을 정확하게 수정하는 방법을 알지 못했고 유전자 치료의 상용화는 계속 먼 미래의 이야기였다. 2013년부터 특정 유전자 염기서열을 인식해 자르는 '유전자 가위'를 포함해 유전체 DNA 정보를 의도적으로 자르고 붙이고 고치는 유전체 교정(genome editing)을 가능하게 하는 유전자 가위기술(CRISPR)이 본격적으로 개발되기 시작하면서 상황은 급변하였다. 이 기술은 자신의 몸에 침입한 바이러스의 DNA를 절단해 자신의 유전체 내에 저장해 가지고 있다가 다음에 다시 같은 유전정보를 갖는 바이러스가 침입하면 저장된 정보로부터 침입한 DNA를 인식해 잘라 버려 무력화하는 세균 면역

반응 시스템에서 유래되었다. 이 시스템은 특정 염기서열을 찾아내는 표적 부분과 찾아낸 DNA를 절단하는 기능이 짝을 이루어 수행되는데, 이미 이 기술을 이용해 세균뿐 아니라 인간과 동물·식물 등 모든 종류의 세포에서 효율적으로 유전체 교정을 수행할 수 있음이 밝혀졌다. 또한 이 기술을 쥐, 소, 양, 돼지 등 동물의 수정란에 적용하여 우리의 의도대로 유전체 정보가 변환된 생명체를 쉽게 만들 수 있었다. 이는 인간에게도 유전체 교정을 적용할 수 있는 기술적 토대가 만들어졌음을 시사한다.

이미 유전체 교정 기술을 이용하여 말라리아 저항성 모기와 유전자 변이를 갖는 불임 모기를 만들었고 후천성 면역결핍증(AIDS)을 일으키는 HIV 바이러스에 저항할 수 있도록 바이러스 수용체를 제거시킨 면역세포를 만들어 후천성면역결핍증을 치료하기도 했다. 쥐의 배아에서 손상된 디스트로핀 유전자를 편집함으로써 근위축증을 치료하는 성과를 거두었다는 발표도 있었고, 2015년 7월 우리나라의 서울대학교 김진수 교수 연구팀은 디스트로핀 유전자를 유전자가위로 제거한 근육질의 돼지를 만들어 공개하였다.

난치병 치료 및 의료·농업·축산업 등에 미치는 엄청난 파급 가능성으로 CRIPSR 유전체 교정 시스템은 2013년 사이언스지가 선정한 그해 가장 영향력 있는 과학적 성과였다. 또한 2014년 MIT 테크놀로지리뷰는 유전자 교정을 10대 혁신기술로 선정하고 이를 활용한 '맞춤 아기' 탄생이 멀지 않았다고 예측했다. 실제로 이 기술을 수정란에 적용하여 문제가 있는 질병유전자를 모두 교정한 후 시험관 아기 시술로 자궁에 착상하면 유전정보에 전혀 이상이 없는 완벽한 '맞춤아기'를 얻을 수 있다. 이것이 과연 우리가 원하는 미래인가에 대해 세계적으로 윤리적 논란이 뜨겁다. 2015년 4월, 중국 중산대의 황진주 교수 연구팀이 유전체 교정 기술을 이용해 인간 배아의 유전자를 편집했다는 연구 결과를 발표하자, 최고의 권위를 가진 과학 잡지인 사이언스와 네이쳐지에는 인간의 생식세포나 수정란에서의 유전체 교정 기술의 적용을 금해야 한다는 과학자들의 우려의 목소리가 실렸고, 이 기술을 인간에 적용하는 문제에 대한 득과 실 및 안정성을 놓고 세계가 고민 중이다. 그러나 우리가 원하든 원하지 않든 이미 인류는 유전체 교정의 시대를 향해 가고 있다.

5. 기계로 확장되는 인간

마치 고장난 자동차의 부품을 새것으로 바꾸듯이 기능이 떨어진 우리 몸의 일부를 인간이 만든 인공물들로 대치하기 시작한 지는 이미 오래되어 임프란트나 인공장기는 당연한 시대가 되었다. 대치되는 인공물은 과학 기술의 융합을 통해 날로 정교해지고 있다. 대표적인 예로 MIT 미디어랩의 관리자인 휴 허 박사는 암벽등반을 하다 사고로 젊어서 절단한 자신의 다리를 근육과 신경의 움직임 등을 컴퓨터 분석과 모델화로 정교하게 제작하고 몸에 연결해 여전히 암벽등반을 하고 있다. 휴 허 박사는 2014년 미국 보스톤 마라톤 대회 폭탄 테러로 다리를 절단한 댄서에게 춤출 수 있는 다리를 만들어 주어 세계를 놀라게 했다. 이제 과학기술이 우리의 신체 기능을 얼마나 정교하게 대치할 수 있는가를 보여준 것이다.

우리 몸과 인공물의 연결이 신체나 장기에만 일어나고 있는 것이 아니다. 뇌-컴퓨터 인터페이스(BCI, Brain-computer interface)라고 일컬어지는 뇌-컴퓨터 접속장치를 통해 뇌와 컴퓨터가 직접 소통하는 기술이 개발되고 있다. 뇌-컴퓨터 접속장치는 뇌의 활동이 컴퓨터에 직접 입력되어, 마우스나 키보드 같은 입력장치가 없이도 컴퓨터와 소통할 수 있는 장치를 말한다. 뇌가 운동신경을 통해 근육을 움직이지 않고도 순수한 뇌 신호만으로 컴퓨터나 주변 기기들을 제어해 인간의 의도대로 작동시킬 수 있게 하는 것이다. 이는 운동신경에 장애가 있는 환자들에게 매우 유용한 기술이 될 것이며, 상용화 되면 일반인의 인지나 학습, 생각만으로 먼 곳에 있는 기기를 작동시키는 등 공상과학영화에서나 볼 수 있었던 것들이 가능해지면서 삶에 큰 변화를 가져올 수 있다. 이제는 생명이 자극에 반응하는 것이 아니라 생명체로 인식된 자극에 의해 기계가 반응하는 세상을 향해 가고 있는 것이다.

뇌-컴퓨터 접속장치가 뇌에 반응하기 위해서는 먼저 뇌의 활동을 측정해야 한다. 뇌는 1,000억개 신경세포의 연결망으로 구성되어 있고, 신경세포인 뉴런에 의해 일어나는 활동은 시냅스로 연결된 뉴런들의 전위 변화를 유도한다. 이 변화를 직접 뇌로 아주 작은 전극을 집어넣어 측정하거나 아니면 간접적으로 뇌 신경세포의 활동에 의한 전위로 발생하는 전자기파 등을 측정하는 기술 등이 개발되었다. 이렇게 측정된 뇌의 활동을 정량 또는 정성화 하고 이를 분석하여 정보를 추출한 후 추출된 정보에 의해 컴퓨터나 기기의 작동이 이루어지는 원리를 이용한다고 알려졌다.

이미 2002년 네이처지에 원숭이가 생각만으로 먼 거리에 있는 기기를 작동했다는 보고가 있었고 그 이후에는 먼 곳에 있는 로봇을 작동시켜 먹이를 먹었다고 보고되었다. 또, 2010년 지텍(g.tec)이라는 회사가 환자들에게 바로 사용될 수 있는 상용제품인 인텐딕스(Intendix)를 발표하였는데, 이 기기는 뇌파로 뇌의 활동을 측정하고 이를 이용해서 타이핑이 가능하도록 하였다. 10분 정도만 연습하면 이용할 수 있다고 하여 이를 이용하면 온몸이 마비되고 말을 할 수 없는 환자도 컴퓨터에 자신의 생각을 입력하고 조작이 가능하다고 한다. 2011년 과학잡지 네이처에는 원숭이가 뇌에 연결된 컴퓨터 접속장치를 이용해 로봇 팔을 작동하여 바나나를 먹었다고 보고되었다. 또 바로 다음해인 2012년 이 기술을 팔 다리를 잘

쓰지 못하는 할머니에 적용해 할머니가 목마르다는 생각을 하자 연결된 로봇 팔이 물을 가져다 먹여주는 것이 보고되었다. 이런 현재의 기술 수준도 놀랍지만, 지금 빠른 속도로 발전하고 있는 뇌컴퓨터인터페이스 기술이 더욱 발전하고 가격이 떨어지면, 멀지 않은 미래에 생각만 하면 컴퓨터가 생각대로 글을 써주는 세상이 올 것 같다. 공상과학 영화에서나 보던 뇌의 기억을 컴퓨터에 저장해 몸이 죽은 후에도 생각이 영생을 누리는 그런 세상을 향해 기술은 나아가고 있다.

뇌의 신경망과 그 연결 및 작동 원리를 알아야 인간의 생각과 학습을 이해할 수 있고 인간의 사고 활동을 컴퓨터와 연결하기 쉬워진다. 2013년 3월 미국 오바마 대통령은 인간의 뇌를 이해하기 위해 정부는 뇌의 1,000억 개 신경세포 연결 망과 기능을 읽어내는 프로젝트인 BRAIN(Brain Research through Advancing Innovative Neurotechnologies)을 시작하며, 이 프로젝트가 인간 유전체 프로젝트에 이은 차세대의 위대한 미국 과학 프로젝트가 될 것으로 확신에 찬 발표를 하였다. 이 프로젝트는 2025년 완성을 목표로 진행 중이다. 이는 뇌의 수백만 뉴런의 활동이 어떻게 복잡한 뇌의 기능을 가능하게 하는지 규명하는 프로젝트이고 현재 수수께끼로 남아 있는 인지, 지각 등 뇌의 기능에 대한 기전을 이해할 수 있는 지식을 제공하여 알츠하이머나 파킨슨병 및 뇌 손상 같은 질병의 치료법을 개발하는데 많은 도움이 될 것으로 기대하고 있다. 이제 생명체에 대한 연구는 유전체를 지나 뇌에 대한 관심으로 빠르게 진화하고 있다.

6. 맺는 말

내가 좋아하는 그림 중 아주 긴 제목의 그림이 있다. "우리는 어디에서 왔는가? 우리는 누구인가? 우리는 어디로 가고 있는가? (Where do we come from? What are we? Where are we going?)"이다. 언젠가 미국 보스톤 출장 중에 이 그림을 직접 보고 싶어서 보스톤 미술관에 찾아간 적이 있었다. 나에게는 삶과 죽음이라는 절박한 질문 앞에 선 나약한 인간의 마지막 의지처럼 느껴지는 그림이었다. 고갱의 최고 걸작으로 꼽히는 이 작품은, 그가 사랑하는 딸이 죽었다는 소식을 전해 듣고 절망하며 그린 그림이라고 한다. 그런데 요즘 생명과학이나 이와 관련된 기술의 발전 속도와 내용을 접할 때마다 나는 이 그림의 느낌과 제목이 다시 떠오른다. 생명과학 기술의 발전이 인간, 즉 호모 사피엔스는 도대체 누구인가의 인문학적 질문을 던지고 있으며, 나 자신도 생명에 관한 기술을 쉽게 손에 넣은 인류가 도대체 어떤 미래를 향해 어디로 가고 있는가 하는 의문을 지울 수 없기 때문이다.

과학 기술은 항상 양날의 칼이다. 우리가 어떻게 사용할 것인가에 대해 사회적 고민이 필요하다는 것이다. 후기 자본주의 사회에서 과학과 기술의 발전이 우리의 욕망과 시장이라는 이름으로 제어할 수 없이 움직여 갈 때 우리가 할 수 있는 것은 무엇일까에 대한 질문이 필요하다고 생각한다. 즉 우리는 생명과학 기술의 세분화된 영역의 발전이 이 사회에서 어떻게 확장되고 어떤 윤리적 문제를 가져올 수 있을지 적어도 예상해 보고 고민해 보아야 한다. 그리고 생명과학 연구에서 파생되는 윤리적 결정은 누가 어떻게 내릴 수 있는가에 대한 사회적 논의가 필요한 시점이기도 하다.

참고문헌

송기원. 생명 2014 로도스 출판사

인간 삶의 가치와 미래 과학기술의 과제

윤성민(경희대학교 공과대학 정보전자신소재공학과 교수)

1. 들어가며

제4차 산업혁명이라는 열쇠말로 대표되는 미래 과학기술의 모습은 지금까지 눈부신 발전을 거듭해온 현대 정보화 사회를 또 한 번 크게 바꿀 것으로 보인다. 정보화 혁명이라고 불리는 3차 산업혁명의 과정을 통해 지난 10여년 간 극적으로 변모해온 사회 속에서 각 개인의 삶도 더욱 편리함과 쾌적함을 더해 가고 있다. 특히 앞으로 진행될 4차 산업혁명에서는 인공지능과 빅데이터를 기반으로 한 더욱 진화된 디지털 사회가 될 것으로 예상되며, 그에 따라 미래 사회에서는 모든 개인의 정보와 기기 사이의 초연결을 통해 생활의 질이 크게 높아질 것으로 기대하고 있다. 한편 이처럼 미래 과학기술의 발전이 인간의 삶을 건강하고 편리하고 풍요

윤성민 서울대학교 공과대학 무기재료공학과 졸업을 졸업하고, 일본 Tokyo Institute of Technology, 전자시스템 전공으로 석사와 박사학위 취득 후,동 대학에서 박사후 과정을 거쳐, 2001년부터 한국전자통신연구원에서 근무하였다. 2011년부터는 현직인 경희대학교 공과대학 정보전자신소재공학과 부교수를 거쳐 2016년부터 교수로 재직 중이며, 공과대학 부학장 직을 수행하고 있다. 현재 공학교육학회 학술이사 및 한국전기전자재료학회 학술지 편집위원장으로 활동하고 있다. 경희대학교 차세대전자소자연구실(http://khulead.khu.ac.kr)을 운영하고 있으며, 연구분야는 반도체/디스플레이 소재 및 공정, 전자재료, 반도체 소자 물리, 비휘발성 메모리 소자 등이다.

로운 것으로 만들 것이라는 낙관적인 기대와는 달리, 일자리가 줄어들고 계층간 정보화 격차가 심화되어, 오히려 개인의 존엄을 훼손하고 사회의 지속 가능성을 저해하는 결과를 초래할 것이라는 우려의 목소리도 높다. 역사적인 관점에서 돌이켜보면 과학기술의 발전은 언제나 밝은 부분과 어두운 부분이 공존하는 특징을 보여 왔다. 하지만 과학기술 발전에 따른 긍정적인 효과와 그로 인해 얻을 수 있는 많은 장점들이 지나치게 강조된 나머지, 부정적인 효과들을 상당 부분 간과해온 것이 사실이다. 특히 부정적인 효과는 사회 전체의 이윤 창출과 밀접한 관련이 있다는 것은 많은 점을 시사하고 있다.

이 글에서는 먼저 미래사회를 지향하는 과학기술의 명암에 대해 재조명하고, 4차 산업혁명의 전개 과정에서 과학기술의 발전이 인간 삶의 가치에 미치는 영향에 대해 생각해 보고자 한다. 기존의 산업혁명과는 달리 4차 산업혁명에서는 그동안 인간 고유의 영역이라 생각되어 오던 개인 활동과 직무 영역까지도 과학기술로 대체하는 것을 주요 목표로 삼고 있기 때문에, 인간의 존재 가치와 행복한 삶의 의미를 과학기술 발전의 연장선상에서 살펴볼 필요가 있다. 다시 말해, 앞으로의 과학기술 발전이 진정한 의미에서 사람들의 행복한 삶을 보장할 수 있을 것인가에 대한 담론을 논의하고, 만약 그렇지 않은 부분이 있다면 어떤 방향으로의 기술발전 패러다임이 필요할 것인가에 대해 논의할 시점이라고 생각된다. 필자는 공과대학에서 미래기술을 연구하는 한 사람의 연구자로서, 그리고 다음 세대의 미래인재를 육성하는 한 사람의 교육자로서, 위의 주제들에 대한 개인적인 의견을 정리해 본다.

2. 미래 과학기술의 명암

현재를 기점으로 향후 10년간에 걸쳐 미래 과학기술의 눈부신 발전으로 인해 사회의 모습은 크게 달라질 것으로 기대된다. 그 변화의 모습을 예견한다면 다음의 네 가지의 형태로 크게 나눌 수 있을 것이다.

첫째는, 사람들을 둘러싸고 있는 모든 환경이 정보를 표시하거나 수집하고 처리하는 형태의 기기와 시스템으로 구성될 것이다. 가령, 모든 창유리는 정보표시 기능을 갖춘 디스플레이가 되고, 사람들과의 인터랙티브 동작을 통해 개인 맞춤형 정보를 제공하거나, 개인의 건강을 상시 관리하는 등의 기능을 갖추게 된다. 모든 전자기기들은 사람들의 생활에 더욱 밀접한 형태로 제조되거나 인체 그 자체에 내장되는 형태로 변모하여, 사람들이 굳이 의식하지 않더라도 생활하는 환경 안에서 사람들의 삶을 자연스럽게 지원하는 모습이 될 것으로 보인다. 이러한 환경은 과학기술이 공기와 같이 존재하는 형태가 된다는 의미에서 엠비언트 일렉트로닉스(Ambient electronics)라 불리고 있다. 이미 상당한 수준의 기술발전이 이루어진 상태이며, 4차 산업혁명의 다른 기술분야의 발전과 더불어, 미래 과학기술 사회의 모습을 대변할 중요한 변화의 하나로 자리매김하게 될 것이다.

둘째는, 방대한 통신 네트워크와 센서 기술을 접목하는 형태로 구축되고 있는 사물인터넷(Internet of Things, IoT)을 통해 사람들이 소지하거나 사용하고 있는 모든 기기들은 물론, 사람들을 둘러싸고 있는 모든 환경요소들이 거대한 연결구조를 가지는 초연결의 사회가 될 것이다. 이미 스마트홈 이라는 형태로 가정 내의 기기를 스마트폰을 통해 원격 조정하는 등 초보적인 수준의 사물인터넷 기술이 서비스 되고 있으며, 지난 10여년에 걸쳐 유비쿼터스 센서네트워크(Ubiquitous sensor network) 기술을 활용한 다양한 상용 서비스가 실행되고 있으나, 향후 수년에 걸쳐 사물인터넷 기술은 초연결 사회를 지향하는 미래 정보사회의 한 축을 형성할 가능성이 높다. 그 한 예로는 스마트카와 같이 자동차가 전자기기화 되고, 무인

운전을 진행하거나, 주행시 차와 차 사이의 통신을 통해 무사고 운전을 지향하는 기술로 진화될 것으로 보인다. 사물인터넷 기술의 또 하나의 중요 활용 분야는 스마트로봇이다. 각 가정 혹은 업무 현장에서 사람의 활동을 지원할 스마트로봇의 등장이 보편화 될 것이다.

셋째는, 인간 수준의 판단력과 학습 능력을 갖춘 인공지능의 등장이다. 얼마 전 구글의 알파고와 이세돌 9단의 바둑 대결은 인공지능 기술을 기반으로 한 미래 사회의 초지능화를 시사하는 대표적인 사례라 할 수 있다. 미래 정보사회의 초지능화는 다음 세 가지 기술을 기반으로 구성될 가능성이 높다. 위에서 설명한 두 가지 기술을 활용하여 얻은 빅데이터, 최첨단 반도체 기술을 통해 구현될 고성능 하드웨어 기술, 그리고 딥러닝(deep learning)을 통한 학습 알고리즘 기술이다. 이 세 가지 기술의 접목은 인공지능의 수준을 극적으로 향상시킬 엄청난 잠재력을 가지고 있으며, 4차 산업혁명을 주도할 명실상부한 핵심 기술이 될 것으로 보인다. 실현된 인공지능은 다양한 시스템 기기에 탑재될 것이며, 앞서 소개한 스마트홈, 스마트카, 스마트로봇의 브레인의 역할을 하게 될 것이다.

넷째는, 디지털 컨텐츠의 진화이다. 사람들에게 제공되는 정보 컨텐츠는 아날로그적인 형태에서 매우 급격한 속도로 디지털화 되고 있다. 불과 20여년 전만 해도 워크맨을 통해 자기테이프에 기록된 음악을 듣던 세대조차 지금은 디지털 음원을 이용하는 것에 매우 익숙해 있다. 정보 컨텐츠의 디지털화는 위에서 설명한 세 가지의 기술변화를 충분히 활용하는 형태로 더욱 가속될 것이며, 이러한 변화는 엔터테인먼트 중심의 디지털 컨텐츠 분야뿐만 아니라, 의료·산업현장·교육·안전 분야 등에서 큰 파급 효과를 가질 것으로 보인다. 이러한 변화를 견인할 기술은 가상현실(virtual reality, VR)이다. 가상현실 역시 많은 데이터를 빠른 속도로 다룰 수 있는 기기 등 지원 기술 발전에 힘입어 최근 많은 관심을 모으고 있으며, 조만간 대규모 상업화가 진행될 가능성이 높다.

지금까지 소개한 네 가지 대표 기술은 우리에게 그렇게 생소한 기술들은 아니다. 이미 20여년 전부터 영화의 상상력을 통해 미래 기술의 한 단면으로서 제안되어 왔기 때문이다. 4차 산업혁명 과정에서는 위의 각 기술의 발전이 개별적으로 진행되는 것이 아니라, 서로의 기술을 상호 견인하는 시너지 효과를 낼 수 있다는 점에서 폭발적인 파급효과가 기대된다. 1-3차 산업혁명에서 인류가 경험한 혁명적인 변화는 과학기술의 발전이 인간의 삶을 얼마나 크게 변화시킬 수 있을 것인지를 여실히 증명해 왔으나, 현재 진행 중이거나, 곧 본격적으로 진행될 4차 산업혁명이 불러올 변화는 그간의 변화를 모두 합친 것보다 더 클 수도 있다. 이러한 점을 염두에 두고 일부 국가에서는 4차 산업혁명을 주도적으로 전개하기 위한 국가적인 전략을 통해 변화의 모습을 체계화 하고 있다.

4차 산업혁명을 준비하는 각국의 대응전략은 다양하다. 미국의 '산업인터넷', 독일의 '인더스트리4.0', 일본의 '로봇전략' 등 신산업 플랫폼을 국가 과제의 하나로 추진하고 있다. 이에 비해 여전히 제조업 중심, 수출 중심의 산업 구조를 가지고 있는 우리나라는 4차 산업혁명을 위한 대응이 많이 늦은 것으로 보인다. 국가적인 플랫폼 마련에서도 뒤져 있는 것이 사실이나, 더 문제인 것은 새로운 과학기술의 출현과 동시에 새로운 서비스와 일자리를 만들어낼 수 있는 사회의 시스템이 매우 취약하다는 점이다. 결과적으로 4차 산업혁명을 통해 각 국가별로 서로 다른 변화가 일어날 것으로 생각되며, 적절하게 대처하지 못하는 경우, 미래의 국가 경쟁력 쇠퇴를 피할 수 없을지 모른다.

과학기술의 발전이 양날의 칼이 될 수 있다는 사실은 1차 산업혁명 때부터 지속적으로 지적되어 왔으며, 기술이 무한정 발전한다고 하여 사회를 살아가는 모든 사람들의 삶이 완전히 긍정적으로 변화되지 않는다는 것도 주지의 사실이다. 이러한 식견은 당연히 4차 산업혁명 과정에서도 적용될 것이며, 많은 학자들은 이번 과정의 긍정적인 효과가 가지고 있는 큰 파급효과 만큼이나 부정적인 효과도 클 수 밖에 없다는 사실을 우려하고 있다. 일반적으로 언급되고 있는 부정적인 효과는, 일자리가 격감하여 빈부의 격차가 커질 수 있다거나, 발전한 과학기술의 윤리성을 효과적으로 보장할 방법이 없다는 등의 의견이다. 하지만 사회 전체적인 측면, 그리고 그 사회를 살아가는 각 개인의 삶의 가치를 중심으로 조금 더 자세히 들여다보면, 위의 부정적인 효과는 현대사회가 가지고 있는 많은 문제점을 총체적으로 강화하는 수단이 될 수 있다는 점에서 더욱 위험하다.

WEF(World Economic Forum)에서 발표한 미래 일자리 변화전망 보고서에 따르면, 4차 산업혁명에 따라 2015년부터 2020년까지 5년 동안 200만개의 새로운 일자리가 생겨나는 데 비해 약 710만개의 일자리가 줄어들어 총 500만개 이상의 일자리가 사라질 것으로 예상하고 있다. 또한 현재 초등학교에 입학하는 아이들의 65% 이상이 현재에는 존재하지 않는 새로운 직종에서 일하게 될 것으로 전망된다. 이러한 일자리의 문제는 일자리 수 자체의 문제일 뿐만 아니라, 일자리의 질적인 변화와 밀접하게 연관될 것으로 보이며, 앞으로의 노동시장은 높은 기술력으로 높은 임금을 받는 일자리와 낮은 기술력으로 낮은 임금을 받는 일자리 사이의 격차를 더욱 키울 것으로 예상된다. 즉, 그 동안 사람들에 의해서 영위되어온 많은 직종 및 직무들이 인공지능과 로봇에 의해 대체되면서 높은 기술력과 전문지식을 가지지 못한 대부분의 중산층은 더욱 낮은 임금의 일자리로 내몰릴 가능성이 크고, 결국 사회를 지탱하는 중산층의 붕괴로 이어질 수 있다. 물론, 빠른 속도로 새로운 일자리가 만들어져 우려와 같은 현실은 일어나지 않을 수도 있지만, 급격한 과학기술 발전 속도만큼이나 새로운 직무군을 창출할 수 있는 사회 시스템을 갖춘 국가는 그렇게 많지 않은 것으로 보인다. 현재 한국사회를 보더라도 자영업의 비율이 지나치게 증가할 가능성이 높다. 먹고 사는 문제를 다시 걱정해야 하는 사회에서 건강한 민주주의가 지속될 수는 없으며, 인간의 삶의 가치 역시 원칙대로 보장될 수 없다는 점에 주목해야 할 것이다. 이 문제를 살펴보는 과정에서 언급된 국가의 역할은 매우 크다고 생각되나, 전 인류적인 관점에서 생각하면 이 역시도 많은 시사점을 가지고 있다는 것은 뒤에서 다시 생각해 보기로 한다.

개인이나 조직 혹은 개별 사회가 가지고 있는 기술력에 따라 일자리의 질적인 차이가 발생하고, 이것이 미래 과학기술 발전의 중대한 부정적 효과의 하나가 될 수 있음을 위에서 언급하였으나, 이러한 부정적인 효과를 검토하는 데 있어서 과학기술 발전의 중요한 동기가 사실상 이윤의 추구에 있다는 점을 간과할 수 없다. 즉, 과학기술 발전의 당위성을 찾는 과정에서 인간 삶의 질적인 향상을 보편 타당한 이유로 제시하고 있지만, 대부분의 사람들은 현재 존재하지도 않는 기술에 대한 필요성을 인지하지 못한다. 불과 25년 전에는 인터넷이라는 통신 기술이 없었지만, 그래서 당시 사람들이 자신의 삶을 불행하다고 생각하지는 않았다. 문제는 과학기술의 이름으로 새로운 기기·시스템·서비스를 제공함으로써 새로운 이윤과 부가가치를 만들 수 있다는 점이 과학기술 발전의 솔직한 이유라고 할 수 있겠다. 사람들에게 필요하지도 않은 새로운 기술을 제공하여 기술의 대가를 요구하는 셈이다. 이러한 요구를 거부할 수 없는 중요한 동기는, 그 기술이 반드시 필요하기 때문이 아니라, 그 기술을 사용하지 못할 때 느끼는 상대적인 박탈감이 너무 크기 때문이다. 사람들은 새로운 기술을 활용하여 얻을 수 있는 생활의 편리함과 쾌적함의 이면에서 격차 사회의 승자로서의 쾌감을 동시에 즐기려는 속성을 알게 모르게 가지게 되며, 반면 이러한 기술의 혜택을 받기 어려운 상황의 사람들의 삶의 가치는 상대적으로 더욱 나빠지는 모습을 보이게 된다. 프랑스의 사회학자 피에르 부르디외는 그의 대표저서 '구별짓기(La Distinction)'에서, 소비와 생활 양식에서의 개인 취향과 선호도는 특정 직업군이나 사회 계급과 밀접한 연관성을 가진다고 지적한다. 소비의 차별화는 단순히 개인의 취향 문제가 아니라, 상류층이 향유하는 문화가 우월하다는 점을 강조하여 '구별짓기'를 통해 사회 불평등을 재생산하게 된다는 주장이다. 즉, 사회적인 격차의 확대는 어쩌면 이러한 인간의 속성에서 기인하는 현상일 수 있으며, 부르디외가 주장한 문화 소비의 측면뿐만 아니라, 미래 과학기술 중심사회에서는 과학기술 서비스의 이용 행태가 '구별짓기'의 중요한 요소가 될 수 있다.

이러한 격차 사회의 모습은 과학기술을 향유하는 개인의 삶에서 뿐만 아니라, 과학기술 서비스를 제공하는 부문에서도 동일하게 관찰된다. 부자가 되기 위해서는 종자돈이 필요하다고 흔히 이야기 한다. 같은 이율이라도 준비한 종자돈이 클수록 별다른 노력 없이 많은 이자를 얻을 수 있기 때문이다. 이와 같은 원리로, 고도의 과학기술 정보사회에서는 종자기술의 확보가 과학기술 서비스 제공에서 얻을 수 있는 이윤의 크기를 극대화 할 수 있다. 물론 이는 기술력의 중요성을 시사하기도 하지만, 기술 격차의 존재에 따라 이윤의 향방이 극히 일부에 집중될 수 있다는 것을 동시에 의미한다. 최첨단 과학기술의 개발을 위해 많은 국가와 연구기관들이 무한 경쟁을 벌이고 있으며, 이것은 국가의 발전 그 자체를 의미하기도 하지만, 과학기술 개발로부터 파생되는 이윤의 창출과 집중은, 한 국가와 더 나아가서는 전 인류의 지속 가능한 발전을 위해 긍정적인 효과만을 줄 것이라고 생각하기 어렵다. 현대 사회가 지향하는 국가 중심의 세계화가 가지고 있는 또 다른 환상일 수 있다.

위에서 살펴본 몇 가지 부정적인 효과에 대해 논의하기 전에 국가 차원의 4차 산업혁명 준비 상황에 대해 언급하였으나, 이러한 국가 중심의 주도적 준비 조차도 경우에 따라서는 개인의 삶의 존엄성을 제고하고 행복을 증진시키는 것과는 별개의 내용이 될 수 있다. 일부 개인의 희생을 바탕으로 한 국가의 번영은 이제 더 이상 지속 가능한 국가 발전의 담론이 될 수 없기 때문이다. 이러한 논의 역시 위에서 언급한 일자리나 이윤의 집중 등의 문제와 밀접하게 연관되어 있다.

만약 미래 과학기술 발전이 가져올 수 있는 장미빛 미래와는 달리, 우려하고 있는 어두운 전망이 선행될 경우, 미래 과학기술은 일부 국가 혹은 일부 개인만이 향유할 수 있는 신기루와 같은 존재가 되고, 대부분의 사람들은 고도로 발전한 매트릭스와 같은 조직을 지원하기 위해 도구화 된 삶을 살아야 할 지도 모른다. 이것은 혁명이라는 이름을 붙여 진행하고자 하는 과학기술 지상주의의 유토피아의 이면에 있는 디스토피아의 모습일 수도 있다. 영원한 생명을 찾아 은하계를 여행하는 소년의 이야기로 인기를 모았던 애니메이션 '은하철도 999'에서는, 발전한 과학기술과 축적된 부를 통해 영원한 생명을 얻은 계급은 무너진 윤리관으로 방탕한 생활을 하다가 끝나지 않는 삶의 지루함 때문에 터무니 없는 자살을 하기도 한다. 반면, 영원한 생명을 살 수 없는 계급은 노예와 같은 빈곤과 억압을 강요 받으며 힘든 삶을 살아가는 모습으로 묘사된다. 상상 속의 애니메이션의 내용이기는 하지만, 미래 과학기술의 발전 과정에서 인간 삶의 가치를 재발견하고, 인간성 중시의 사회를 회복하기 위해 미래 과학기술이 지향해야 할 과제가 무엇인지를 시사하는 대목이다.

3. 인간의 삶의 가치 재발견과 미래 과학기술의 과제

앞장에서는 미래 과학기술의 발전을 통해 예견되는 긍정적인 부분과 부정적인 부분에 대해 정리하였으나, 결국 중요한 것은 한 사람 한 사람의 개인이 얼마나 행복한 삶을 영위할 수 있으며, 과학기술이 인간의 행복한 삶에 어떻게 기여할 수 있을 지를 살펴보는 것이다. 하지만 지난 산업혁명의 진행 과정에서도 발전의 중심은 생활의 편리함과 물질적인 풍요에 맞추어져 왔으며, 이것이 과연 인간 중심의 발전인가에 대해서는 논란의 여지가 있을 수 있다. 물질의 풍요만으로 사람들은 온전한 행복을 얻을 수 없으며, 앞서 '구별짓기'의 예에서 살펴본 것처럼, 사회 일부에 편중된 편리함은 행복보다는 상대적인 박탈감의 형태로 공동체의 결속을 저해한다. 인간의 삶의 가치는 경제적인 가치만으로 산정할 수 없으며, 다른 사람과의 비교를 통해 느끼는 행복은 더 커 보이는 또 다른 사람의 행복의 크기에 의해 쉽게 무너지고 만다. 이때 가장 경계해야 할 것은 비교 대상과의 격차를 통해 우월감이라는 행복을 느끼려고 하는 불건전성을 인지하는 것이다. 물질적인 격차를 행복의 크기로 환산하는 실수를 범하는 예를 우리 사회에서 쉽게 접할 수 있는데, 가령 아파트의 평수나 임대 여부 등으로 자녀들의 교우관계를 배타적으로 만드는 부모들의 단편적인 사고방식이다. 이러한 행위가 물질적인 풍요를 담보로 사람들의 삶의 가치와 존엄성을 얼마나 피폐하게 하는지는 그 해악을 헤아릴 수조차 없다. 유사한 사고방식이 만연한 상태에서는 과학기술이 제공하는 물질적인 풍요와 삶의 편리함이란 어떤 사람들에게는 격차를 메우기 위해 사용해야 하지만 비싼 비용을 부담해야만 얻을 수 있는 애물단지일 뿐이다.

결국 과학기술의 발전, 특히 큰 폭의 패러다임 전환이 예견되는 미래사회의 과학기술은 그 자체만으로는 사람들의 행복과 삶의 존엄성을 보장할 수 없다. 사람들은 공동체 안에서 살아가기 때문에, 사회 안에서 개인의 성공만큼이나 구성원들과의 소통을 통해 삶의 가치를 발견하게 된다. 인정함과 인정받음의 공동체 문화는 사회의 지속 가능성을 높이는 중요한 요소이다. 사람들의 삶을 더 건강하고 쾌적하게 만들기 위한 미래 과학기술의 지향점은 공동체의 지속 가능성 안에서 규정되어야 할 필요가 있다. 따라서, 고도로 발전한 과학기술 중심의 미래사회 일수록 인간의 삶의 가치를 재조명하는 것은 매우 중요하다. 하지만 특별한 계획과 전략 없이는 두 가지 가치를 병행하여 추구하기 어려우며, 그 이유는 앞서 언급한 것처럼 무한 이윤추구와 격차의 재생산이 현대 산업구조가 가지는 매우 근본적인 속성이기 때문이다.

이제 인간 중심의 과학기술 발전이야말로 사회를 지속 가능하게 발전시키는 힘이 될 수 있음을 인지하고, 미래 과학기술 개발의 패러다임을 재정비해야 할 것이다. 미래 과학기술의 부정적인 부분을 애써 무시하지 말고 더 적극적인 대책을 마련해야 할 필요가 있다. 진정한 의미에서 개인의 행복이 커지고 삶의 가치를 인정받을 수 있는 미래사회의 모습을 만들기 위해 다음과 같은 발전 방향을 제언한다.

첫째는, 생활과 일의 조화로운 통합과 균형이 가능하도록 사회의 시스템 정비를 포함한 산업구조의 개편과 기술발전의 전략을 마련해야 할 것이다. 일을 하기 위해 반드시 원거리에 위치한 직장에 출근해야 하는 현재의 구조는 4차 산업혁명 과정에서 큰 변화의 전기를 마련할 가능성이 높다. 이전부터 추진해 오던 스마트워크(smart work)보다 훨씬 진화된 형태의 재택 근무와 자유로운 업무 공간의 선택이 가능함으로써 사람들의 삶과 일을 좀 더 조화롭게 통합할 수 있는 기술 인프라를 제공하는 것이 바람직하다. 이런 환경에서 사람들은 개인 영역의 시간을 과도하게 희생하지 않아도 업무의 효율성을 높일 수 있을 뿐만 아니라, 개인의 삶의 질을 크게 높이는 시스템을 마련할 수 있을 것이다.

둘째는, 적절한 교육 시스템을 마련하여 각 개인이 느끼는 기술 격차를 원만히 해소하고 삶의 만족감을 높일 수 있도록 해야 할 것이다. 미래 사회의 교육은 과학기술의 발전에 따라 시스템 자체가 크게 변화될 수 있는 분야 중 하나이다. 기존의 교육 기관이나 교육 방식 역시 다양한 형태로 분화될 것으로 예상되며, 진보된 과학기술이 지원하는 교육 시스템의 충분한 활용을 통해 미래 과학기술이 개인의 성장과 연결될 수 있도록 사회의 전체 교육 시스템을 정비하는 것이 바람직하다. 가령, 공동체의 평생학습 시스템을 구축하여 급변하는 사회 환경에 사람들이 빠르게 적응할 수 있도록 도와주어야 한다. 사회 구성원의 평생교육 시스템과 함께, 미래 인재가 될 아이들에 대한 바른 교육 시스템 정비가 절실하다. 미래 사회에서 인간의 활동 영역은 늘어난 여가와 생활의 편리함으로 부터 더욱 창의적인 부문으로 이동할 가능성이 높다. 이제는 기존의 타율적, 주입식, 줄 세우기식 교육에서 완전히 탈피하여 미래 과학기술 사회의 인재 양성을 위한 교육의 혁신적인 전환이 필요하다. 정비된 교육 시스템을 통해 아이들이 과학기술 중심사회에서 개인의 행복한 삶과 공동체의 가치를 양립하여 생각하는 방법을 배울 수 있어야 한다.

셋째는, 과학기술 서비스가 가지는 이윤 추구와 격차 재생산의 숙명적인 속성을 벗어나 사회의 개별 영역 간의 혹은 개인 간의 격차 줄이기를 지원할 수 있는 새로운 기술 수요를 만들어 나갈 필요가 있다. 일부 영역의 퇴보를 담보로 다른 영역의 무한 발전을 추구한다 하더라도, 이러한 발전 방법은 명백한 한계가 있음을 이미 경험하고 있다. 지금까지는 사회 전체 관점에서의 겉보기 발전을 구실로 하여 계속 커져만 가는 격차의 현실을 외면해 왔다. 하지만 과학기술의 발전을 통해 늘어난 풍요로움의 조그만 일부를 떼어 나누는 복지 개념의 격차 줄이기로는 인간 삶의 가치와 연관된 본질적인 문제를 해결할 수 없다. 이제는 진화된 과학기술의 적극적인 개입을 통해 격차를 줄일 수 있는 새로운 기술과 서비스를 제공하는 것이 바람직하다. 가령, 소외 계층의 자립을 도울 수 있는 공동체 적응 프로그램의 도입을 들 수 있다. 이전에는 행정력 중심의 도우미 봉사와 같은 지자체 프로그램이 운영되어 왔다면, 이는 인력이나 예산의 한계를 극복하기 어렵다. 스마트로봇 기술의 대중화를 통해 기존의 고질적인 문제를 현명하게 해결할 수 있는 방법을 찾을 수 있을 것이다. 사람들의 삶의 풍요로움은 물질적인 자유와 생활의 편리함에서도 얻을 수는 있지만, 삶의 진정한 행복은 의식의 자유로움과 즐거운 소통에서 올 수 있다는 점을 생각하면 지속 가능한 형태로 사회의 발전을 견인하는 것은 미래 과학기술이 해결해야 할 매우 중요한 과제가 될 것이다.

이러한 관점에서 보면 사회와 국가의 발전이 올곧게 개인 삶의 행복으로 연결되기 위한 시스템과 산업구조를 정비하는 것이 미래 과학기술의 존재의 당위가 될 것이다. 그러나 실제 적용 과정에서는 이러한 담론이 충분히 반영되지 않을 가능성이 높다. 우리나라의 경우, 다소 늦은 감이 없지 않으나 4차 산업혁명을 준비하는 플랫폼 마련을 서둘러야 할 것이며, 그 안에는 과학기술의 발전을 통해 사람들의 삶의 가치와 존엄성이 높아지고 진정한 행복을 느낄 수 있는 구체적인 방법론이 담겨야 할 것이다.

4. 맺음말

이 글에서는 4차 산업혁명 과정에서 본격적으로 등장할 엠비언트 일렉트로닉스, 사물인터넷, 인공지능과 빅데이터, 디지털컨텐츠 등의 기술이 미래사회를 어떤 모습으로 변화시킬 수 있을지 전망하고, 이러한 변화가 불러올 수 있는 긍정적인 부분과 부정적인 부분에 대해 정리해 보았다. 특히, 그동안 간과되어 왔거나 외면해 왔던 불편한 진실과 같은 부정적인 측면은, 과학기술의 발전이 인간의 삶의 가치나 존엄성을 높이는 방향으로 작용하지 않을 수 있다는 점에 주목한다. 따라서, 미래 과학기술의 과제는 다른 무엇보다도 인간 삶의 가치를 재발견할 수 있도록 계획되어야 한다는 점을 강조하였다.

짧은 글에서 '인간의 삶의 가치와 미래 과학기술의 과제'라는 거창한 주제를 논의하는 것은 매우 어렵고 부담스러운 일이다. 긴 역사의 과정을 통해 과학기술은 지속적인 발전을 거듭해 왔고, 사람들의 삶을 편리하고 쾌적하게 해 온 것은 사실이나, 그 이면에서 휴머니즘을 훼손하는 일이 없었는지 살펴보고, 비슷한 방식을 통한 과학기술의 발전이 미래사회의 우리들에게 진정한 행복을 가져다줄 수 있는 이로운 도구인지를 생각해 보고자 하였다. 우려되는 부정적인 부분의 한 단면을 너무 단순화하여 생각한 측면이 없지 않으나, 실제 미래사회의 과학기술 발전의 한 축을 담당하고 있는 공학자의 한 사람으로서 윤리에 대한 책임감의 표현이라 이해해 주기 바란다. 현대를 살아가는 많은 사람들은 언제나 바쁘고 열심히 일하지만, 이것이 개인의 삶의 가치와 존엄성을 높이고 행복으로 이어지는 과정인가에 대한 회의감이 높아지고 있다. 그렇다면 어떤 방법으로 개인의 행복과 사회의 발전을 양립해 나갈 수 있을 것인지, 그리고 이때 과학기술의 역할은 무엇인지에 대한 개인적인 작은 의견이다.

과학기술의 윤리 문제는 해묵은 토론의 주제이고, 윤리적이지 않은 과학기술이 얼마나 인간의 삶을 파괴할 수 있는가는 역사적인 경험으로 부터 이미 잘 알고 있다. 하지만, 앞으로의 미래사회에서 더 중점적으로 고민해야 할 문제는 과학기술 자체가 가지고 있는 윤리적인 부분과 사용자의 도덕성보다는 사회시스템을 윤리적으로 만들어 나가는 과정이 더욱 중요하다고 생각된다. 이것은 공동체 의식과 사회의 지속 가능성을 염두에 둔 인문학과의 융합적 소통이 필요한 대목이며, 국가 미래 과학기술 정책의 일환으로 추진되기 바란다. 아마 사회는 앞으로 10년간 과거 10

년에 걸쳐 우리가 경험한 것 이상으로 크게 변화할 것이다. 이 시기를 잘
활용 함으로써 새롭게 대두되고 있는 4차 산업혁명의 기술 주제들을 중
심으로 미래의 사회가 인간 중심의 과학기술 사회로 변모해 나갈 수 있는
전기를 마련하기를 기대해 본다.

참고문헌

T. Sekitani and T. Someya, "Ambient Electronics," Jpn. J. Appl. Phys., 51(10), 100001,
2012.
연승준,오명륜, "사물인터넷 수요 및 시장동향," IT & Future Strategy, 제15호, 2015.
하원규, "제4차 산업혁명의 신지평과 주요국의 접근법," 주간기술동향, 2015.
The Future of Jobs - Employment, Skills and Workforce Strategy for the Fourth
Industrial Revolution, World Economic Forum (http://www3.weforum.org/docs/WEF_
Future_of_Jobs.pdf), Jan. 2016.
김꽃마음, "스마트워크 활성화 정책방향," TTA Journal, vol. 134, 2011.

미래사회와 성 평등[1]

김민정(서울시립대학교 국제관계학과 교수)

1. 들어가는 말

21세기를 흔히 정보화 사회라고 일컫는다. 정보화 사회는 정보기술의 발전과 더불어 사회의 메커니즘을 바꾸어 놓았고 사회의 중요한 기반 역시 바꾸어 놓았다. 이전 사회에서 사회구성의 핵심이 가족을 기반으로 한 공동체적 속성을 보였다면 정보화 사회에서는 정보통신 기술의 발전으로 개인 간 무형의 네트워크가 형성되고 이를 통한 급속한 소통의 발전과 정보 교환이 오늘날 사회의 중요한 특징이 되었다. 따라서 사회의 기반은 근력을 기반으로 한 힘으로부터 정보를 기반으로 한 지식사회로의 전이가 오늘날 사회의 특징이 되고 있다. 정보화 사회는 정보기술의 발전 및 사회기반의 변화뿐만 아니라 노동세계에도 큰 변화를 가져왔다. 산업사회에서는 2차 산업에의 종사인구가 가장 많았지만 정보화 사회로 이

---

1 이 글은 본인의 글 "정보화와 성평등" 『분단·평화·여성 III』(1998) 중 일부를 발췌, 수정하였음.

김민정 현 서울시립대학교 국제관계학과 교수. 서울시립대학교 사회과학연구소 EU센타 센타장. 프랑스 교육문화헌장 수여. 프랑스정치학회 회장 역임, 여성정치문화연구소 이사

동함에 따라 노동은 3차 산업으로 전이하고 있다[2]. 특히 정보산업에 종사하는 인구가 전체 노동인구의 50%를 넘어서고 있다. 정보화 사회는 정보산업부문의 노동력을 대폭 증가시키기도 하고 다른 한편으로는 다른 산업부문의 노동 형태를 바꾸고 있다. 정보부문 이외의 산업부문에 있어서도 정보화의 영향력은 널리 침투되고 있다. 예를 들어 농립산업의 경우에도 협동조합의 사무 처리에 컴퓨터가 동원되고 조합 간 연결체제가 진전됨으로써 생산성 향상과 유통질서의 안정화가 이루어질 수 있었다. 공업부문에 있어서도 CAD(Computer Aided Design), CAP(Computer Aided Planning), CAQ(Computer Aided Control) 등 컴퓨터를 이용한 일련의 통합적 생산관리체제(CIM: Computer Integrated Manufacturing)를 통해 생산 활동이 합리적으로 조직화되어 다품종 소량생산체계가 확립되게 되었다.

각국의 정부는 정보통신산업을 차세기 산업 정책의 중심으로 삼고 정부 차원의 정보통신기술진흥과 사회정보화를 추진하는 데 앞장서고 있다. 미국의 클린턴 정부는 이미 1993년부터 정보고속도로사업(National Information Infrastructure)을 추진하여 정보망을 구축하였고, 유럽연합에서도 범유럽망(Trans-European Network, TEN)을 구축하여 정보화를 통한 유럽통합에 박차를 가하였다. 아시아 국가들 사이에서도 이런 정보화추진사업이 활발히 진행되고 있어 싱가포르, 말레이시아에서도 IT를 활용하여 정보화의 수준을 높이고 있다.

각국 정부의 이와 같은 정보화 노력과 함께 전 세계적으로 확산되고 있는 인터넷 열풍은 제3세계를 포함하여 전 세계를 단일 정보 문화권으로 묶는 데 결정적인 역할을 하고 있다. 인터넷은 컴퓨터 통신을 이용하여 사

2 C.Clark, 『경제성장의 제조건』 속에서는 경제활동을 제1부문 즉 농립수산업, 제2부문 광공업, 제3부문의 각종 서비스업으로 분류하고 있지만 오늘날 다양한 서비스부문의 업종이 중첩되고 있는 상황을 생각한다면 한계를 가진 분류법이라고 할 수 있다. F.Machlup을 위시한 일부 학자들은 과거의 삼분법적인 분류를 지양하고 3차 산업을 다시 정보부문과 일반서비스부문으로 구분해서 해당국가나 지역이 산업구조나 인력분포에서 얼마나 정보화되어 있는가를 분석하고자 시도하고 있다.

회적 생산과 서비스의 양적 확대와 질적 심화를 가속화시키고 있다. 또한 SNS를 활용한 개인 간의 의사소통은 실시간에 빠르게 이루어지면서 아랍 세계의 자스민 혁명과 같은 민주화의 열풍을 가져오기도 하였다. 테러리 즘의 확산이나 이슬람과 관련이 없을 것 같은 한국에서 테러 단체(IS)에 가입하는 일도 모두 정보통신 기술의 발달로 인한 것이라고 할 수 있다.

정보통신 혁명의 결과 '누구나, 어디서나, 언제나' 문자·언어·영상 등 어떠한 형태의 정보에도 쉽게 접근할 수 있게 되었다. 이것은 과거의 통신에 있어서 인간과 인간, 조직과 조직, 국가와 국가 사이에 존재하던 시간적, 공간적, 형태적 그리고 이용자의 인구 특성적 제약을 극복할 수 있게 되었음을 의미한다.

이러한 정보통신혁명은 여러 다양한 사회관계에 변화를 가져왔고 가져오리라고 예상하지만 구체적으로 어떤 변화를 가져올지, 특히 근력 사회의 중요한 특징 중 하나로 알려진 남성지배적 사회를 얼마나 극복하고 성평등 사회로 나가게 할 수 있을지, 남녀 관계 변화에 정보화 사회는 긍정적일지 부정적일지 고찰해보고자 한다.

2. 정보화와 성평등 사회

문화와 이데올로기적인 기제의 변화

정보화사회가 성평등사회로 나가게 하는데 기여할 수 있는 가장 중요한 측면은 문화적이면서 이데올로기적인 측면이라고 할 수 있다. 가부장제가 유지되면서 남성의 지배적인 영향력이 유지되도록 하는 가장 중요한 기제는 문화적으로 남성적인 가치가 우월하게 인식되거나 최소한 정상적인 것으로 인식되고 여성성은 비정상적이거나 열등한 것으로 인식되는 사회적 통념이었다. 따라서 성평등 사회로의 지향은 이러한 사회적 통념이 변화되지 않으면 설령 성평등사회가 된다고 하더라도 일시적이거나 아니면 근본적인 변화가 되지 않을 수 있다. 할당제라든지 적극적 우대조치와 같은 위로부터의 개혁을 통한 성평등적인 정책의 시행은 일시적으로는 성과가 있을지 모르지만 근본적으로 사회적 통념의 전환을 동반하지 않으면 장기적인 관점에서는 성평등 사회로 전환하는데 도움이 되지 않을 수도 있다.[3]

사회적 통념의 전환은 남성성이 정상적이거나 우월한 것이 아니라 여성성도 정상적이며 우월할 수 있다는 생각으로의 전환을 의미한다. 민주주의에서 주장하는 평등의 의미 가운데 사회적 평등은 존경의 평등이라고 할 수 있는데 사회적으로 구성원의 가치가 동등하게 존중받는 사회가 가장 민주적인 사회라는 것이다(싸젠트 1989, 67-68). 이에 의하면 정치권력에 동등하게 대표되는 것이나, 경제적으로 균등하게 부의 분배에 참여할 수 있는 권리보다 선행되어야 하는 것이 각자 혹은 각각의 하부집단이 가진 가치가 동등하게 존중받아야 한다는 것이다.[4] 성평등사회는 정치권력에 대표되는 것에 있어서의 평등이나, 경제적인 참여 및 부의 분배에 있어서의 평등보다도 여성성이 남성성과 마찬가지로 존중받고 정상적인 가치로 인식되어야지만 이루어질 수 있다.

존경의 평등이 이루어지는 사회가 성평등사회라면 정보사회는 좋은 환경을 제공한다. 이미 많은 미래학자들은 정보사회의 특성을 3F로 설명하

3 할당제를 통해서 여러 분야에 진입한 여성들이 오히려 할당제에 의해서 진입했기 때문에 남성에 비해서 경쟁력이 떨어진다면 장기적으로 여성에 대한 부정적인 인식을 가속화시킬 수 있다. 또 사회통념의 전환은 동반하지 않는 상태에서 이런 여성들은 결국 정치나 경제 분야에서 정책결정의 핵심부에 접근하기 보다는 주변부에 머무르는 경향을 보여서 오히려 정치,k 경제 등의 영역에서 또 다른 형태의 성간분업을 고착화할 수도 있다.
4 1960년대 미국의 흑인인권운동에서는 이런 민주주의의 평등원칙에 의거하여 무엇보다는 먼저 흑인의 가치를 존중해 줄 것을 요구하였다. 그들이 내건 슬로건은 "검은 것이 아름답다"라는 것이었는데 흑인에 대해서 차별적인 의식의 저변에는 검은 것의 가치에 대해서 부정적으로, 열등한 것으로 인식하는 사회적 통념이 있다는 것을 간파한 것이다.

였다. 가상성(Fiction), 여성성(Feminity), 감성(Feeling)적 사회가 정보사회라는 것인데 이러한 사회는 흔히 우리가 생각하고 있는 여성성이 강조되는 사회인 것이다(이상희 1996, 5).

남성이 이성과 논리에 강점을 보인다면 여성은 감성과 직관의 면이 더 강하다고 알려져 있다. 남성은 힘이 강하고 권위주의적인데 반해 여성은 따뜻하고 친밀하며 인간성이 풍부하다. 남성의 특성이 근대산업사회의 원동력이 되어 왔다면 여성의 특성은 정보화 사회의 정치와 경영에 불가결한 요소가 되고 있다. 따라서 미래사회에서 효율적이고 과감한 여성 인력정책은 보다 나은 미래를 창조하는 데 도움이 된다고 할 수 있다. 토플러와 같은 미래학자들은 산업사회에서 정보사회로의 변화는 재화생산에서 서비스 생산으로의 변화를 가져오므로 경성(hardness)에서 연성(softness)으로, 동력 또는 근력에서 섬세성과 창조성의 방향으로 이루어진다고 하였다(토플러 1985). 이에 따라 정보사회에서는 남성에 비하여 상대적으로 섬세하고 감수성이 발달된 여성들이 활동하기에 편리한 사회가 조성되며 여성적인 가치가 비정상적이거나 열등한 가치로 이해되지 않는다고 할 수 있다. 네이스비츠와 애버딘의 경우에도 미래사회의 중요한 변화 중 하나는 여성 지도자의 시대가 될 것이라고 예언하였는데 그 이유는 정보화와 더불어 나타난 사회의 변화가 여성리더십을 요구하기 때문(네이스비츠, 애버딘 1997)이라고 전망했다.

이것은 여성성 때문에 지도자나 정책결정에 있어서 부적절하다고 생각되었던 여성들이 오히려 그들의 여성성 때문에 중요한 공적 영역에서 필요하게 된다는 주장이다. 정보사회에서는 컴퓨터와 같은 정보기기를 이용하는 사무작업, 프로그램을 짜는 작업, 정보를 입력하고 출력하고 유통시키는 작업들이 주를 이루게 될 것인데 이런 업무에는 섬세하고 치밀한 작업이 요구되므로(이영애 1999, 293) 남성성보다는 여성성이 요구된다고 할 수 있다. 지식기반 사회에서 요구하는 창의성과 유연성 그리고 가상성 등은 남성성보다는 여성성과 더 어울린다고 할 수 있다. 이렇게 보면 정보화사회에서는 여성성이 더 이상 산업사회나 농경사회에서처럼 부정적이거나 열등한 가치가 아닌 긍정적이며 심지어 우월한 가치가 될 가능성을 보여준다.

한편 가부장적인 사회를 유지하는 또 하나의 중요한 수단이 이데올로기라고 할 수 있는데 정보화 사회는 이데올로기적인 측면에 있어서도 성평등사회로의 전환에 도움을 줄 수 있을 것으로 볼 수 있다.

여성운동이 서구에서 등장하게 된 배경에는 보편적인 이데올로기의 발전과 관련이 있다. 1기 페미니즘은 서구의 자유민주주의 이데올로기가 사회 구석구석 여향을 미치면서 보편적인 개인의 자유와 정치권력에의 일반민중의 참여 주장이 여성문제로 확대되면서 등장하게 되었다(Evans 1977, 22). 1기 페미니즘에서는 이에 따라 남성일반에게 주어진 정치적 권리를 여성에게도 확대해줄 것을 요구하였고, 정치권력으로부터 자유로운 개인의 개념에 여성을 포함시킬 것을 요구하였다. 2기 페미니즘은 인권운동의 확장과 더불어 전개되었는데 흑인들의 민주주의적인 요구와 인권요구는 여성에게 확대되어 여성의 평등과 억압으로부터의 해방을 요구하게 되었다. 이렇게 보면 여성운동은 민주주의의 확대, 혹은 민주주의적 가치의 확산과 관련이 있다.

정보화 사회의 경우 정보화가 더욱 확대된 민주주의적 가치를 사회 구석구석에 심어줄 수 있다면 확실히 평등과 사회적 억압으로부터의 해방을 요구하는 여성들에게 유리할 수 있다. 다니엘 벨을 비롯하여 토플러와 네이스비츠 등은 탈산업화사회의 대두와 더불어 일반 시민들의 참여 욕구가 팽창되며 이로 인해서 정치참여가 확대되고 이것은 곧 탈산업사회는 더욱 민주주의적인 사회가 될 것이라고 전망하였다(벨 1991; 토플러 1985; 네이스비츠와 애버딘 1998)[5]. 컴퓨터와 커뮤니케이션 장비들의 급속한 기술적인 발달은 막대한 양의 귀중한 정보에 관해 보편적이고 즉각적인 접근을 가능케 할 것이다. 이처럼 기술 장비의 값이 저렴해지고 더욱 편리해짐에 따라 단순히 부유한 사람들뿐만이 아니라 정보화 사회의 모든 사람들이 정보기술이 제공하는 놀라운 서비스의 혜택을 받을 수 있게 될 것이다. 그리하여 점진적으로 부자와 빈자, 특권계층과 소외계층간의 기존의 차이가 사라지게 되고 남녀 간 사회적인 성차별은 점차 없어질 것이다.

한편 지식은 힘이고 전자화된 정보는 지식을 세계의 도처에 보급할 것이기 때문에 정치적 영향력을 더욱더 광범위하게 공유할 것이다. 개인용 컴퓨터가 위대한 평균자로서 기능함에 따라 중앙집권화된 권위에 의한 지배, 사회적 위계질서의 군림은 점차 퇴조하면서 남성중심의 문화 자체도 점차 사라지고 있다(강정인 1993, 241). 그래서 네이스비츠의 주장에 의하면 컴퓨터의 광범한 보급은 사회를 이전의 어느 사회보다도 더욱 민주적이고 평등하고 풍요롭고 다양한 방향으로 이끌게 될 것이라고 예언하였는데 그 예언은 이미 이루어지고 있다.

또한 정보화 사회가 기존의 불평등한 사회구조나 질서를 정보화를 통해 균형을 가질 수 있게 하리라고 추정할 수 있다. 정보 유통 시스템의 발달은 빠른 정보의 유통을 가능하게 했고 시간적·공간적·사회구조적 제약을 넘어선 정보의 유통을 가능하게 하였고 가능하게 하고 있다. 이런 사회의 변화는 좀 더 개방적인 사회인식을 가지게 하며 보다 많은 인류가

---

5   정보화가 반드시 민주주의의 발전을 가져오리라는 주장에 대해서 반대의 의견을 내놓는 학자도 있다. 우선 루소와 같은 직접 민주주의자가 직접 민주주의 실현의 필요조건으로서 강력하게 주장한 바 있는 면대면 커뮤니케이션을 전제로 찬 친숙함을 저자 매체에 의한 대규모의 회의나 의회를 통해서는 기대할 수 없다는 점이 지적되고 있다. 전자 매체를 통한 원격 민주주의는 동시에 만날 수 있다는 점에서는 참여의 폭을 확대할 수 있는지는 모르지만 효과적인 참여가 되기 위한 의견의 교환은 전자매체를 통한 경우에는 별로 개선되지 않는다(달 1998, 143-7). 그러나 과정에서 정치는 오히려 대중을 조작하고 연예화하는 방향으로 선회하게 되어 빈주주의 미래를 부정적으로 몰고 갈 가능성마저 보인다(강정인 1993, 262 4). 또 정보의 과부하에 따른 일반 시민들의 정치적 무력감과 방관자 의식이 오히려 강화되어서 소극적 참여에 그치고 일반 시민은 정치적 무능감이나 냉소주의로 발전하게 될 수도 있다(카츠만 1989, 266).

정보에 접근하여 손쉽게 지식을 습득하는 과정이 불평등에 대한 시정노력을 가지게 된다고 지적하고 있다. 따라서 컴퓨터의 광범위한 보급은 사회를 이전의 어느 사회보다도 더욱 민주적이고 평등하며 다양한 방향으로 이끌 것이다. 더욱 민주적이고 평등한 사회는 이어서 정치권력으로부터 소외되고 정보의 접근으로부터 배제되었던 여성에게도 보다 손쉽게 정보에 접근할 수 있는 가능성을 부여할 것이며 여성의 사회참여에 우호적인 조건을 형성할 것이다.

최근 정보화의 영향으로 국제정치는 많은 변화를 겪고 있다. 특히 군사부분에 있어서의 변화는 두드러진다고 할 수 있다. 군사부분에 미치는 정보화의 영향은 무기 자체와 무기체계의 정교화에서부터 지휘통제와 군사전략의 정보화에 이르기까지 전쟁수단과 전쟁전개의 과정자체를 완전히 재구조화시키고 있다(노경수 1996, 30). 전쟁의 전개과정이 군대를 훈련하고 작전을 수행하는 데에 주안점을 두기보다는 상대방에 대한 정보를 수집하고 이를 처리하는 능력이 전쟁과정에서 중요해졌다. 따라서 고도로 발전된 정보수집능력과 이를 처리하고 분석하는 전문가는 전쟁수행에 있어서 얼마만큼의 지상군을 보유하고 있느냐는 점에 조금도 뒤지지 않을 만큼 중요하다. 고도의 정보통신기술을 보유했던 걸프전 당시의 다국적군은 손쉽게 이라크군을 이길 수 있었다. 군인들의 개별전투능력도 용맹무쌍한 전투병의 개념으로부터 상당부분 변화되어 고도로 전문화된 관리인력을 위주로 하는 새로운 개념의 군인을 필요로 하게 되었다. 이렇게 생각해 볼 때 용맹무쌍한 전투병의 개념에서 흔히 연상되던 남성적인 강함에 못지않게 높은 교육수준을 가지고 정보를 수집하고 처리하여 분석하는 새로운 개념의 군인의 등장은 이 분야에서 철저히 배제되었던 여성들에게 상당히 고무적이라고 할 수 있다.

경제적인 전환

정보화로 인해 경제영역에 나타난 변화는 다른 어떤 분야에서의 변화보다 여성들에게 긍정적인 변화라고 할 수 있다. 기든스를 비롯한 많은 사회학자들은 정보화가 진전됨에 따라 여성취업기회가 확대되고 성별 분업은 완화되었다고 주장한다(이영애 1999, 292). 지난 20년간 미국의 여성들은 정보시대에 생겨난 수백만 가지의 새로운 직업의 2/3을 차지했으며 이같은 현상은 앞으로도 계속될 것이다. 영국에서는 21세기 초 10년간 창출될 정보화 관련 140만개의 일자리 가운데 여성이 100만개를 차지한 것으로 나타났다. 정보시대는 정보 유산자들의 것이다. 유럽·일본·미국 등 선진국의 여성들은 과거와는 달리 정보 유산자가 될 수 있는 절호의 기회를 맞이하였다. 독일의 경우에는 대학입학생 수가 처음으로 1996년에 여학생이 남학생을 앞질렀고 유럽 연합 전체를 보면 학사학위를 가진 남성 100당 여성의 수가 110명이다. 일본의 경우에는 여성 엔지니어와 과학자 수가 1975년에서 1995년의 20년 사이에 약 10배가 증가하였다.

따라서 각국 경제발전의 중심에는 여성노동력을 적절히 활용하여 경제적인 부의 생산을 높이는 일과 밀접하게 관련되어 있는 것이다. 1998년 영국 버밍엄에서 개최된 선진 8개국(G8) 정상회의에 참석한 세계지도자들은 여성경제인의 부상에 관심을 기울여 여성 고용창출 문제를 심층 논의하였다. 당시 영국의 블레어 총리의 강력한 요청에 따라 이 회의에서는 '경제적 유연성 증대에 의한 고용 창출'이라는 의제가 채택되었다. 여성 노동력의 증대는 서비스부문과 정보산업분야에서 급속히 이루어지고 있는데 선진 8개국에서는 여성의 고용창출을 위해서 여성이 일하기에 편리한 각종 제도를 마련하고 있다. 유동시간근무제나 재택근무를 실시하는 회사가 늘어나게 될 것이고, 24시간 편의점, 탁아소, 현금자동인출기 등의 빠른 확산도 여성고용창출과 밀접한 관련이 되어 있다. 또 정보화의 발달과 더불어 개인용 컴퓨터 및 휴대용 컴퓨터의 발달, 각종 정보기기들의 발달은 가사업무의 자동화를 가져오고 홈뱅킹과 홈쇼핑 등 제반 업무의 간편화가 가능해져서 가사와 관련된 업무의 시간을 단축시키는 일을 가능하게 하였다. 또 재택근무도 통신망과 컴퓨터의 결합으로 훨씬 편리해지고 있다. 미국에서 여성이 소유한 사업체의 수가 1987년에서 1996년 사이에 78%나 증가하였는데 이는 정부와 은행에서 소자본 회사 창업자들에게 융자를 제공하고 있기 때문이다. 아일랜드와 캐나다에서도 은행들이 여성 및 기존 대출 요건에 미달한 창업자들을 위한 융자 프로그램을 마련하여 창업에 유리한 환경을 제공하였다고 보도하였다(뉴스위크 1998, 40). 이들 정부가 자선사업을 위해 이런 정책을 취하는 것이 아니라 현 상황에서 국가가 경제발전을 위해서는 이들 여성을 포함한 새로운 경제행위자의 참여가 필요하기 때문이다.

3. 정보화사회에 대한 부정적인 예측

남성지배 사회의 연장 속에 놓인 정보화 사회

위에서 본 정보화 사회는 분명히 성평등적인 요소를 가지고 있어서 여성의 지위변화에 긍정적인 영향을 행사할 수 있다. 그러나 현재 단계에서의 문제점을 간과할 수 없다. 정보화 자체로부터 제외되어서 정보화의 혜택을 전혀 받을 수 없는 상태에 놓여 있는 여성 때문이다. 현재의 상황으로 보면 그럴 가능성이 오히려 높다고 할 수 있다. 인류의 역사를 살펴보면 새로운 사회는 구 사회와 어느 정도 중첩되면서 구 사회를 극복하고 완전히 새로운 사회로 전환되어 나가는데 과도기 사회에서는 새로운 가치와 구시대의 가치가 동시에 공존하며 새로운 질서는 구시대의 질서로

부터 일정 정도 영향을 받고 있는 것을 알 수 있다. 여성문제에 있어서도 그러하다. 엥겔스의 분석에 의하면 사유재산제의 발생과 더불어서 여성의 종속이 나타났는데 남성들은 사유재산제 이전의 사회에서 사유 개념의 발생에 의해 유리하게 될 위치에 있었기 때문에 사유의 발생과 더불어 자신의 유리한 위치를 유지할 수 있었다고 주장한다(Engels 1972). 남성은 사유발생 이전 사회에서 이미 존재하였던 노동의 성적 분업에서 우연히 경제적 잉여를 얻기에 유리한 위치에 있었고-이것이 사유개념의 발생이 전에는 별 이익이 되는 것은 아니었으나 그대로 사유개념의 등장과 더불어 지배로 연결되었던 것이다.

이런 관점에서 정보화의 문제를 보면 정보화가 지배-종속 관계가 형성되어 있지 않은 진공상태로부터 발전하게 되는 것이 아니라 남성지배-여성종속의 관계로부터 발전하기 때문에 여성들은 원천적으로 정보화의 혜택에서 멀어질 수 있다. 정보화 자체의 속성은 분명히 여성성에 대해서 긍정적인 가치를 부여하고 있으며 사회의 불평등적인 요소를 없애는 데 기여할 수 있다고 하여도 정보화 사회로 나아가는 과도기에 여성들이 이 사회로부터 배제된다면 정보화 사회는 여성들에게 아무런 혜택이 되지 못할 것이다. 정보 시스템에 대한 인식이나 활용에 있어서 남성과 여성 사이에 차이가 있을 수 있다. 현실적으로 컴퓨터 시스템이나 각종 통신 매체에 대한 인식과 활용에 있어서의 성비 불균형이 나타나고 있다. 정보화 사회로의 전환에 이미 남성지배적인 사회의 모습이 투영되고 있는 것이다. 남성중심의 문화에서 필요에 의해 만든 컴퓨터는 이미 남성지배사회의 산물이며 따라서 용어와 접근이 상당히 남성적이다. 여성들은 대부분 사적 영역에 머무르고 있어서 남성들에 비해서 컴퓨터 활용에 대한 동기부여가 덜 하며, 컴퓨터에서 사용되고 용어에 덜 익숙하다. 여성들은 컴퓨터 세계에서 여전히 소수이다. 그래서 컴퓨터에 의한" 가상공간은 결국 에덴의 모습도 아니고 현실세계에서와 마찬가지로 수많은 성차별자들의 상습과 성적 갈등으로 인하여 상처받고 있다. 일반적으로 컴퓨터 문화는 남성들이 창조하고 정의하고 통제하고 있다. 여성은 번번이 시스템 파손자 같은 대접을 받는 것으로 느끼고 있다"(뉴스위크 1994, 13). 한국 여성의 컴퓨터 활용도는 점차 나아지고 있기는 하지만 남성의 그것에 비해 크게 뒤지는 것으로 나타나 있다. 2004년 통계에 의하면 남성의 정보화 지수를 100으로 하였을 때 여성의 정보화 지수는 89.3밖에 되지 않는다(Kim and Kim 2004). 이렇게 남성에 비해서 여성의 정보화 지수가 낮은 것은 특히 여성의 PC사용시간, PC소유 등이 낮기 때문이었다. 아시아 국가 간의 비교를 보면 한국 여성은 89.3이지만 필리핀 여성은 102.47, 중국 여성은 98.42, 인도 여성은 80.96으로 나타났다. 이렇게 아시아 여성들 사이에서 정보화 지수의 차이가 나타나는 것은 그 사회의 여성의 지위와 관련이 있다. 이 연구를 통해서 보면 결국 현 사회의 가치 및 젠더관계가 정보화 사회 속에서도 그대로 스며들고 있다고 할 수 있다.

여성이 컴퓨터 등 새로운 기술에 대한 의식과 활용에 있어서 남성에 비해 열세에 놓여 있다는 것은 기본적으로 남성중심의 문화 속에서 우리가 살고 있다는 것을 기억한다면 전혀 놀라운 일이 아니다. 사회활동에 있어서 기존의 우월적 지배체제를 공고히 구축하고 있는 남성 우위의 사회환경 아래에서 높은 부가가치를 창조하는 정보통신 분야에서만 예외로 여성지배체제가 구축된다는 것은 있을 수 없는 일이기 때문이다.

가상공간의 익명성이 주는 문제

두 번째의 문제로 우리는 최근에 빠른 속도로 확산되고 있는 컴퓨터 통신 환경에서의 새로운 형태의 성차별이나 폭력 문제를 거론해야 한다. 가상공간의 활용에서 남성이 수적으로 압도하는 현실은 남성의 규범과 관행이 지배하는 통신문화를 통해서 여성들에 대한 차별적인 가상공간을 만들어내고 있다. 여기서 수적으로 소수인 여성에 대하여 익명성을 이용하여 이루어지는 차별이나 성적 폭력이 새로운 사회문제가 되고 있는 것이다. 가상공간 속에서 다수인 남성들은 자기가 속한 집단의 정체성과 그 집단의 규범을 실제보다 더 극화시켜 자각하고 동조하는 경향을 보인다 (김수아 2015). 때로는 현실 속에서의 여성에 대한 거부감 혹은 여성의 지위 상승에 대한 상대적 박탈감 등을 현실에서는 공격할 수 없기 때문에 온라인에서 표현하고 극대화시키는 경향으로 해석할 수 있다. 여성에 대한 온라인에서의 스토킹, 명예훼손, 성폭력 등 인권침해는 이미 상당히 문제가 되고 있다. 유명 여성 연예인과 관련된 악성 댓글이나 개인 정보 유포 등은 상대가 대중에게 잘 알려진 여성이라는 이유만으로 쉽게 명예를 훼손하고 성적 대상화하고 있는 것을 자주 볼 수 있다.

사이버 공간의 마초문화라고 명명된 문화적 속성은 남성들이 성별과 관련된 민감한 화제가 나왔을 때 보이는 폭력적이며 공격적인 언어와 행위를 총칭하는 것인데(김수아 2015), 이러한 문화적 속성은 현실 속에서는 받아들여질 수 없는 태도나 행동이지만 온라인이 가지고 있는 익명성 때문에 현실 속에서 억눌린 남성들의 여성에 대한 폭력적인 태도가 그대로 혹은 증폭되어 나타나는 것이다. 1999년 군가산점제에 대한 헌법재판소의 위헌 판결이 내려졌을 때 각종 여성단체 게시판에 올라온 남성들의 폭력적 댓글들을 보면 이러한 심리를 잘 나타내고 있다. 온라인 공간이 발달되기 시작하던 초기부터 나타난 이러한 태도는 오늘날 소위 '일베'에 이르기까지 온라인 공간을 반여성부, 반여성주의 정서의 온상으로 만들어놓았다. 한 연구에 의하면, 여성들이 온라인에서 경험한 인권 피해 현황 중 스토킹이 전체 피해 경험에서 거의 70%에 달한다(이수연 2015). 예를 들어 모르는 사람이 자신의 블로그나 홈페이지, SNS 등을 방문하여 개인 정보나 일상을 엿보거나 감시하는 것, 모르는 사람이 사적인 메시지를 반복하여 보내거나 만나줄 것을 요구하는 것, 모르는 사람이 온라인으로 보낸 메시지를 무시했을 때의 협박 등은 이미 많은 여성들이 경험하였고 때로는 위협을 느끼는 수준의 압박이라고 할 수 있다. 이외에도 성폭력에 해당하는 성적인 욕설을 담은 메시지, 성적 채팅 요구, 심지어 성관계 제안에 이르기까지 광범위한 언어적 성폭력을 경험하였다고 응답하였고 명예훼손 및 모욕, 원하지 않는 영상유포 등 여성들은 온라인에서 다양한 인권침해를 당하고 있다.

이러한 위험한 상황에 대해 정부는 각종 법령을 통해서 처벌을 시도하여 왔다. 그러나 온라인 인권 침해 관련 법령이 마련되어 있지만 그 처벌 수위가 높지 않고(대부분 1년 이하의 징역 또는 200만원 이하의 벌금) 피해를 당한 여성들의 고발율이 높지 않아서 이러한 범죄들은 우리 속에 늘 존재하고 있다고 해도 과언이 아니다(이수연 2015).

이와 같이 통신상의 성폭행이 빈발함에 따라 여성들의 컴퓨터 통신이용에 많은 장애를 주고 있어서 여성 정보화를 늦추는 요인이 되고 있으며, 여성 이용자의 감소는 통신상의 여성의 소수화를 더욱 악화시켜 남성의 규범과 관행이 지배하는 통신문화를 가중시키는 악순환이 반복되는 것이다. 이런 상황 속에서 여성들의 컴퓨터 통신의 사용은 훨씬 위축될 가능성이 크다.

4. 논의를 마치며

정보화나 정보기술 그 자체가 남성중심 문화를 일거에 사라지게 할 수는 없을 것이다. 정보화가 여성친화적인 측면과 동시에 기존의 남녀불평등적인 구조가 영속화될 수 있는 요소를 동시에 지니고 있다는 것은 어떤 의미에서 정보화는 누구에게도 유리하지만도 불리하지만도 않은 중립적이라고 할 수 있다. 정보화 자체가 우리 사회에 남녀평등적인 질서를 가져오는 것은 아니다. 단지 정보화는 기존 질서의 전환이므로 기존 사회의 여러 관계에서 변화를 가져올 충분한 소지를 가지고 있다. 질서의 재정립이 가능한 시기라고 할 수 있다. 더구나 정보화의 성격이 개방적이며 민주적이고 평등을 지향하고 있으며 여성성에 대해서 긍정적으로 평가하고 있기 때문에 여성들의 사회참여에 긍정적인 측면을 가지고 있다. 따라서 부정적인 측면을 줄이고 긍정적인 측면을 잘 활용하면 정보화시대는 여성들에게 좋은 기회를 제공할 수 있다. 예를 들어 남녀 간의 정보 불평등 문제는 정부의 제도적인 지원과 시스템 프로그램 설계과정에서 여성들의 참여를 제고하는 방향으로 시정해 나갈 수 있으리라고 생각된다. 최근 공학계열 여학생이 점증하고 온라인 기술을 사용하는 여성인구가 증가하는 것은 고무적인 현상이다. 여성들의 컴퓨터 교육과 정보사용기술의 습득을 위한 정책적인 배려가 필요하다고 생각된다. 여성들의 컴퓨터 교육과 정보사용 기술습득을 위한 정책적인 배려가 이러한 변화를 주도하여 왔다. 동시에 온라인 커뮤니케이션의 규범과 도덕을 존중하는 정보문화의 정착과 이를 억제하는 각종 법규의 정비를 통해 반여성적인 통신문화의 개선에 노력을 기울여야 한다.

여성들이 적극적으로 정보를 활용하고 새로운 세계에 적응하기 위해 정보통신 기술을 익히는 일에 노력한다면 정보화 사회는 성평등적인 사회로의 전환에 기여할 수 있을 것이다. 정보사회가 사회 구성원들의 특별한 노력 없이는 여성들에게 특별히 유리하거나 여성들만을 위한 사회적 활동 공간을 마련해주지 않는다는 점을 강조하고 싶다. 아직 미흡하기는 하지만, 그리고 곳곳에 남녀불평등적인 인식과 폐습이 남아있기는 하지만 20세기에 들어와서 여성들의 노력으로 여성의 지위는 상당히 향상되었다고 할 수 있다. 산업혁명 직후의 사회 속에서 여성의 지위와 오늘날의 여성의 지위를 비교하여 보면 많은 변화가 있었음을 알 수 있다. 이렇게 변화되어가는 인식의 전환과 더불어 정보화라는 새로운 시대는 여성들에게 많은 기회를 줄 것임에 틀림없다. 더불어서 여성의 사회활동에 있어서 큰 장애 중의 하나가 되는 것이 가사노동에 대한 부담인데 이 문제 또한 정보화 사회의 도래에 따라 많은 부분에서 여성들이 자유롭게 되리라고 볼 수 있다.

참고문헌

국내문헌

강상현. 1996. 『정보통신과 한국사회』 서울: 한나래

강정인. 1993. "정보사회와 민주주의", 『자유민주주의의 이념적 초상』 서울: 문학과 지성사

김문조. 1990. "정보화사회가 도래하면 한국의 사회는 어떻게 변할까" 한승조 외 공저. 『21세기의 도전과 한국의 대응』 서울: 형설출판사

김수아. 2015. "한국 온라인 공간과 여성 혐오 정서" 『젠더리뷰』 가을호

나탄 카츠만 저. 박홍수, 김영석 공역. 1989. 『뉴미디어와 정보사회』 서울: 나남

노경수. 1996. 『정보화 다극화 시대의 신외교전략』 서울: 박영률출판사

다니엘 벨 지음. 이동만 옮김. 1991. 『정보화 사회의 사회적 구조』 서울: 한울

로버트 달 지음. 김왕식, 장동진, 정상화, 이기호 옮김. 1999. 『민주주의』 서울: 동명사

리만 싸젠트 저. 허재일, 최한수 역. 1989. 『현대비교정치이데올로기』 서울: 신유

박홍수, 김형석 공편. 1989. 『뉴미디어와 정보사회』 서울: 나남

이상희. 1996. "정보화사회의 여성과 정치" 서울: 한국여성정치연구소

이수연. 2015. "온라인 여성인권 피해의 개념과 현황" 『젠더리뷰』 가을호

이영애. 1999. 『국가의 성』 서울: 법문사

장상. 1996. "정보화는 남녀평등사회를 이룩할 수 있는가?" 서울: 한국여성정치연구소

조세핀 도노번 지음. 임익두, 이월형 옮김. 1993. 『페미니즘 이론』 서울: 문예출판사

조형. 1990. 『정보화사회와 여성에 관한 예비적 연구』 서울: 한국통신학회

존 네이스비츠/ 패트리셔 애버딘 지음. 김홍기 역. 1997. 『메가트렌드 2000』 서울: 한국경제신문사

취진석. 1997. 『한국정보학회론』 서울: 기한재

앨빈 토플러 저. 유재천 역. 1985. 『제 3의 물결』 서울: 학원사

『뉴스위크』. 1994년 5월 16일 "남자, 여자 그리고 컴퓨터"

『뉴스위크』. 1998년 5월 20일 "여성의, 여성에 의한, 여성경제"

외국문헌

F. Edholm. O. Harris. K. Young. 1997, "Conceptualising Women," *Critique of Anthropology*. Vol.3 nos 9 and 10

Frederic Engels. 1972. *Origin of the Family, Private Property and the State*. New York: Pathfinder Press

R. J Evans. 1977, The Feminists: Women's Emancipation Movements in Europe, America and Australia, 1840-1920. London: Croom Helm

Kim, KioChung and Yongja Kim, 2004, "Women's Information Indicators in Asian Countries" presented for Women's Information Network Center at Sookmyung Women's University , Republic of Korea

II. 제4차 산업혁명과 기업경영의 혁신

양혁승   송재용   이승주   정병호

제4차 산업혁명과 고용생태계 변화

양혁승(연세대학교 경영대학 교수)

1. 들어가는 말

2016년 3월 바둑 황제 이세돌과 구글 계열사 딥마인드(Deep Mind)가 개발한 인공지능 알파고(AlphaGo)가 서울에서 세기적 대결을 벌였다. 결과는 대다수 전문가들의 예상을 깬 알파고의 4승 1패 승리였다. IBM이 개발한 인공지능이 1997년 체스, 2011년 퀴즈게임에서 인간 최고수들을 넘어선 바가 있다. 그러나 고도의 전략적 두뇌게임의 상징인 바둑에서조차 인공지능이 인간을 넘어서리라고는 상상하지 못했다. 그래서 그 결과는 대다수 사람들을 놀라게 했다.

이 세기적 대결은 우리 사회에 큰 경각심을 던져주었다. 막연하게 말로만 듣던 인공지능의 실체가 이미 우리 속에 깊숙이 들어와 있다는 점을

양혁승 미국 미네소타대학교 경영대학에서 인적자원관리 전공으로 박사학위를 취득하였다. 미국 사우스캐롤라이나대학 경영대학에서 2년간 재직한 후 귀국하여 현재 연세대학교 경영대학에 재직 중이다. 우리 사회의 경제정의 실현에 깊은 관심을 갖고 경실련 창립초기부터 참여해왔으며, 현재는 상임집행위원장을 맡고 있다. 주요 저서와 연구보고서로는 『전략적 인적자원관리』(오래), 『21세기 매니지먼트이론의 뉴패러다임』(위즈덤하우스), 『창조경영을 논하다』(연세대학교출판부), 『비전공자를 위한 통계방법론』(오래), 『건강한 교회, 이렇게 세운다』(IVP), 「파지티브-섬 패러다임에 부합한 한국형 인사시스템에 관한 연구」, 「희망 한국의 구현: 지속가능사회 구현을 위한 사람중심경영」, 「사람중심경영 실현방안에 관한 연구」 등이 있다.

일깨워 주었다. 그리고 그 발전수준이 우리가 예상할 수 있는 선을 훨씬 넘어섰다는 점을 확인해주었다. 더 나아가 인공지능의 발전이 우리 삶을 어떻게 변화시킬지에 대한 호기심 수준을 넘어 매우 현실적인 우려를 불러 일으켰다. 알파고는 바둑이라는 특수한 영역에 한정된 기능만을 보여 주었지만, 고도의 수 계산과 직관을 활용해야 하는 전략적 두뇌게임에서 발군의 역량을 보여준 인공지능이 다른 영역으로 확대 적용될 때 미칠 파급효과가 매우 크리라는 점이다.

그와 같은 우려는 이미 몇 년 전부터 제기되어 왔다. 세계적 물리학자 스티븐 호킹(Stephen Hawking) 박사는 "인공지능이 인류의 종말을 불러올 수도 있다"라고 경고했다[1]. 인류의 발전은 생물학적 진화속도에 의해 제한을 받기 때문에 인공지능 발전속도와 경쟁할 수 없으리라는 이유에서 이다. 세계 전기차 선두업체인 테슬라와 민간 상업우주선 회사인 스페이스 엑스(X)의 창업자인 앨론 머스크(Elon Musk)도 "인공지능의 연구는 악마를 소환하는 것과 같다"며 맹목적 기술발전의 위험성을 경고한 바 있다[2]. 세계경제포럼(World Economic Forum) 또한 최근의 기술혁명이 전방위적 파급효과를 불러일으키고 있음을 간파하고, 인공지능을 중심축으로 광범위한 영역에서 변화를 일으키고 있는 대변혁의 물결—이를 4차 산업혁명으로 명명함—을 세계경제포럼 2016의 핵심주제로 채택하였다.

그리고 세계경제포럼 2016의 주제보고서는 조사대상 15개국을 기준으로 4차 산업혁명으로 인해 향후 5년 내에 일자리가 어떻게 변할지 예측하였다. 그 예측대로라면 향후 5년 내에 710만 개의 일자리가 없어지고, 210만 개의 새로운 일자리가 생겨 결과적으로 500만 개의 일자리가 순감

---

1 "Stephen Hawking warns artificial intelligence could end mankind," *BBC News*, 2014-12-02. http://www.bbc.com/news/technology-30290540.

2 "Elon Musk: 'With artificial intelligence we are summoning the demon.'" *Washington Post*, 2014-10-26. https://www.washingtonpost.com/news/innovations

할 것이다[3]. 영국 옥스포드대학 교수인 프레이와 오스본(Frey & Osborne)도 2013년에 발표한 연구보고서에서 기존 직업들이 컴퓨터 기술에 의해 대체될 가능성이 어느 정도인지 평가한 결과 2010년에 존재한 미국 내 직업들 중 47% 정도가 10~20년 이내에 사라질 것이라고 예측하였다[4].

프레이와 오스본 교수의 예측모델을 적용하면, 영국에서는 20년 내에 현존하는 직업의 35% 정도가 자동화에 의해 대체될 것이다. 그런가 하면 직업에서 요구되는 핵심기술도 급격하게 바뀔 것으로 예측된다. 세계경제포럼 2016 주제보고서에 따르면, 2020년까지 대부분의 직업에서 필요로 하는 핵심기술의 1/3이 새로운 기술들이 될 것이다[5]. 기술변화에 의해 대체될 가능성이 낮아 고용전망이 안정적인 직업들 조차도 기반환경이 크게 달라질 것이기 때문에 수년 내에 지금과는 매우 다른 기술들을 사용하게 되리라는 것이다. 4차 산업혁명이 일자리에 미치는 파급효과는 시간이 흐를수록 지금의 예측보다 더 빠른 속도로 확산될 것으로 예상된다.

2. 삶의 양식을 획기적으로 바꿀 4차 산업혁명

4차 산업혁명은 이전의 산업혁명이 그랬던 것처럼 기존의 삶의 양식과 사회경제구조를 근본적으로 바꾸게 될 것이다. 상품 및 서비스의 생산양식과 고용관계, 생활양식, 경제구조, 사회구조 등이 획기적으로 달라질

3   WEF, 2016. *The Future of Jobs: Employment, Skills and Workforce Strategy for the Fourth Industrial Revolution.*
4   Frey, C. B. & Osborne, M. A., 2013. *The Future of Employment: How Susceptible Are Jobs to Computerization?*
5   WEF, 2016. *The Future of Jobs: Employment, Skills and Workforce Strategy for the Fourth Industrial Revolution.*

것이다.

현재 우리가 익숙한 대량생산체계, 장기적이고 집단적인 고용관계, 도시에 모여 임금노동자로 살아가는 현대인의 생활상 등은 2차 산업혁명에 의해 형성되고 심화된 것들이다. 19세기 말 전기동력의 발명으로 촉발된 2차 산업혁명은 인류의 전반적 삶의 양식을 획기적으로 변화시켰다. 전기동력은 대규모 공장제 생산을 가능케 했다. 그리고 그것이 노동의 분업원리와 결합하여 일관공정시스템과 같은 포드식(Fordism) 대량생산방식을 태동시켰다. 프레드릭 테일러(Frederick Taylor)가 창안한 과학적 관리법에 따라 업무는 단순·세분화되고, 조직은 기능중심의 부서들로 분화되었다. 그에 따라 미숙련 노동자들의 단순 일자리가 급격하게 늘었다. 일자리를 찾아 농촌지역에서 공장지대로 인구유입이 급증하였으며 도시화가 빠르게 진행되었다. 1차 산업에 종사하던 인구는 급격히 줄고, 2차 산업에서 임금노동자로 일하는 인구는 급격하게 늘었다. 점차 대규모 노동자들을 관리하기 위한 관료조직이 발전하였다. 20세기는 가히 조직의 시대였다. 그 결과로 조직인으로 살아가는 현대인의 생활양식이 일반화된 것이다.

그러나 디지털기술의 본격화로 촉발된 3차 산업혁명은 2차 산업혁명이 만들어낸 산업화 시대의 생산양식과 고용관계, 사회경제구조 등에 균열을 내기 시작하였다. 전자·정보통신 기술발전은 1980년대 개인용 컴퓨터의 등장과 1990년대 인터넷 기술의 발전을 거치면서 생산과 업무프로세스의 효율성을 획기적으로 높였다. 효율적 정보처리 인프라가 깔리고 모든 것이 디지털화되면서 정보의 저장·활용·유통이 획기적으로 향상되었다.

아날로그 기술생태계가 디지털 기술생태계로 전환되면서 기술발전의 속도도 크게 향상되었다. 디지털 기술혁명은 생산성의 향상과 생산비의 급격한 하락을 이끌었다. 이제는 디지털 기술인프라가 제거된 세상을 상상할 수 없을 정도로 우리 생활과 사회경제구조 속에 깊숙이 들어와 있다. 또한 디지털 기술발전이 정보혁명을 불러옴으로써 우리는 디지털 정보네트워크 속에 살아가고 있다. 중앙집중화된 거대조직에서 효율성 향상을 추구하던 시대는 점차 저물고, 분권화되고 슬림화된 조직에서 창발성과 혁신을 추구하는 지식기반시대가 전면에 부상하였다.

모바일 컴퓨터는 사람들 간의 연결성을 획기적으로 높임으로써 초연결사회를 불러왔다. 정보의 디지털화와 컴퓨터의 성능향상은 빅데이터의 축적과 활용을 가능하게 함으로써 인공지능 발전의 주춧돌이 되었다. 인공지능은 기존의 생산양식과 경쟁의 룰을 획기적으로 바꾸면서 4차 산업혁명이라는 대변혁을 이끌고 있다. 그 대변혁은 우리가 지금까지 경험해 보지 못한 새로운 사회를 만들어낼 것이다. 그 사회가 어떠한 모습을 띠게 될지 예측하기 어렵기 때문에 사람들의 불안감은 커지고 있다. 일자리만 하더라도 안정적이고 집단적인 고용관계가 불안정하고 개인화된 고용관계로 전환되고 있다. 고용관련법의 사각지대에서 일하는 임시직 노동자들이 점차 늘어나고 있다.

3. 4차 산업혁명이 고용생태계에 미치는 영향

새롭게 부상하는 고용형태: 플랫폼 기반 임시직의 확산

초연결 가상공간에서 디지털 플랫폼을 축으로 한 새로운 형태의 노동시장이 형성되고 있다. 그 노동시장은 일자리를 찾는 사람과 기업을 맺어주는 전통적 노동시장이 아니다. 대신 일거리와 그 일을 처리해줄 사람을 연결해주는 업무처리 시장이다. 디지털 플랫폼을 매개로 일하는 사람들은 최소 근무시간을 보장받지 못한 일시계약직들(zero-hours contract)이다. 아마존(Amazon)이 운영하고 있는 미케니컬 터크(Mechanical Turk)가 그러한 디지털 플랫폼의 한 예이다. 기업이 처리해야 할 일거리를 그 디지털 플랫폼에 올리면, 그것을 처리할 수 있는 개인들이 일거리를 처리하고 그에 대한 보상을 받는다. 세계 어느 곳에 있는 누구나 그 플랫폼에 올라온 일거리를 처리할 수 있기 때문에 국지적 시간제약을 뛰어넘어 업무를 처리할 수 있는 이점이 있다.

초연결성을 활용하여 업무처리를 위한 공간적 제약을 쉽게 극복할 수 있도록 설계된 디지털 플랫폼도 있다. 기그워크(Gigwalk)라는 회사가 제공하는 디지털 플랫폼이 한 예이다. 월마트와 같은 유통회사에 납품하는 회사가 자사 상품들이 전국에 흩어져 있는 매장 안 어느 곳에 어떻게 배열되어 있는지 알기 원할 경우 굳이 자사 직원을 그 많은 매장에 보내지 않고도 그 디지털 플랫폼을 이용하여 신속하게 일을 처리할 수 있다. 회사가 일거리를 플랫폼에 올리면, 각 매장 인근에 있는 플랫폼 가입자들(Gigwalkers)이 매장을 방문하여 현황을 파악한 후 해당 자료를 플랫폼에 올리고 금전적 대가를 받게 하는 방식이다.

높은 전문성을 요하는 일거리를 매개하는 디지털 플랫폼도 생겨나고 있다. 데이터분석 전문가들과 데이터분석 알고리즘 개발 프로젝트를 연결해주는 캐글(Kaggle)이라는 회사의 플랫폼이 대표적이다. 이 플랫폼은 한 회사가 상금을 걸고 데이터분석 알고리즘 개발 프로젝트를 올리면 여기에 가입한 데이터분석 전문가들이 그에 대한 해법을 찾는 경연대회를 벌인다. 그 경연대회에서 가장 우수한 해법을 제시한 사람이 거기에 걸린 상금을 받고 그 경연을 주관한 회사에 자신이 개발한 알고리즘을 제공한다.

이상의 사례에서 볼 수 있는 바와 같이 굳이 정규직을 채용하지 않고도 디지털 플랫폼을 매개로 필요할 때마다 그때 그때 업무를 처리하는 방식이 점차 확대되고 있다. 이런 방식으로 운용되는 경제영역을 기그경제(gig economy), 혹은 온라인 플랫폼 경제(online platform economy)라 부른다.

이와 같이 디지털 플랫폼을 매개로 한 기그경제가 빠르게 성장하고 있다. 2012-2015년 사이에 기그경제에 참여한 근로자가 미국 전체 노동력의 6.5%(약 1,030만명)에 이른다는 추계가 있다[6]. 이 숫자는 정규직 일자리를 가지고 있으면서 부업으로 디지털 플랫폼에 올라온 일거리를 활용하는 일시계약직들을 포함한 수치이다. 정규직을 갖지 않고 일시계약직(zero-hours contract)을 주업으로 하는 근로자만을 계수하더라도 미국 전체 근로자의 2%를 상회하는 것으로 보인다. 이러한 일시계약직 증가추세는 영국에서도 비슷하게 나타난다. 영국 통계청(Office of National Statistics)에 따르면, 2015년도 10-12월 사이에 그들의 주 직업이 일시계약직인 사람들이 약 801,000명(전체 인력의 2.5%)에 달했다[7]. 이 수치는 2013년도 같은 기간에 586,000명이었던 것에 비해 36.7%나 증가한 수치이다.

캇츠와 크루거(Katz & Krueger)도 일시계약직을 포함한 비정규직들의 비중이 빠르게 증가하고 있음을 확인해준다[8]. 미국의 경우 2005년에 1,420만 명(10.1%)이던 비정규직은 2015년에 2,360만 명(15.8%)으로 늘어났다. 10년 동안 약 66.5%가 증가하였다. 반면, 2005년에 1억2,620만 명이던 정규직은 2015년에 1억2,580만 명으로 줄었다. 같은 기간 약 40만 개의 정규직 일자리가 줄어든 것이다(감소율 0.3%). 지난 10년 동안 미국 내에서 일자리가 늘어난 곳은 일시계약직을 포함한 비정규직이었음을 보여준다. 그리고 2008년 세계금융위기로 인해 사라진 대규모 정규직 일자리들이 2015년까지도 이전 수준까지 회복되지 않았음을 말해준다. 이

---

6 *Insurance Journal*, 2016-2-22.

7 "Number of people on zero-hours contracts in UK increases to 801,000." *Independent*, 2016-3-9.

8 Katz & Krueger, 2016, "The Rise and Nature of Alternative Work Arrangements in the United States, 1995-2015."

처럼 고용 없는 성장 흐름은 앞으로 점차 더 강해질 것이다.

생산공정의 초자동화에 따른 일자리 감소

4차 산업혁명이 인더스트리 4.0(industry 4.0) 혹은 산업인터넷(industrial internet)이라는 이름 하에 생산공정을 획기적으로 탈바꿈시키고 있다. 독일에서 대대적으로 추진되고 있는 인더스트리 4.0은 스마트 공장을 지향하고 있다. 가상-물리시스템(cyber-physical system), 사물인터넷(Internet of Things), 빅데이터(big data), 클라우드 컴퓨팅(cloud computing) 등을 활용하여 생산공정의 효율성을 획기적으로 향상시키고 있다. 물리적 생산공정을 가상공간에 구현한 가상-물리시스템을 통하여 생산공정을 효과적으로 모니터링한다. 생산공정 곳곳에 설치한 센서들을 연결한 사물인터넷을 통해 실시간으로 들어오는 빅데이터로부터 인공지능 알고리즘이 유용한 정보들을 도출한다. 그렇게 도출된 정보는 자율최적화, 자율진단, 자율조직화 등에 쓰이고, 임직원들의 의사결정을 돕는다.

미국의 제너럴 일렉트릭(GE)사도 2010년부터 소프트웨어 기반 혁신기업으로 탈바꿈하기 시작했다. 실리콘벨리에 대규모 소프트웨어 계열사를 설립하고, 산업인터넷(Industrial Internet)이라는 이름으로 가치사슬의 전 공정을 지능화하는 데 대규모로 투자했다. 전 생산공정에 센서들로 연결된 사물인터넷을 구축하고, 그로부터 들어온 실시간 데이터들을 클라우드 플랫폼 프레딕스(predix)에서 인공지능 알고리즘을 통해 분석함으로써 전 공정을 최적화하고 있다. 그리고 자사의 산업인터넷 클라우드 플랫폼인 프레딕스(Predix)를 외부개발자에게 개방하여 산업인터넷 생태계를 구축함으로써 산업인터넷 시장을 확장하고 있다 ([그림 1] 참조). 프레딕스가 산업인터넷의 핵심 플랫폼으로 자리잡을 경우 그것이 4차 산업혁명 시대를 선도해가는 GE의 새로운 사업모델로 자리잡게 될 것이다.

[그림 1] GE의 산업인터넷 클라우드 플랫폼 프레딕스(Predix)

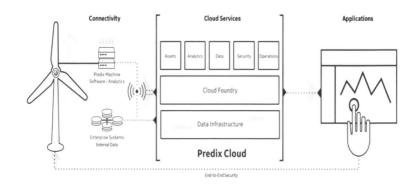

(출처: Predix: Industrial Internet Platform. GE Digital, 2016)

이상에서 보는 바와 같이 인더스트리 4.0이나 산업인터넷은 모든 공정을 지능형 네트워크(intelligent networks)로 통합하여 가치사슬의 전 과정을 최적화하려는 노력이다. 그러한 혁신이 진전되면 될수록 전 공정의 초자동화로 인해 많은 일자리가 없어지질 것이다.

3차원 프린팅(3D printing) 기술도 제조혁신을 이끌고 있다. 3D 프린팅 기술은 열 가소성이 높은 원재료를 노즐에서 녹여 한층씩 쌓아감으로써 3차원 입체형상을 만드는 적층제조(additive manufacturing) 기술이다. 이 기술은 제품을 만드는 데 필요한 중간과정, 즉 금형제작이 필요하지 않고, 클릭만 하면 설계도면대로 입체물을 만들어내기 때문에 제품제조에 드는 시간을 크게 단축할 수 있고, 제조비용도 획기적으로 절감할 수 있다. 뿐만 아니라, 정교하고 정밀한 제품 제작은 물론 개인 고객의 필요에 맞는 맞춤형 제조도 가능하다.

항공기 제작사인 보잉(Boeing)은 현재 수백 가지의 부품을 3D 프린터로 제작하고 있다. 미 항공우주국 나사(NASA)는 메이드인스페이스(Made in

Space)사와 무중력상태에서 작동하는 3D 프린터를 개발하여 2014년 11월에 국제우주정거장으로 올려 보냈다[9]. 우주선에서 필요로 하는 부품들을 현장에서 제조하여 사용하기 위함이다. 미국의 로컬모터(Local Motor)사도 3D 프린팅 기술을 자동차 제작에 활용하고 있다. 의료분야에서는 3D 프린팅 기술을 통해 인공 장기, 의수, 의족, 턱뼈 등을 환자맞춤형으로 제작하여 사용하고 있다. 보급형 3D 프린터의 가격이 급격하게 인하되면 필요한 물품들을 자가제작(DIY: Do It Yourself)하는 움직임도 크게 확산될 것이다. 3D 프린팅 기술이 각 영역의 제조현장으로 확산될 경우 대량생산라인에 고용되어 있는 많은 사람들의 일자리가 위협을 받을 것이다.

중간층 지식근로자 일자리까지 위협하는 인공지능

2016년 봄 미국 조지아공과대학의 한 교수는 대학원생 대상 대규모 온라인 강좌를 운영하면서 수강생들의 학습을 도와줄 인공지능 조교 질 왓슨(Jill Watson)을 개발하여 다른 조교들과 함께 투입하였다[10]. 수강생들이 조교 질 왓슨(Jill Watson)에게 도움을 청하면, 질 왓슨은 여느 조교들과 마찬가지로 온라인 상에서 수강생들을 지도하였다. 그러나 질 왓슨의 도움을 받았던 대부분의 수강생들은 그녀가 인공지능 조교였다는 사실을 전혀 눈치채지 못했다고 한다.

그런가 하면 2016년 상반기에 미국 내 대형 법률회사 베이커 & 호스테틀러(Baker & Hostetler)사는 인공지능 법률가 로스(Ross)를 채용하여 기업청산 관련 법률분야에 투입하였다[11]. 로스(Ross)는 그 분야에서 일하는 50

9   "NASA has successfully created the first 3D printed object in space," *Extreme Tech*, 2014-11-26. http://www.extremetech.com/extreme/194991

10 "A robot has been teaching grad students for 5 months... and NONE of them realized," *Daily Mail*, 2016-5-10. http://www.dailymail.co.uk/news/article-3581085.

11 "Meet Ross, the World's First Robot Lawyer," *Fortune*, 2016-5-12. http://fortune.com/2016/05/12/robot-lawyer

여 명의 법률가들과 함께 일하는데, 해당 분야의 법률과 판례들을 충분히 학습하고 나면 변론을 위한 백업자료를 만들어내는 데 있어서 발군의 실력을 발휘할 것으로 기대된다.

인공지능은 주식시장에서도 활약하고 있다. 미국의 투자자문회사 찰스 슈왑사(Charles Schwab Corporation)는 2014년 10월부터 인공지능 기반 투자자문시스템인 슈왑 인텔리전트 포트폴리오(Schwab Intelligent Portfolios)를 운영하고 있다. 그 이후 많은 증권사들이 인공지능을 투자 포트폴리오를 구성하는 데 사용하기 시작하였다. 인공지능 기반 투자수익률이 전문가들의 판단에 따른 투자수익률에 비해 얼마나 효과적인지 평가하기에는 아직 이르지만, 주식시장에서의 확장가능성은 매우 클 것으로 보인다.

인공지능을 활용한 통·번역 시스템의 개발은 다른 언어권에 속한 사람들 사이의 언어장벽을 뛰어넘게 해줄 것으로 기대된다. 두 언어권 사이에 서로의 언어로 번역된 문서나 통역자료들이 많이 축적되어 있는 경우 그것을 학습한 인공지능 통·번역기의 정확도는 상당한 수준에 이른다. 통·번역 자료가 충분히 쌓이지 않아 아직은 정확도가 떨어지는 경우에도 자료가 축적되면 통·번역의 정확도가 크게 높아질 것이다. 국내 한 회사도 IBM과 한국어의 맥락을 이해할 수 있도록 진화한 왓슨(Watson) 기반 인공지능 플랫폼을 2017년에 국내에 도입하기로 계약을 체결한 바 있다.

한편, 2011년 IBM이 개발한 인공지능 왓슨(Watson)은 미국의 대표적 TV 퀴즈게임(Jeopardy)을 평정한 후 의료계로 투입되어 인류의 숙원 중 하나인 암정복 프로젝트를 주도하고 있다. 머지않아 암뿐 아니라 다양한 질병을 진단하고 치료하는 데 있어서 인공지능의 활약이 매우 클 것으로 기대된다.

인공지능의 활용도가 이처럼 지적, 전문적 영역으로까지 확대되고 있다. 그것은 기술적으로는 지금도 인공지능이 상당한 수준의 지적 작업까지 해낼 수 있음을 의미한다. 물론 기술적으로 가능하다고 해서 곧바로 그러한 일자리를 대체하는 것은 아니다. 그러한 기술을 채택하고자 하는 기업의 입장에서는 비용 면에서 얼마나 효율적인지, 인공지능의 활용에 대한 사회규범과 제도가 어떻게 형성될지 등을 고려하여 특정 기능에 인공지능을 활용할지 여부를 결정할 것이다. 그럼에도 불구하고 인공지능의 활용에 따른 한계생산비용이 갈수록 하락할 것이기 때문에 인공지능 기술의 영역 확장성은 매우 높다고 볼 수 있다. 그 결과는 전문직 일자리까지도 인공지능에 의해 대체되는 현실을 초래하게 될 것이다. MIT 교수인 브린욜프슨과 맥카피(Brynjolfsson & McAfee)도 컴퓨터가 점차 인간의 광범위한 인지작업(cognitive tasks)에 도전장을 던지고 있다고 경고했다[12].

그러한 추세를 반영하여 세계경제포럼(WEF)의 설립자 클라우스 슈밥(Klaus Schwab)은 4차 산업혁명이 진행되면서 높은 기술숙련도를 가진 전문가들과 낮은 기술숙련도를 가진 저임금 노동자들의 수요는 계속 증가하겠지만, 중간수준의 기술숙련도를 가진 지식노동자들에 대한 수요는 크게 축소될 것이라 예측하였다[13]. 이러한 현상에 대해 코셔(Kosher)도 응용프로그램 인터페이스(API: Applied Programming Interface)를 개발·활용하는 'API 위의 직업(above the API jobs)'과 그러한 응용프로그램 인터페이스의 통제를 받는 'API 아래 직업(below the API jobs)'으로 나뉠 것으로 내다봤다. 또한 중간수준의 기술을 요하는 직업들의 상당수는 'API 아래 직업으로' 전락하거나 로봇에 의해 대체될 것으로 내다봤다 ([그림 2] 참조)[14].

12 Brynjolfsson, E. & McAfee, A. (2012). *Race Against the Machine: How the Digital Revolution is Accelerating Innovation, Driving Productivity, and Irreversibly Transforming Employment and the Economy*; Brynjolfsson, E. & McAfee, A. (2014). *The Second Machine Age: Work, Progress, and Prosperity in a Time of Brilliant Technologies*.

13 Schwab, K. (2016). *The Fourth Industrial Revolution*(「제4차 산업혁명」). World Economic Forum.

14 Kosher, A. W., "Google Cabs and Uber Bots Will Challenge Jobs 'Below the API'", *Forbes*, 2015-2-4.

[그림 2] 4차 산업혁명에 따른 직업구성의 변화 예측

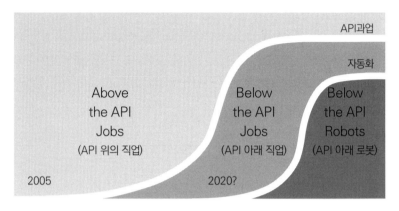

(출처: Kosher, A. W., 2015)

4. 4차 산업혁명의 불연속적 효과

생산성 향상과 고용간 비동조화(decoupling)

4차 산업혁명이 일자리 생태계에 미칠 파급효과가 매우 크리라는 데 대해서는 이론의 여지가 없지만, 과연 일자리를 줄이는 방향으로 작용할까, 아니면 일자리를 늘리는 방향으로 작용할까? 그리고 자동화에 의해 생산성이 향상되면 그 혜택이 임금노동자의 소득을 떨어뜨리는 방향으로 작용할까, 아니면 향상시키는 방향으로 작용할까?

과거 1, 2차 산업혁명이 보여준 결과는 대변혁기에 산업혁명을 이끈 기술진보의 직접적인 영향을 받은 일자리들이 많이 없어졌지만, 새로운 생산양식으로부터 파생된 더 많은 일자리들이 생겨났다. 그로 인해 전체적으로 일자리가 증가하고 임금노동자들의 소득도 높아지는 결과를 가져왔다. 거시지표로 보더라도 1900 - 2000 사이에 미국의 농업종사자는 인구의 42%에서 2%로 급격하게 감소하였지만, 농업 산출량은 급격하게 증

가하였다. 경제 전반에 걸쳐 경제활동참가율이 큰 비율로 증가한 반면 실업률은 높아지지 않았다[15].

포드(Ford) 자동차회사가 개발한 일관공정 대량생산시스템이 고용에 미친 효과를 보더라도 부정적 효과보다는 긍정적 효과가 더 컸다. 일관공정 대량생산시스템은 전체 생산공정을 단순 세분화하고, 그렇게 세분화된 공정에 많은 노동자들을 배치하였다. 그 생산시스템에서 일하는 노동자들은 숙련도가 높을 필요가 없었고, 자동차 생산의 전 공정에 대해 이해하지 못해도 상관없었다. 그로 인해 자동차 제작에 대한 숙련도가 높은 사람들의 수요가 급격하게 줄었다. 그러나 전체 자동차 생산공정의 생산성은 획기적으로 높아졌고, 그 만큼 자동차의 가격이 낮아져 자동차 대중화의 길이 열렸다. 생산성이 높아지자 포드사는 노동자들의 임금을 파격적으로 높였다. 공장제 대량생산시스템의 발전과 함께 고용과 노동자들의 임금소득이 상승하여 상품시장 전반의 유효수요를 견인하였고, 유효수요의 증가는 기업의 투자와 고용을 증가시키는 선순환 구조를 만들었다.

마틴 포드(Martin Ford)에 따르면, 2차 산업혁명으로 인해 생산성이 크게 향상되었지만, 그 성장의 결실은 대부분 고용의 증가와 고임금이라는 형태로 근로자들에게 돌아갔다[16]. 2차 산업혁명을 선도한 새로운 기술은 새로운 승자와 패자를 만들어냈지만, 전 사회의 생산성과 부를 증가시키고 새로운 일자리를 창출했던 것이다.

그러나 3차 산업혁명이 본격화한 이래 생산성의 향상과 발맞추어 노동자들의 임금이 함께 상승한다는 규칙이 깨지기 시작했다. 지난 30여년간 미국경제의 생산성이 컴퓨팅 파워와 정보기술의 급격한 발전에 따라 상당한 수준으로 성장했지만, 그 기간 동안 고용이 함께 늘어나지는 않았

15   Autor, D. 2014. "Skills, education, and the rise of earnings inequality among the other 99 percent." Science 344, no 6186 (May 22, 2014): 843-851
16   Martin Ford, 2015. *The Rise of the Roots* (『로봇의 부상』).

다. 아래 [그림 3]에서 보듯이 미국에서는 1997년부터 생산성과 고용이 서로 분리되는 양상이 전개된 것이다. 4차 산업혁명은 이를 더욱 심화시키고 있다.

[그림 3] 노동생산성 향상 대비 민간고용 증감

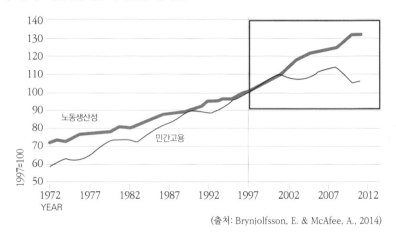

(출처: Brynjolfsson, E. & McAfee, A., 2014)

강한 기술편향성으로 인한 소득불균형 심화

디지털 정보통신기술과 인공지능 기술 등은 기술편향성이 매우 강한 특성을 보여주고 있다. 그 때문에 고급기술 보유자의 소득 집중도가 커진 반면 중급기술 보유자를 포함한 나머지 근로자들의 실질소득은 현저하게 떨어진다. 생산성 향상으로 인한 경제적 이득이 고르게 공유되지 않았다는 사실이다. 대부분 미국 근로자의 임금은 정체되었으며, 임금이 떨어진 근로자들도 많았다. 70년대 이래 미국경제의 견실한 성장에도 불구하고 남성근로자 중 중위(median) 소득자의 임금은 1979-2014년 사이에 단지 3% 인상된 데 그쳤다[17].

---

17 Kearney, M. S., Hershbein, B. and David Boddy, D., 2015. "The Future of Work in the Age of the Machine." *The Hamilton Project Framing Paper*. Brookings.

[그림 4] 1인당 실질 GDP 대 1인당 중위소득 변화추세

(출처: Brynjolfsson, E. & McAfee, A., 2014)

명목소득을 기준으로 보더라도 1979년부터 2007년 사이 미국에서는 상위 1%의 명목소득은 278% 증가한 반면, 소득분포의 중간에 있는 이들의 명목소득은 35% 증가하는 데 그쳤다[18]. 반면, 고급기술 보유자들의 소득은 지속적으로 성장하였다. 이처럼 고급기술 보유자의 지속적 소득증가와 중·하급기술 보유자의 소득정체 혹은 소득감소 추세는 대부분의 서구 선진국들에서 공통적으로 나타났다[19]. 미국의 소득불균형은 1929년 대공황 직전 이래 볼 수 없었던 수준까지 심각해졌다는 것이 브린욜프슨과 맥아피(Brynjolfsson & McAfee) 교수의 평가다.

그러한 현상은 교육수준별 소득격차에서도 드러난다. 1973년 이전까지만 해도 생산성 증가가 교육수준에 상관없이 모든 사람들의 소득을 향상시키는 것으로 나타났다. 밀물이 들어오면 모든 배들을 들어올리는 것과 같다. 1970년대 석유파동과 경기후퇴기에는 모든 집단의 소득이 동반하락하였다. 생산성이 모든 계층의 소득에 고르게 영향을 미쳤다는 점을

---

18 Brynjolfsson, E. & McAfee, A. (2014). *The Second Machine Age: Work, Progress, and Prosperity in a Time of Brilliant Technologies.*

19 Kearney, M. S., Hershbein, B. and David Boddy, D. (2015). "The Future of Work in the Age of the Machine." *The Hamilton Project Framing Paper.* Brookings.

보여준다. 그러나 1980년대 초 개인용 컴퓨터(PC)의 발명과 확산으로 숙련노동자의 수요는 공급을 초과하여 빠르게 증가한 반면, 비숙련 노동자의 수요는 감소하기 시작했다. 그 결과 [그림 5]가 보여주는 바와 같이 교육수준간 소득 불균형이 심화되었다.

[그림 5] 교육수준별 정규직 남성근로자의 임금 변화 추세 (1963~2008)

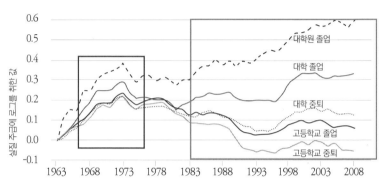

(출처: Brynjolfsson, E. & McAfee, A., 2014)

이러한 현상은 4차 산업혁명이 진전될수록 더 빠르게 심화될 것으로 예상된다. 조지메이슨 대학 경제학 교수 타일러 코엔(Tyler Cowen)도 인공지능을 장착한 지능형 기계와 컴퓨팅 기술의 급속한 진보는 사회구성원들을 두 계층으로 나누게 될 것이라고 지적했다[20]. 기술엘리트 계층과 거기에 속하지 못하는 계층으로 나뉜다는 것이다. 기술엘리트 계층은 전체 인구에서 차지하는 비중이 10%도 안 될 것이다. 그러나 그들은 지능형 기계를 활용할 수 있는 능력을 기반으로 상당한 이득을 얻을 것이다. 반면, 나머지 계층의 급여는 정체되거나 하락할 것이다. 구스, 맨닝과 살로몬스(Goos, Manning & Salomons)는 유럽에서도 기술분포에서 가장 높은 구간

20 Tyler Cowen, 2013, *Average Is Over: Powering America beyond the Age of the Great Stagnation.* New York: Penguin.

과 가장 낮은 구간에 있는 직업의 성장이 있었지만, 중간구간의 직업은 줄어드는 직업 양극화(job polarization)가 나타나고 있음을 확인했다[21]. 오토(Autor) 교수도 2000년대 이후의 고용증가는 기술분포에서 가장 낮은 수준에 국한되고, 급격한 급여상승은 가장 높은 수준의 소수 기술엘리트 층에서만 발생하는 현상이 강화되고 있음을 지적하였다[22]. 이러한 추세는 중간 허리부분을 축소하면서 고용시장의 양극화와 소득의 양극화를 심화시킬 것이다.

노동소득분배율의 지속적 감소

디지털 기술혁명은 그 파급효과 측면에서 자본편향성이 강하다. 컴퓨터기술의 발전과 함께 진전된 디지털 기술혁명은 그 동안 정형화된 지식노동까지 대체하였다. 일례로, 터보택스(Turbo Tax) 같은 세금보고용 소프트웨어의 개발로 세무인력의 일자리가 축소되었고, 자원통합관리 시스템(ERP: Enterprise Resource Planning)의 도입은 인력의 효율적 운용을 증대함으로써 관련 인력의 수요를 줄였다. 그 결과 자본소득분배율은 지속적으로 증가한 반면, 노동소득분배율은 급격하게 감소하였다([그림 6] 참조). 56개국의 데이터를 분석한 경제학자 카라바부니스와 나이만(Karabarbounis & Neiman)은 38개국에서 노동소득으로 배분되는 몫이 현저히 감소했다고 보고하고 있다[23]. 노동소득분배율의 감소는 생산성 향상이 임금상승으로 전환되지 않고, 생산성의 향상과 노동소득의 증가 사이에 비동조화(decoupling)가 일어났다는 것을 의미한다. 딥러닝에 기반

21 Goos, M., Manning, A. & Salomons, A., 2009. "Job Polarization in Europe," *American Economic Review, 99* (2): 58 - 63.

22 Autor, David. 2014. "Polanyi's Paradox and the Shape of Employment Growth." *Working Paper No. 20485*, National Bureau of Economic Research, Cambridge, MA.

23 Karabarbounis, L. & Neiman, B. (2013). "The Global Decline of the Labor Share," National Bureau of Economic Research, Working Paper No. 19136. (마틴 포드, 2015에서 재인용)

한 인공지능으로 새 지평을 열게 된 지능형 기계의 급속한 발전은 비정형화된 육체노동과 지식노동까지 대체함으로써 자본편향성을 더욱 더 심화시킬 것으로 보인다.

[그림 6] 미국 국내총생산(GDP)에서 근로소득과 자본소득이 차지하는 비율

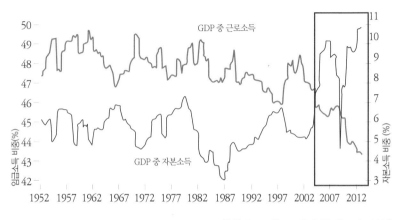

(출처: Brynjolfsson, E. & McAfee, A., 2014)

5. 대변혁기를 대비하기 위한 사회적 과제

4차 산업혁명이 우리사회에 던진 과제는 통합적인 대책을 요구한다. 기술혁신(technological innovation)을 발전의 기회와 동력으로 삼으려면 그것을 효과적으로 흡수할 수 있는 사회혁신(civic innovation)이 반드시 뒤따라야 한다. 4차 산업혁명의 파급효과를 건설적으로 흡수해낼 수 있는 사회경제 인프라를 서둘러 구축해야 한다. 첫째, 사회구성원들이 미래의 직업들을 효과적으로 수행해낼 수 있는 기술과 역량을 갖추도록 효과적인 교육·훈련 기반을 구축하고, 그러한 기회에 국민들의 접근도를 높여야

한다. 둘째, 고소득 일자리 창출을 뒷받침하고 촉진할 수 있는 공공빅데이터 인프라 구축을 위한 투자를 획기적으로 높여야 한다. 셋째, 대변혁기에 경제적으로 어려움을 겪게 될 사회구성원들을 위한 사회안전망을 강화하고, 갈수록 심화될 양극화를 해소할 수 있는 사회경제시스템을 정비해야 한다. 끝으로 개인의 사생활보호를 위한 안전장치를 강화해야 한다.

기술독해력(technology literacy) 증진과 교육혁명

기업이든 국가든 그 시대가 요구하는 역량을 갖춘 우수인력을 수요에 맞춰 확보하지 못하면 발전의 동력을 결코 살릴 수 없다. 그 동안 우리나라는 산업화 시대의 요구에 부응할 수 있는 우수 인력을 기반으로 발전의 동력을 가동해왔다. 4차 산업혁명 시대에 요구되는 필요역량을 우리나라 국민이 얼마나 효과적으로 습득하느냐에 따라 새롭게 형성되는 세계경제 판도에서 선두그룹에 들어가느냐가 결정될 것이다. 4차 산업혁명을 재도약의 기회로 삼느냐, 위기로 맞이하느냐가 거기에 달려있다 해도 과언이 아니다.

4차 산업혁명을 주도하고 있는 기술에 대한 독해력(literacy)을 높일 수 있도록 관련 교육·훈련 인프라를 구축해야 한다. 그리고 국민들이 그러한 교육훈련에 쉽게 접근하여 배울 수 있도록 기회를 활짝 열어야 한다. 더나아가 인공지능과 같은 첨단기술을 잘 다룰 수 있는 인재 공급이 원활하게 이루어질 수 있도록 힘써야 한다. 산업화 시대에 맞춰진 표준화되고 획일적인 교육·훈련 패러다임으로는 4차 산업혁명을 선도하기는 고사하고 뒤따라가기도 어렵다. 학생 개개인의 재능을 고려하지 않은 채 평균점수를 기준으로 학생들을 줄 세우는 교육, 정답이 있는 문제를 빨리 풀 수 있도록 가르치는 교육, 세분화된 전공영역에 갇혀 종합적인 문제해결능력 배양을 가로막는 교육은 하루 빨리 폐기되어야 한다.

대신 학생들 안에 내재되어 있는 지적 호기심으로부터 출발하여 정답이 없는 문제를 풀어낼 수 있는 창의적 사고력을 키워줄 수 있는 교육으로 전환해야 한다. 신기술의 변화추세를 깊이 이해함으로써 인간의 내적 필요(needs)와 사회문제를 효과적으로 풀어낼 수 있는 창의적 인재를 육성해야 한다. 지난 4~50년 동안 우수한 인적자산을 우리나라 경제사회 발전의 초석으로 삼았듯이 4차 산업혁명을 능동적으로 이끌어갈 수 있는 인적 인프라를 견고하게 구축함으로써 재도약의 기회로 삼아야 한다.

인력운용 패러다임 전환과 법정 근로시간 단축

기업의 인력운용 패러다임도 바뀌어야 한다. 집중적 자원투입에 기반한 추격형 기업경영으로는 4차 산업혁명 시대를 헤쳐나가기 어렵다. 그러한 발전모델은 이미 중국기업들에 의해 추격당하기 시작했다. 빠르게 발전하는 기술들을 효과적으로 흡수하고 시장에서 표준이 될 수 있는 상품과 기술을 선도할 수 있는 혁신형 기업경영으로 전환해야 한다. 이를 위해서는 구성원들이 지속적으로 학습하며 다방면에서 혁신을 만들어낼 수 있어야 한다. 일과 학습이 통합적으로 일어날 수 있도록 뒷받침하는 인재경영이 기업 현장에서 이루어져야 하며, 국가는 이를 제도적, 정책적으로 뒷받침해야 한다.

그 일환으로 법정근로시간 단축을 고려해야 한다. 새로운 기술습득과 창의적 업무수행은 구성원들이 과중한 업무부담에 시달리는 상황에서는 결코 일어나지 않는다. 창의적 DNA를 조직 내에 체질화하기 위하여 3M이나 구글(Google)과 같은 혁신주도 기업들이 각각 15% 룰(R&D 인력들에게 근무시간의 15%에 해당하는 시간을 자유롭게 활용할 수 있도록 한 룰)과 20% 룰을 적용하는 이유가 바로 그 때문이다. 법정근로시간 단축은 일자리를 나누는 효과뿐만 아니라, 임금노동자들을 지식근로자화하는 효과를 가져올 수 있을 것이다.

청년세대 지원과 창업 활성화

4차 산업혁명이 몰고 올 미지의 세계를 이끌어갈 주역들은 미래세대이다. 미래세대의 경쟁력이 곧 우리 사회의 경쟁력이다. 우리 사회가 미래세대에게 많은 투자를 해야 한다. 그들로 하여금 누군가가 이미 열어놓은 길, 예측가능성과 안정성이 높은 길에 안주하게 해서는 안 된다. 특별히 산업화 시대에 부모세대가 경험한 성공방정식을 미래세대에게 강요해서도 안 된다. 그들이 불굴의 도전정신과 실험정신, 창의적 사고력, 기업가 정신 등으로 무장하여 불확실성이 높은 미래를 개척해가도록 격려해야 한다.

한 번 실패하면 재기가 어려워 안정지향적 선택을 할 수밖에 없는 사회환경을 그대로 방치해서도 안 된다. 자신들이 상상할 수 있는 것들을 과감하게 시도해볼 수 있도록 사회안전망을 깔아주고, 우리 사회를 미래세대의 상상실험실로 바꿔줘야 한다. 그들이 협업네트워크를 구축하여 글로벌 인재들과 경쟁하며 성장할 수 있도록 판을 만들어줘야 한다. 그들이 일자리를 구하지 못해 역량을 쌓아갈 기회를 잃어버리고 있는 현실을 혁파해야 한다. 그들이 창업을 통해 다양한 아이디어를 실험해볼 수 있도록 창업생태계를 활성화해야 한다.

빅데이터 공공인프라 구축

4차 산업혁명 시대는 빅데이터 시대이다. 디지털 기술혁명과 정보통신 혁명의 가장 중요한 열매 중 하나가 빅데이터의 축적이라 해도 과언이 아니다. 빅데이터는 4차 산업혁명 시대의 새로운 보물창고라 할 수 있다. 4차 산업혁명을 선도하고 있는 인공지능도 빅데이터가 없으면 무용지물이다. 빅데이터를 통해 학습하고, 그렇게 학습한 예측모델을 활용하여 그

보물창고에서 가치 있는 정보들을 추출함으로써 최적의 예측을 하게 된다. 그렇기 때문에 다양한 데이터 원천으로부터 많은 데이터가 모여들게 하는 디지털 플랫폼을 가진 조직과 기관이 빅데이터 시대에 강자의 자리를 차지하게 된다. 구글, 페이스북, 인스타그램, 아마존, 알리바바 등이 대표적이다. 국내에서는 네이버, 다음카카오 등이 그러한 플랫폼을 기반으로 사업을 키우고 있다.

정부는 국민들이 쉽게 접근할 수 있는 빅데이터 공공인프라를 구축할 필요가 있다. 이를 위해 사적으로 전유되어서는 안 될 빅데이터를 공공자산화해야 한다. 오늘날 각 개인은 데이터 제조기(data generator)라 할 만큼 다양한 데이터를 뿌리고 다닌다. 편리함을 위해 신용카드나 디지털 기기와 같은 문명의 이기를 사용하면 본인이 원하지 않더라도 자신의 행적 정보가 어딘가에 기록된다. 신용카드사, 전자결제수단 운영사, 대형유통사 등은 고객들의 소비관련 정보들을 보유하고 있고, 통신사는 고객들의 통화내역에 관한 정보를 보유하고 있다. 여기저기에 다양한 빅데이터들이 쌓여가고 있다. 뿐만 아니라, 정부나 공공기관에 대규모 데이터들이 축적되어 있다.

이렇게 쌓인 빅데이터는 누구의 자산일까? 예컨대, 신용카드를 사용한 고객은 거래를 목적으로 자신의 카드정보를 제공했을 뿐인데, 대형유통사나 신용카드사가 그것들을 축적하여 사적 이윤추구를 위해 사용할 권한이 있을까? 엄밀하게 얘기하면, 특정한 목적 때문에 수집된 개인 정보의 경우 그 목적이 해소된 시점부터는 그 정보를 모은 회사나 기관이 그에 대한 소유권이나 타 목적의 사용권을 주장할 수 없다고 봐야 한다. 다양한 과정을 통해 축적된 개인정보의 저장, 활용, 폐기 등에 관한 사회적 논의, 즉 정보주권에 관한 사회적 논의가 심도 있게 이루어져야 할 이유이다. 그렇게 모은 정보는 본래의 목적이 해소된 순간 폐기하는 것이 정상이나, 빅데이터의 가치를 감안하여 굳이 그러한 정보를 저장·활용해야 한다면, 국민들의 동의를 받아 개인의 사적 정보를 철저하게 보호한다는 조건 하에 공공 빅데이터로 전환하여 활용할 필요가 있다.

양극화 해소를 위한 대책: 기본소득제

4차 산업혁명의 대변혁이 전반적 고용률은 물론 중급기술 일자리를 줄이는 방향으로 영향을 미치게 되면, 기존 경제순환 메커니즘을 불능화할 위험성이 매우 높다. 고용을 통한 소득분배가 더 이상 상품과 서비스에 대한 유효수요 및 투자를 견인하는 메커니즘으로서 기능하지 못하는 상황이 되기 때문이다. 수요측면에서만 보면 국내수요가 경제를 뒷받침하지 못할 때 해외수요(수출)를 돌파구로 삼을 수 있으나, 저성장 기조가 세계 각국의 뉴-노멀(new normal)로 자리잡은 상황에서 해외수요가 예전처럼 우리 경제성장을 떠받쳐줄 것으로 기대하기 어렵다. 그리고 우리 경제의 해외의존도가 커질수록 해외수요에 문제가 발생할 때마다 그 영향을 직접적으로 받게 된다. 심할 경우 국민경제의 주권을 상실할 위험에 노출되게 된다. 그러기에 국내수요가 지속발전의 지렛대 역할을 할 수 있는 경제순환 메커니즘을 견고하게 구축해야 한다.

또한 4차 산업혁명의 특성을 감안하면 경제적 불평등은 갈수록 심화될 것이 명약관화하다. 이미 앞에서 언급한 바대로 최신 기술혁명은 초자동화를 가능케 함으로써 일자리를 줄이고 자본소득과 노동소득의 격차를 급격하게 키우고 있다. 또한 기술편향성이 강한 기술진보(skill-biased technological change)로 인해 저급기술의 일자리는 물론 중급수준의 일자리까지 대체되거나 디지털 플랫폼 기반 일시계약직이 확산되고 있다. 이로 인해 소득불평등은 갈수록 심화될 것이다. 미국에서는 1993-2010년 사이에 국민소득의 절반 이상이 소득 최상위 1%에 속하는 가계로 흘러 들어갔다는 보고가 있다[24]. 세계금융위기 직후인 2009-2012년 사이에 발생한 소득증가분의 95%를 최상위 1%가 차지했다는 분석결과도 있다[25]. 현 소득분배체계가 유지되는 한 4차 산업혁명이 진전되면 될수록 고용의 양극화, 부와 소득의 양극화는 더욱 더 커질 수밖에 없다.

이를 해소하기 위해서는 지속적으로 증가할 것으로 보이는 일시계약직 (zero-hours contract)의 법적 보호장치를 시급하게 정비해야 한다. 이들을 노동자로 볼 것인가, 독립계약자로 볼 것인가에 따라 이들은 근로기준법과 노사관계 관련법의 사각지대에 놓이게 될 가능성이 높다. 그리고 비용절감을 추구하는 기업의 입장에서는 갈수록 그러한 일시계약직의 활용을 늘려갈 것이기 때문에 이들의 노동권이 보호되지 않으면, 고용의 양극화는 더욱 더 심화될 것이다. 그리고 일시계약직 활용이 확대될수록 기존 정규직과 비정규직의 노동권도 갈수록 제약을 받게 될 것이다.

고용의 소득분배 기능이 갈수록 악화되고 있는 상황에서 그에 대한 대비를 하지 않으면 경제의 지속적 성장을 기대할 수 없다. 양극화로 인한 사회적 갈등과 불안정도 심화될 수밖에 없다. 이를 획기적으로 보완해줄 수 있는 새로운 소득재분배 메커니즘을 구축해야 한다. 완전고용이 정책의 목표가 되기 어려운 4차 산업혁명 시대에 소득재분배는 복지 차원을 넘어 경제의 선순환을 위한 핵심 메커니즘 차원에서 고려해야 한다. 유럽 선진국가들이 기본소득제(basic income)에 관심을 갖고 공론화하는 배경 중 하나도 이 때문이다.

사생활보호 안전장치 강화

디지털 정보통신 인프라가 발전할수록 디지털 네트워크에 연결되어

24 "The Gap Widens Again," *The Economist*, 2012-3-10.
25 Saez, E., 2013. "Striking It Richer: The Evolution of Top Incomes in the United States," University of California, Berkeley.

있는 개인들의 개인정보가 본인들의 의도와 상관없이 네트워크에 쌓여가고 있다. 앞으로 사물인터넷이 발전하면 개인들의 일상생활 패턴까지 볼 수 있는 촘촘한 정보들이 기하급수적으로 쌓여갈 것이다. 그리고 고도로 진화한 인공지능은 그렇게 쌓인 빅데이터를 다각도로 분석하여 특정 목적에 사용할 것이다. 기술적으로는 조지 오웰(George Orwell)의 소설 『1984』에 나오는 빅브라더(big brother)가 모든 개인들을 감시하는 사회가 도래할 수 있는 조건이 갖춰진 셈이다. 기술진보가 그러한 방향으로 전개된다면, 인간에게 더 많은 자유와 행복을 가져다 주는 유토피아 대신 인간을 디지털 원형감옥(digital panopticon)에 가두는 디스토피아를 초래할 것이다. 기술의 진보가 인류의 번영을 증진하는 방향으로 일어나게 하려면, 디스토피아를 초래할 위험성을 사전에 철저하게 예방해야 한다. 기술진보의 위험성에 대한 예방장치를 철저히 마련할수록 국민들이 4차 산업혁명을 긍정적 관점에서 반기게 될 것이다.

6. 맺음말

4차 산업혁명이 일자리에 미치는 파급효과에 대해 비관적 예측만 있는 것은 아니다. 앞에서 소개한 예측들은 현존하는 직업들이 4차 산업혁명의 진전으로 얼마나 쉽게 자동화될 수 있는지를 기준으로 예측한 것들이다. 그리고 새로 생길 직업들에 대한 예측도 현 단계의 기술발전을 고려하여 우리가 상상할 수 있는 범위를 크게 벗어나지 않는다. 즉, 4차 산업혁명의 진전에 따라 완전히 새로운, 현재로서는 우리가 상상할 수 없는 직업들을 예측에 담아내지 못한 한계를 안고 있다.

오토(Autor) 교수는 기계와 인간 사이의 상호보완성을 강조한다[26]. 그는 대부분의 일이 바람직한 결과를 내기 위해서는 기계와 인간이 함께 수행할 수 밖에 없다고 얘기한다. 명료한 절차를 따라 수행하는 일이라든지 체계적 기록으로 전달이 가능한 지식, 즉 명시지(discrete knowledge)를 활용하여 처리하는 일은 비교적 지능형 기계가 대체하기 수월하다. 그러나 개인 안에 내재화되어 있지만 문서화하기 어려운 지식, 즉 암묵지(tacit knowledge)에 기반하여 처리해야 할 일은 지능형 기계가 대체하기 어렵다. 그렇기 때문에 어떤 업무는 지능형 기계가 더 효과적으로 잘 수행하고, 나머지 다른 업무는 인간이 더 효과적으로 수행할 수 있다. 이는 인간과 상호보완성을 가진 지능형 기계가 광범위하게 사용되면 될수록 더불어 인간이 할 일들도 새로 생겨날 수 있음을 의미한다. 그는 지능형 기계의 사용을 통해 일련의 업무에서 생산성이 향상되면 인간이 잘 할 수 있는 나머지 업무들의 경제적 가치가 필연적으로 증대될 것이라고 전망한다. 규칙적인 일들을 지능형 기계가 감당해준다면 인간은 보다 더 창의적인 일들에 몰두할 수 있을 것이라는 입장이다.

위와 같은 입장에서 팀 오레일리(Time O'Reilly)도 만약 지능형기계와 자동화가 인간의 일자리를 빼앗는 결과를 가져온다면, 그것은 인간의 상상력 부족과 보다 나은 미래를 만들겠다는 의지 부족 때문이라고 일갈한다[27]. 물론 그도 신기술을 통해 비용을 절감해서 이윤을 키우려는 기업가들과 기업들이 너무 많아 신기술이 일자리를 대체하는 방향으로 활용될 가능성이 높다는 점을 지적한다. 그렇지만 그는 우리가 기술발전을 두려워하기보다는 오늘날 인류가 안고 있는 문제들을 해결할 수 있는 기회로

---

26 Autor, D., 2014. "Polanyi's Paradox and the Shape of Employment Growth." *Working Paper No. 20485*, National Bureau of Economic Research, Cambridge, MA.

27 Time O'Reilly, "Don't Replace People. Augment Them," 2016-7-17. https://medium.com/the-wtf-economy

인식하고 새로운 기술발전을 활용하여 해결할 수 있는 것들이 무엇인지 진지하게 생각해볼 것을 촉구한다.

분명 우리는 4차 산업혁명의 파급효과에 대해 과도하게 비관적으로만 생각할 필요는 없다. 능동적으로 새로운 기술혁명을 이끌어간다면 일자리 측면에서도 긍정적 효과를 기대할 수 있다. 그러나 그러한 긍정적 효과는 자연적으로 오지 않는다. 4차 산업혁명을 수동적으로 맞이할 경우에는 비관적 예측이 현실화될 가능성이 훨씬 더 크다. 따라서 우리 사회가 비관적 예측에 대해 철저히 대비하는 것은 곧 긍정적 효과를 극대화하기 위한 필요조건이라 할 것이다. 4차 산업혁명이 몰고 올 거대한 변혁의 물결에 대응하기 위한 대응책 마련이 절실히 요구된다. 불연속적 대변혁기를 산업화 시대의 사회경제운용 패러다임으로 대응할 수는 없다. 새 포도주는 새 부대에 담아야 한다.

GE로부터 촉발된 미국 제조업의 4차 산업혁명

송재용(서울대 경영대학 아모레퍼시픽 석학교수)

1. 들어가는 글: 21세기 제조업, 다시 미국이 주도하는가?

필자는 2014년 초 GE 전체 임원 워크숍인 글로벌 리더십 미팅의 기조 강연자로 초청받아 이멜트 회장 등 GE 사장단과 만찬을 한 적이 있다. 이 자리에서 이멜트 회장은 사물인터넷, 빅데이터, 인공지능, 클라우드 컴퓨팅 등 급격히 부상하고 있는 새로운 IT와 로봇 기술, 3D 프린터 기술 등을 미국이 주도함으로써 20세기 후반 쇠퇴의 길을 걷고 해외로 이전되었던 미국 제조업이 화려하게 부활할 것이라는 강한 자신감을 피력하였다. 여기에 더해 그는 미국이 주도하는 세일 가스 기반의 에너지 혁명과 생산

송재용　서울대 경영대학 아모레퍼시픽 석학교수. Columbia대, 연세대 교수를 역임했고, Financial Times top 50 저널과 UTD top 24 저널 리스트에 공히 등재된 경영학 분야 top 저널인 Journal of International Business Studies (JIBS)의 에디터이다. 한국경영학회 중견경영학자상, 미국경영학회, 유럽국제경영학회 최우수논문상을 수상하였다. Management Science, Organization Science, Strategic Management Journal, JIBS, Research Policy, Harvard Business Review, California Management Review 등 경영 분야 톱 저널에 논문을 다수 게재했다. 저서 『삼성웨이』는 전진기언론문화상을 수상했고, McGraw Hill 출판사 등을 통해 전세계에서 번역 출판되어 세계적 베스트셀러가 되었다. 저서 『스마트경영』은 SERI-CEO 추천도서로 선정되며 4만권 이상 판매되어 베스트셀러가 되었다.

공장의 미국 이전을 위한 미국 정부의 강력한 리쇼어링(reshoring) 정책, 그리고 중국의 인건비를 비롯한 각종 비용 증가 등으로 인해 GE가 중국으로 내보냈던 온탕기 공장을 미국으로 이전했다며 향후 건설하는 첨단 제조업 공장은 주로 미국에 건설하겠다는 의지를 피력하였다.

그때 이멜트 회장이 언급한 바와 같이 사물인터넷, 빅데이터, 인공지능, 클라우드 컴퓨팅 등 IT의 새로운 패러다임이 제조업과 접목되고 여기에 최근 급속히 발전하고 있는 로봇 기술과 3D 프린터 기술이 더해져서 4차 산업혁명 (Industry 4.0)이라고도 불리는 제조업 혁명이 급격히 부상하고 있다. 3차 산업혁명에서는 생산 공정간 수직, 수평적 분리와 제한된 정보 교환 등으로 부분별 최적화 실현에 그쳤지만, 4차 산업혁명에서는 생산 공정의 모든 단계에서 사물 인터넷 등 IT 기술을 기반으로 한 완전한 정보 교환과 시스템 통합이 가능하기에 전체 공정의 최적화를 통한 생산성 향상을 도모한다. GE를 필두로 한 미국 제조업체들은 이러한 4차 산업혁명을 선도하기 위해 스마트 공장으로의 변신과 제조와 서비스, 솔루션을 결합시키는 비즈니스 모델 혁신을 동시에 추구하고 있다.

2. GE의 제조업 혁명 사례

2015년 9월 이멜트 회장은 디지털 산업 기업 (digital industrial company) 이라는 새로운 비전을 선포하고 2020년까지 세계 10대 소프트웨어 회사로 등극하겠다는 목표를 제시했다. 이러한 새 비전의 중심에는 사물인터넷 개념을 GE의 인프라와 산업 기술 분야에 접목시키는 산업 인터넷 기반 비즈니스 모델 혁신이 자리잡고 있었다. GE의 산업 인터넷 기반 비즈니스 모델 혁신은 2010년대 들어와 새로이 시도되었는데, 발전설비, 항공기 엔진, 의료 장비, 철도 차량 등 GE의 주력 제품에 디지털 센서를 부착하고 빅데이터 및 클라우드 기반 소프트웨어 역량을 강화하여 고객 맞춤형 솔루션을 제공하는 것이 그 핵심이었다. 이를 통해 설비 유지보수 비용 및 인건비 절감, 고장 확률 감소 및 장비 활용도 증가 등의 형태로 고객의 성과가 증진되면 고객 성과 증진분의 일부를 GE가 추가 수익으로 확보하는 새로운 비즈니스 모델이다.

이를 위해 GE는 2조원 이상의 자금을 투입하여 실리콘 벨리에 대규모 소프트웨어 센터를 만들고, 2015년 9월에는 GE Digital이라는 전사 조직을 신설하여 회장이 직접 관장하면서 산업 인터넷 및 소프트웨어 역량 강화에 박차를 가하고 있다. GE 디지털에는 2015년 말 현재 약 1만4천 명의 소프트웨어 개발자와 3만 명의 디지털 관련 직원들이 속해 있다. 이러한 노력이 결실을 맺어 2014년에는 세계 최초의 산업 클라우드 솔루션 '프레딕스 클라우드 (Predix Cloud)'를 출시했다. 이처럼 그룹 차원에서 집중적인 인큐베이션을 함으로써 2015년에는 GE의 산업인터넷/소프트웨어 관련 사업 규모가 50억 달러가 좀 넘었지만 2020년에는 200억 달러 규모의 사업으로 키우는 것을 목표로 하고 있다.

GE는 3D 프린터도 제품 개발과 제조 공정에 적극적으로 도입하기 시작하였다. 예를 들면, GE는 연료 인젝터 등 제트엔진 연소 시스템의 부품을 3D 프린터로 만들기 시작했다. GE에 따르면 세라믹 주형을 사용한 경우보다 정밀하게 제조할 수 있는 데다가 기술적으로 효율적이며 원가도 절감되었다고 한다. GE는 항공기 엔진 부품 이외에도 터빈 엔진 제조나 초음파 변환기 등 다양한 영역으로 3D 프린터의 활용을 급속히 늘려 가고 있다.

이러한 가운데 GE는 해외에 만들었던 공장을 미국으로 이전시키거나 신설 공장을 미국에 건립하는 형태로 리쇼어링을 강화하고 있다. 2012년

6월, 1억7천만 달러 규모의 산업용 배터리 공장을 미국에 지었고, 2012년에는 중국에 있던 온탕기 공장과 멕시코에 있던 가전 공장을 미국으로 옮겨 왔다. GE에 의하면 정부의 리쇼어링 인센티브 제공과 함께 중국의 인건비 등 각종 비용 상승으로 인한 오프쇼어링 매력 상실, 고객 니즈에 대한 보다 신속한 대응 필요성 증대 등이 겹쳐서 리쇼어링으로 방향을 전환하고 있다. 여기에 더해 위에서 밝힌 IOT와 3D 프린터, 로봇을 적극 접목시킨다면 미국에서 제조해도 충분히 원가 경쟁력이 있고 오히려 미국 시장 수요에 신속하고도 유연하게 대응할 수 있다는 판단이 리쇼어링의 주요한 배경이 되고 있다.

3. IOT 기반 제조업 혁명

GE 사례에서 보듯이 미국의 제조업 혁명에서 최근 가장 주목할 만한 트렌드 중 하나는 IOT와 빅데이터, 클라우드 컴퓨팅, 인공 지능 등 IT를 접목하여 스마트 팩토리를 구축하고 제조와 서비스/솔루션을 결합시키는 비즈니스 모델 혁신을 도모하는 것이다. 예를 들어 모터사이클 회사로 유명한 할리 데이비슨은 최근 매스 커스터마이케이션 (mass customization)을 IOT로 실현하는 스마트 팩토리를 미국에 구축하였다. IOT를 통해 수주, 부품수요관리, 생산계획, 재고관리, 생산진척관리, 배송 관리와 같은 일련의 공급망 전체를 하나로 연결한 것이다. 이를 바탕으로 고객의 발주가 확정되면, 1대를 조립하는데 필요한 모든 부품리스트(부품수요)가 바로 입력되어(고객사양, 수요관리) 생산계획에 반영(생산지시, 작업지시)되며, 필요한 부품의 재고확인과 부품수배(재고관리)가 이루어지고 생산(진척관리)이 유기적으로 이어짐으로써 86초에 1대를 생산할 정도로 생산 속도를 끌어 올렸다. 또한 소프트웨어가 페인트 공정에 있는 환풍기의 속도 등 생산 세부 사항들의 기록을 수집, 분석하여 환풍기의 속도, 온도, 습도나 다른 변수가 기존에 설정된 값과 달라질 경우에 자동적으로 기계를 조정하도록 하였다.

4. 로봇과 3D 프린터 기반 제조업 혁명

IOT 기반 제조업 혁명과 함께 로봇 기반 제조업 혁명도 자동차산업 등을 중심으로 급속히 진행되고 있다. 미국 자동차 업체들은 자동화된 산업용 로봇을 1960년대부터 생산 라인에 도입하였지만 최근 IT 기술을 접목시켜 한 단계 업그레이드를 시키고 있다. 포드의 경우 2013년 이후 Escape 제조 시 레이저와 카메라를 통해 '눈'을 장착한 로봇을 활용하고 있는데, '눈' 달린 로봇은 생산과정에서 자동차마다 나타나는 오차를 로봇이 보고 적응함으로써 보다 정밀한 조립을 가능하게 하였다. 제네럴 모터스(GM)는 한 걸음 더 나가 IOT와 클라우드 컴퓨팅을 로봇과 결합한 새로운 유형의 connected factory라고 불리는 공장을 선보였다. 즉 로봇 전문 제조업체인 Fanuc, 자동화 장비 제조솔루션 전문업체 Rockwell Automation와 협력하여 공장에 로봇을 보다 적극적으로 도입하고, 로봇을 통해 수집된 데이터를 시스코와 협력하여 구축한 클라우드로 전송함으로써 제조과정에서 발생하는 문제를 예측하여 공장 중단시간을 획기적으로 줄일 수 있었다.

최근 미국이 주도하고 있는 제조업 혁명의 또 다른 유형은 3D 프린터를 기반으로 하고 있다. 예를 들어 포드는 시제품 제작(프로토타입)단계에서 3D 프린팅을 적극 활용함으로써 10주 가량 소요되던 금속 프로토타입을 하나의 기계로 일 주일에 수백 개까지 생산할 수 있었으며, 재료 낭비도 줄일 수 있었다.

5. 리쇼어링 트렌드

이처럼 미국 기업들이 제조업 혁명을 주도하고 세일 가스를 기반으로 한 미국 발 에너지 혁명이 가속화되는 상황에서 오바마 행정부는 해외로 나간 제조업의 미국으로의 유턴을 촉진하기 위해 각종 인센티브를 제공하면서 리쇼어링 정책을 강력히 펼쳐 왔다. 그 결과 GE를 비롯한 미국 제조업체들은 속속 해외로 갔던 공장을 미국으로 되돌리고 있으며, 첨단 제조업 분야를 중심으로 신공장을 해외가 아닌 미국에 건립하는 경향이 부쩍 강화되고 있다. 애플의 경우 2012년 맥북 제조 공장 설립을 위해 약 1억 달러를 미국 텍사스 주에 투자하기로 결정하였다. 제록스의 경우에도 미국 정부의 강력한 인센티브에 힘입어 뉴욕 주에 2개 공장을 신설하기 위해 3500만 달러를 투자하였다. 또한 세일가스를 활용하기 위해 화학, 비료 업체들도 미국에 공장을 다시 건설하기 시작하였다.

6. 제조업 혁명과 리쇼어링을 권장하는 정부 정책

이와 같은 미국발 제조업 혁명과 리쇼어링을 통한 미국 제조업의 부활 움직임은 민간 부문의 이니셔티브와 함께 금융위기 이후 제조업의 중요성을 다시 인식한 미국 정부의 정책적 이니셔티브에 기인한 것이다. 미국 정부는 제조업 경쟁력 저하와 해외로 공장이 이전하는 오프쇼어링

(offshoring)으로 인해 무역수지 적자 및 일자리 감소가 심화되었다고 판단하였고, 미국의 경기회복을 위해서는 제조업의 부활이 절실하다고 판단하였다. 이에 따라 미국 정부는 2012년 7월, 첨단 제조업에서 국내 경쟁력 강화 방안을 담은 대통령 보고서에서 최초로 첨단 제조업 파트너십(advanced manufacturing partnership) 추진을 언급하였고, 제조업 혁명을 위한 R&D 예산을 2013년부터 본격적으로 증액하였다. 또한 백악관의 과학기술자문위원회와 국가과학기술위원회를 중심으로 첨단 제조 전략을 수립하고 이를 실행하기 위한 추진 체계를 구축하였다. 또한 위에 언급한 바와 같이 오바마 정부는 리쇼어링을 위한 각종 인센티브를 기업들에게 제공하였다.

7. 결론

미국이 주도하고 있는 IOT, 클라우드 컴퓨팅, 빅테이타, 인공지능, 로봇, 3D 프린터 등 새로운 기술을 활용한 제조업 혁명의 물결은 점점 더 거세질 것이다. 여기에 세일가스 기반 에너지 혁명과 미국 정부의 강력한 정책적 드라이브에 힘입은 리쇼어링 트렌드로 인해 미국 제조업의 부활도 예견되고 있는 상황이다. 이러한 미국 제조업체들의 발 빠르면서도 과감한 변신 노력에 비해서 전통적으로 제조업에 강점을 가지고 있었던 한국 기업들의 변신 움직임은 상대적으로 더딘 것이 심히 우려되는 상황이다. 따라서 한국 기업들은 GE 등 미국 기업들의 제조업 혁명추진 전략을 적극 벤치마킹 하여 신속히 4차 산업혁명에 동참할 필요가 있다. 정부도 기업들의 스마트 팩토리 구축과 비즈니스 모델 혁신, 리쇼어링을 정책적으로 적극 지원할 필요가 있다.

제4차 산업혁명과 기업가정신

이승주(KDI 국제정책대학원 교수)

1. 들어가는 글

'4차 산업혁명'이 세계적 화두로 떠오르고 있다. 2016년 다보스포럼의 핵심 주제로 선정된 '4차 산업혁명'은 향후 세계 산업의 패러다임을 근본적으로 바꿀 새로운 변화의 물결로 주목 받고 있다. 미국, 독일, 일본 등 선진국들은 4차 산업혁명의 변화를 선도하고 미래 기술을 선점하기 위해 분주하게 움직이고 있다. 최근 저성장의 늪에 빠져 있는 한국 경제에 있어서 4차 산업혁명은 위기이자 새로운 도약을 위한 기회가 될 수 있다. 이 글에서는 4차 산업혁명의 기회와 도전, 그리고 이에 대응하기 위한 기업가정신 및 정부정책에 대해 논의해 본다.

이승주 KDI 국제정책대학원 교수이고, 동 대학원의 교학처장, 대외협력처장, 지식협력소장, 개발연수실장등의 직을 수행하였다. 연구 및 강의분야는 경영전략, 기업가정신, 리더십, 한국기업 사례연구 등이고, 주요 저서로 '경영전략 실천매뉴얼', '전략적 리더십' 등이 있다. 맥킨지 서울 사무소 컨설턴트, 정부투자기관 평가위원, LG생활건강, SBS, 한국기업평가, 한온시스템 사외이사로 활동했다.

2. 4차 산업혁명의 기회와 도전

4차 산업혁명은 인공지능(AI), 사물인터넷(IoT), 빅데이터, 3D 프린팅, 나노.바이오 기술 등의 급속한 발달과 융합에 의한 생산방식의 혁신 및 새로운 사업기회의 창출을 의미한다. 4차 산업혁명은 급속하고 광범위하며 우리의 삶과 일하는 방식을 근본적으로 바꿀 수 있다는 것이 전문가들의 예측이다. 독일 인공지능 연구소에 의하면, 1차 산업혁명은 수력 및 증기기관과 방적기의 발명으로 인간의 육체노동을 기계로 대체하였고, 2차 산업혁명은 전기 에너지의 도입과 컨베이어 벨트에 의한 대량생산체제의 구축을 통해 생산성의 획기적인 향상을 이룩하였다. 3차 산업혁명은 컴퓨터 및 IT 기술의 발달로 디지털화 및 자동화된 생산시스템을 구축하였으며, 4차 산업혁명은 IT 기술과 제조업의 융합으로 사이버 세계와 물리적 세계를 네트워크로 연결하고 상호 소통하는 사이버 물리시스템(Cyber-Physical System)을 구축하여 생산공정의 효율화, 유연화 및 최적화를 이룩하는 것을 의미한다. 저성장, 고령화 및 중국, 인도 등 신흥국의 빠른 추격으로 위기의식을 느낀 독일은 '인더스트리 4.0'을 통해 생산성을 획기적으로 개선하고 투자를 유발해 양질의 일자리를 창출하고 제조업을 부활하겠다는 의지를 갖고 있다.

4차 산업혁명은 IT기술 및 디지털혁명의 기반 위에서 다양한 기술의 융합을 통해 상승효과가 나타날 것으로 보고 있다. 그렇다면 4차 산업혁명을 주도할 핵심 기술은 무엇인가? 맥킨지는 2025년까지 인류의 삶을 급진적으로 변화시킬 수 있는 '파괴적 기술' 12 가지를 다음과 같이 제시하였다.

1. 모바일 인터넷(Mobile internet)
2. 지식업무 자동화(automation of knowledge work)
3. 사물인터넷(IoT: Internet of Things)

4. 클라우드 기술(Cloud technology)
5. 첨단로봇(Advanced robotics)
6. 자율주행 자동차(Autonomous vehicles)
7. 차세대 게놈학(Next-generation genomics)
8. 에너지 저장기술(Energy storage)
9. 3D 프린팅(3D printing)
10. 첨단소재(Advanced materials)
11. 차세대 오일.가스 채굴(Oil and gas exploration)
12. 신재생 에너지(Renewable energy)

맥킨지는 이들 12가지 기술이 2025년까지 가져올 경제적 파급효과를 14조에서 33조 달러로 추정하였다. 사물인터넷 시장은 공장, 도시, 건강, 소매, 물류, 가정, 오피스 등 다양한 분야에 적용되면서 2025년 최대 11.1조 달러로 급성장할 전망이다. 공장에 IoT 도입은 모든 생산공정을 통합적으로 관리하는 스마트 팩토리(Smart Factory)로의 전환을 의미한다. 다양한 기기 및 설비에 센서를 부착해 정보를 중앙에서 수집, 분석하고 실시간 설비 모니터링, 에너지 소비량 및 환경 오염도 파악 등 공정의 최적화 및 에너지 효율화를 이룩할 수 있다.

인공지능(AI)은 빅데이터 및 IoT와 결합하여 4차 산업혁명을 주도할 핵심 기술로 부상하고 있다. 인공지능과 기계학습(machine learning)의 발달은 컴퓨터에 학습능력을 부여하고 스스로 판단하고 예측할 수 있는 능력을 갖게 하여, 종전엔 불가능하다고 여겨졌던 복잡한 의사결정까지 할 수 있게 한다. 따라서 회계, 법률, 주식 투자, 의료 진단 등 고도의 전문직 분야에서도 지적 소프트웨어에 의한 지식업무의 자동화가 이루어질 수 있다. 구글, 페이스북, 바이두 등 글로벌 IT기업들은 인공지능 기술 개발에 심혈을 기울이고 있으며, 인공지능 기술의 확산은 고용구조의 변화 및 새로운 사회적 규범에 대한 필요성을 초래하고 있다.

자율주행 자동차는 인공지능, 센서, 카메라, GPS 등 다양한 기술이 결합된 첨단제품으로서, 구글, 애플, 삼성 등 많은 기업들이 관심을 갖고 있어 기술개발이 빠른 속도로 진행되고 있다. 자율주행 자동차의 보급에 따라 교통사고 감소, 교통혼잡 완화, 이산화탄소 배출 감소, 주행 중 업무수행으로 생산성 향상 등의 효과가 기대된다. 맥킨지 분석에 의하면, 자율주행 자동차는 교통사고율을 90% 감소시킬 수 있으며, 이로 인해 절감할 수 있는 교통사고 관련 비용은 약 209조원으로 추정된다. 자율주행 자동차 사용자는 하루에 절약된 약 25분의 시간을 인터넷 검색이나 온라인 쇼핑에 사용할 경우 약 154조의 매출을 창출할 것으로 예상된다.

3D 프린팅은 3차원 설계 데이터를 이용해 실제 물체를 원형에 가깝게 제조할 수 있는 미래 유망기술이다. 제품설계만 있으며 전통적인 생산과정을 생략하고 곧바로 맞춤형 생산을 할 수 있기 때문에 시제품 생산 및 물류비용의 획기적인 개선이 가능하다. 지금까지 제품설계 및 시제품의 소량생산에만 활용되었지만, 앞으로 재료의 범위가 확대되고 설비 가격이 인하되면서 활용도가 보다 넓어질 것으로 예상된다. 3D 프린팅 기술은 바이오 및 나노 기술 등과 접목되어 사람의 줄기세포를 3D 프린팅 방식으로 제작하는 이른바 '바이오 프린팅' 기술도 조만간 가시화 될 것으로 보고 있다.

4차 산업혁명은 생산성 향상 및 삶의 질 개선 등 긍정적인 면뿐만 아니라 인공지능, 로봇 등에 의한 노동대체로 일자리가 줄어들고 사회적 불평등과 소득 격차를 심화시킬 수 있다는 우려도 있다. 다보스포럼에서 발표한 '일자리의 미래' 보고서는 2015에서 2020년 사이에 200만개의 새로운 일자리가 창출되는 반면 710만개의 일자리가 없어질 것으로 예상했다. 소멸되는 일자리 중 2/3는 상대적으로 여성 근로자가 많은 사무직과 행정직에서 발생하는 반면 새로운 일자리는 여성 진출이 적은 수학, 컴퓨터, 건축, 공학 관련 분야에서 창출될 것으로 보고 있다. 클라우스 슈밥 세계경제포럼(WEF) 회장은 "4차 산업혁명은 자본과 재능 및 전문지식을 가진 자에게 유리하지만 단순 서비스 근로자에게는 불리할 수 있으며, 장기적으로 중산층 붕괴로 이어질 경우 민주주의에 심각한 위협이 될 수 있다"는 견해를 피력하였다. 4차 산업혁명은 인류에게 새로운 기회와 함께 다양한 사회적, 윤리적 문제를 제기하고 있으며, 이를 슬기롭게 해결할 수 있는 인류 공동체의 노력이 요구된다.

3. 기업가정신의 중요성

4차 산업혁명의 전환기에 새로운 사업기회를 발굴하고 일자리를 창출하기 위해서는 무엇보다도 기업가정신(entrepreneurship)이 중요하다. 아무리 기술이 발달하여도 기술은 인간을 위해 존재하는 도구이며, 새로운 기술과 지식을 활용하여 고객가치 및 일자리를 창조하는 역할은 기업가의 몫이라고 볼 수 있다. 기업가정신은 경제성장, 혁신 및 일자리 창출의 원동력으로서, 노동, 자본, 기술에 더하여 제4의 생산요소로서 간주되고 있다. 구소련은 세계 최초로 유인 우주선을 발사할 정도로 기술수준이 높았지만, 지식과 기술을 사업화하고 생산적 활동으로 연결시킬 수 있는 기업가정신의 부재로 미국의 경제발전 수준에 이르지 못하였다.

슘페터(Schumpeter)는 기업가정신을 기술혁신과 창조적 파괴(creative destruction)를 통해 경제발전을 이끄는 중요한 원동력으로 보았다. 슘페터는 기업가를 새로운 조합(new combination)을 통해 기존의 균형과 틀을 깨고 변화를 이끌어내는 혁신가(innovator)로 보았으며, 혁신의 유형을 다음의 다섯 가지로 분류하였다. 1) 새로운 제품의 개발, 2) 새로운 생산방식의 도입, 3) 새로운 시장의 개척, 4) 새로운 원료나 공급선의 확보, 5)새로운 조직의 구성. 커즈너(Kirzner)는 기업가정신을 시장의 아직 발견되지 않은 기회를 인식하고 포착하는 행위로 보고, 기회발견 및 포착을 통해 기존 시장의 비효율성을 개선시키는 역할을 수행한다고 보았다. 피터 드러커(Peter Drucker)는 기업가정신의 본질을 혁신의 추구로 보고, 기업가란 '변화를 탐구하고, 변화에 대응하며 또한 변화를 기회로써 이용하는 사람'으로 정의하였다.

21세기 4차 산업혁명 시대에 요구되는 기업가정신은 무엇인가? 기업가정신의 본질인 1) 기회인식 및 포착, 2) 창의적 사고와 혁신 추구, 3) 위험감수 및 도전정신 등은 변함 없이 요구될 것이지만, 여기에 추가로 다음과 같은 핵심역량이 요구된다.

첫째, 새로운 기술에 대한 전문지식을 바탕으로 기술동향을 예측하고, 기술 패러다임 전환기에 과감하게 투자할 수 있는 결단력.

둘째, 업종간 경계를 넘는 다양한 기술간의 융합을 통해 고객에게 새로운 가치를 창조하고 경쟁사와 차별화된 혁신적인 비즈니스 모델을 설계할 수 있는 능력.

세째, 다양한 이해관계자들과 협력할 수 있는 개방형 네트워크 및 기업 생태계를 구축하고 오픈 이노베이션을 추진할 수 있는 능력.

네째, 사업 초기단계부터 글로벌화를 지향하고 전세계적 관점에서 기회를 발굴하고 포착하며 인력, 자금을 세계 시장에서 동원할 수 있는 능력.

다섯째, 현상에 안주하지 않고 끊임없이 혁신을 추구하며, 실패를 통해 학습하고 재도전할 수 있는 강인한 의지 및 복원력.

생산방식의 혁신을 통해 2차 산업혁명을 개척한 헨리 포드(Henry Ford)는 기업가정신의 좋은 모델이라고 볼 수 있다. 당시의 자동차는 수공업 형태의 주문생산으로 제작돼 가격이 비싸고 소수 부유층의 전유물이었다. 포드는 일반 서민들에게도 마차 대신 기동력이 뛰어난 자동차를 저렴한 가격에 보급하겠다는 꿈을 갖고 1903년 자신의 회사를 설립하였다. 포드는 정육점의 컨베이어 벨트에서 아이디어를 얻어 세계 최초로 컨베이어 시스템을 자동차 생산 공정에 도입하고 설계 단순화, 부품 표준화 등 혁신적인 대량생산방식을 통해 생산 시간을 1/6로 단축하고 원가를 대폭적으로 절감하였다. 1908년 처음 출시된 '모델 T'는 1928년 생산이 중단될 때까지 1,500만대 이상의 판매기록을 세우고 포드에게 막대한 이익을 가져다 주었다. 포드는 노동자도 소비의 주체가 돼야 한다고 믿고, 최저 임금을 100% 인상하여 일당 5달러로 정하고, 근로시간은 10시간에서 8시간으로 단축하였다. 포드의 비전과 기회인식, 발상의 전환, 종업원을 위한 배려 등은 오늘날에도 귀감이 되는 기업가정신의 좋은 교훈이라고 생각된다.

3차 산업혁명을 대표하는 기업가로서 빌 게이츠와 스티브 잡스를 들 수 있다. 두 사람은 자라난 환경은 크게 달랐지만 컴퓨터의 대중화라는 시대적 흐름을 읽고 서로 경쟁하면서 컴퓨터 및 정보화 시대를 열어갔다. 빌 게이츠는 하버드 대학을 중퇴하고 1975년 폴 앨런과 마이크로소프트를 설립하였고, 스티브 잡스는 스티브 워즈니악과 1976년 애플을 창업하였다. 빌 게이츠는 1981년 개인용 컴퓨터의 운영체제 DOS를 성공적으로 개발하고 1995년 윈도우95를 출시해 대성공을 거두었으며, 윈도우 및 워드 등 소프트웨어 개발을 통해 세계 PC 시장을 지배하게 된다. 37세에 세계 최고의 부자가 된 빌 게이츠는 빌 & 멜린다 게이츠 재단을 설립하고 거액을 기부하는 등 자선사업에 몰두하고 있다. 잡스는 자신이 만든 애플에서 쫓겨나기도 했지만 결국 다시 애플로 돌아와 아이팟, 아이폰, 아이패드로 이어지는 애플 신화를 만들어 세상을 놀라게 했다. 잡스는 소비자의 변화하는 취향을 정확히 파악하면서 기술과 디자인 및 비즈니스 모델의 끊임없는 혁신을 추구하면서 소비자들의 열광적인 지지를 받았다. 특히 잡스의 열정과 도전의식, 그리고 실패를 통해 학습하고 재도전하는 불굴의 의지는 기업가정신의 좋은 모델이라고 생각된다.

한국형 기업가정신의 대표적 사례로 현대 그룹을 세운 정주영 회장을 꼽을 수 있다. 정주영은 가난한 농부의 아들로 태어나 학교 공부도 부족하고 가진 돈도 없었지만, 어떤 문제라도 해결할 수 있다는 강한 의지와 자신감을 갖고 무에서 유를 만들어냈다. 한국 역사상 최초로 해외건설 프로젝트를 수주하여 태국의 고속도로 공사를 맡게 되었으나 현지사정에 대한 경험부족으로 큰 손실을 보게 되었다. 그러나 이때의 경험을 바탕으로 국내 최초로 경부고속도로 건설에 착공하여 세계 고속도로사상 가장 빠른 공기로 전 공정의 5분의 2를 완성하였다. 조선사업 진출 시 모두가 불가능하다고 여겼지만 공사도 시작하지 않은 상황에서 거북선이 그려진 지폐 한 장만으로 선박을 수주한 일화는 무에서 유를 창조한 정주영의 배짱과 뚝심을 잘 보여주고 있다. 열사의 중동에서 건설사업을 할 때 대다수의 사람들이 너무 더워서 일을 못한다고 하자, 정주영은 "더우면 낮에 쉬고 밤에 작업하면 되지 않느냐"며 안 되는 이유보다는 되는 이유를 먼저 찾도록 임직원을 독려하였다. 정주영은 불굴의 도전정신으로 시련과 역경을 헤치고 한국의 근대화를 선도한 한국의 대표적인 기업가로 평가된다.

삼성그룹을 일군 이병철 회장의 기업가정신도 한국의 경제발전 및 산업구조 고도화에 중요한 역할을 하였다. 이병철은 1938년 삼성상회를 설립한 후 한 업종에 안주하지 않고 소비재, 금융, 유통, 방송, 전자, 중화학, 반도체 등 끊임없이 미개척지를 찾아 사업영역을 넓혀 나갔다. 이병철은 국내 최초의 사원 공개채용 제도를 시행하여 우수한 인재를 기용하고, 일단 채용하면 믿고 맡기는 책임경영의 원칙과 신상필벌의 원칙을 철저히 적용하였다. 이병철은 제일제당이나 제일모직의 상호제정에서 보는 바와 같이 철저하게 1등을 해야 한다고 생각하였으며, 인재 제일주의와 합리주의 정신을 강조하였다. 그는 끊임없이 독서하고 전문가의 의견을 경청하였으며 미래를 내다보는 통찰력을 연마하였다. 1969년 전자산업에 진출하고 1983년 주위의 만류에도 불구하고 첨단기술 및 대규모 투자가 요구되는 반도체 사업에 진출하여 오늘날 삼성전자를 세계적인 기업으로 도약하는데 발판을 만들었다. 이와 같이 이병철은 전환기마다 시대가 요구하는 새로운 업종을 개척하는데 성공하였으며, 미래 지향적인 통찰력과 결단력 및 변신성을 통해 한국 최고의 기업집단을 만들어 냈다.

4. 우리나라 기업가정신의 현황과 문제점

지금까지 4차 산업혁명의 의의와 기업가정신의 중요성에 대해 살펴 보았다. 그렇다면 우리나라는 4차 산업혁명에 대한 준비가 얼마나 잘 되어 있는가? 스위스 최대 은행 UBS의 보고서에 의하면, 4차 산업혁명에 가장 잘 적응할 국가 순위에서 한국은 25위로 평가되었다. UBS는 노동시장 유연성, 법적 보호, 기술수준, 교육시스템, 사회간접자본 등 5개 항목을 평가하였는데, 우리나라는 교육시스템(19위), 사회간접자본(20위), 기술 수준(23위) 등에서 상대적으로 높은 평가를 받았으나, 노동유연성(83위)과 법적 보호(62위)에서 상대적으로 낮은 평가를 받았다. 한국의 GDP 대비 연구개발비 비중은 4.29%로 세계 1위 수준이나, 4차 산업혁명을 주도할 인공지능, 소프트웨어, 무인자동차, 로봇, 바이오, 나노 등 핵심 기술은 선진국 대비 뒤처져 있는 것이 현실이다. 한국의 인고지능 기술 수준은 최고기술국인 미국 대비 75% 수준으로 평가되고 있으며, 인공지능 관련 특허 보유 건수도 미국의 1/20 수준에 불과하다.

우리나라 기업가정신의 수준은 어떠한가? 글로벌 기업가정신 개발원(GEDI)에서 분석한 2015년 세계 130개국의 기업가정신 지수(GEI: Global Entrepreneurship Index)에서 한국의 순위는 28위로 조사되었고, OECD

34개 회원국 중에는 22위로 중하위권에 머물러 있다. 14개 항목 중 기술 흡수, 공정혁신, 제품혁신, 인적 자본, 모험자본 등은 비교적 높은 점수를 받았으나, 경쟁, 기회인식, 국제화, 문화적 지원 등은 저조한 수준에 머물러 있어 개선의 여지가 있다.

2013년 정부의 창조경제정책수립 이후 창업지원 활동이 증가하면서 창조경제 분위기가 사회 전반에 확산되고 창업에 우호적인 분위기가 조성되고 있다. 창업 신설법인 수는 2010년 60,312개에서 2014년 84,697개로 연평균 8.9% 증가하였고, 벤처 캐피탈 신규 투자액은 총 1조 6,393억 원으로 2000년 벤처붐 이후 크게 증가하였다. 2015년 세계은행 기업환경평가에서 우리나라는 역대 최고 순위인 4위에 올랐다. 한국의 연도별 순위는 2007년 30위, 2010년 16위, 2013년 7위로 꾸준히 상승했다. 미래창조과학부, 중소기업청, 문화체육관광부 등이 중심이 되어 2014년에 25개 창업지원 사업에 약 1.6조 원을 투입하였고, 시도(市道) 지자체 차원에서도 지역특화 지원사업 등 65개 정책사업을 운영하였다. 그러나 다수의 지원정책이 공급자 중심으로 동시다발적으로 집행되면서, 수요자 관점에서의 효과성, 유사와 중복에 따른 비효율성 , 정책의 일관성 등에 대한 우려가 제기되고 있다.

GEM(Global Entrepreneurship Monitor)의 창업활동 국제비교에 의하면, 우리나라의 초기창업활동 비율(TEA:Total Early-stage Entrepreneurial Activity)은 2008년 10%에서 2013년 6.9%로 하락했으며, 이 지표는 한국이 속해 있는 혁신주도 경제권(innovation-driven economies)의 평균치(7.9%)보다 다소 낮은 수준이다. 초기창업활동비율은 조사대상자인 18세-64세 성인 중 현재 3.5년 이하의 신생기업 또는 태동기의 창업활동을 하는 사람의 비율을 의미한다. 한국의 초기창업활동에서 생계형 창업이 차지하는 비중은 36.2%로서 혁신주도 경제권의 평균치(18.9%)에 비해 약

2배 가량 높았다. 생계형 창업은 별다른 직업 선택의 여지가 없어 창업을 선택한 경우로서 규모가 영세하고 부가가치가 낮은 도소매업, 숙박업, 음식점 등 단순 서비스 업종에 몰려 있어 기술기반 창업기업에 비해 고용창출 및 매출 기여도가 낮다.

신설법인을 연령별로 보면, 청년 창업으로 볼 수 있는 20대 이하의 비중은 4.6%에 불과하고 대부분이 40대(39.1%)와 50대(25.9%)로 편중되어 있다. 청년 기업가 비중이 낮은 원인 중의 하나는 우리나라 젊은이들이 공무원, 대기업, 교사 등 안정적인 직장을 선호하기 때문이다. 청소년 통계에 의하면, 청소년이 가장 선호하는 직장은 공무원(28.3%), 대기업 (22.9%), 공기업(13.1%), 전문직(10.2%) 순으로 벤처기업 선호도는 3.2%에 불과한 실정이다. 신설법인의 사업규모도 영세하여 자본금 5천만원 이하 소자본 창업이 73%를 차지하고 있으며, 자본금 10억 원 이상의 신설법인 수는 0.6%에 불과하다. 지역별로는 서울, 경기의 수도권 비중이 55% 이상을 차지하고 있다. 중소기업청에 의하면, 우리나라 신생기업의 창업 5년 후 평균 생존율은 30.4%로 미국의 43%에 비해 낮은 편이다

벤처 캐피탈 신규투자를 업종별로 보면 모바일 기반의 앱 개발과 관련이 많은 ICT 서비스, 유통, 문화콘텐츠 등의 신규투자가 확대되고 있는 반면 기존 주력사업인 ICT 제조업과 전기/기계 등의 비중은 감소하고 있다. 엔젤 투자 역시 다양한 정책 지원에 힘입어 최근 다시 투자 규모가 확대되고 있으며, 2015년 현재 엔젤 클럽 수는 총 136개, 엔젤투자 가입자는 총 9,051 명으로 증가하였다. 그러나 IPO, M&A 등 회수 시장이 활성화되어 있지 않고 전체 생태계의 선순환 구조가 아직 취약하다는 것이 전문가들의 의견이다.

GEM 설문 조사에 의하면, 경제활동 인구 중 창업을 바람직한 경험으로 인식하는 비중은 우리나라의 경우 51%로 미국(65%), 중국(70%) 등에

비해 낮은 수준이다. 미국과 독일은 3명 중 1명이 사업기회를 인식하고 있다고 응답한 반면, 우리나라는 10명 중 1명만이 사업기회를 인식한다고 응답하였다. 자신감 부족 및 실패에 대한 두려움도 다른 나라에 비해 높게 나타났다.

과학기술정책연구원(STEPI)에서 실시한 설문조사에 의하면, 우리나라 대학(원)들은 기업가정신에 가장 영향을 미치는 요인으로 1) 창업시 행정적 부담, 2) 독점 등에 의한 경쟁 저해, 3) 위험에 대한 사회적 태도, 등을 꼽았다. 창업 애로사항으로 1) 창업 자금 조달의 어려움, 2) 창업절차 등 창업에 대한 지식 부족, 3) 주위에 도움을 줄 멘토 부재 등으로 조사되었다.

벤처 CEO를 대상으로 한 설문조사에서는 1) 창업시 행정적 부담, 2) 융자시장 접근성, 3) 독점 등에 의한 경쟁 저해 등을 중요 요인으로 꼽았다. 우리나라 기업가정신의 쇠퇴 원인으로는 1) 대기업 중심 경쟁체제로 인한 사업기회 감소, 2) 엔젤투자 등 초기 창업자금 부족, 3) 대/중소기업 상생에 대한 인식 및 시스템 부족, 4) 벤처 투자 등에 대한 회수기회 부족, 5) 위험기피 추세 확대 등으로 조사되었다.

5. 맺음말: 기업가정신 활성화 방안

최근 한국경제는 저성장의 늪에 빠져 심각한 위기에 직면하고 있다. 세계적인 경기침체에다 주력산업의 경쟁력 하락, 가계부채 증가, 청년 일자리 감소 등 대내외적으로 많은 도전을 받고 있다. 문제의 핵심은 기업가정신의 쇠퇴에 따른 성장동력의 상실 및 중국의 거센 추격에 의한 수출 경쟁력의 하락이다. 기업가정신은 경제성장 및 일자리 창출의 핵심 동인으로 인식되어 전세계적으로 각국 정부의 지원 하에 육성되고 있다. 우리 나라도 창조경제 정책의 일환으로 지역혁신센터 설립, 창업 자금지원, 창업생태계 조성 등 많은 혁신이 이루지고 있으나 아직 가시적인 성과는 미흡하다고 볼 수 있다. 침체된 기업가정신을 회복하고 4차 산업혁명의 기회를 포착하기 위한 방안을 다음과 같이 제시해 본다.

첫째, 4차 산업혁명을 주도할 핵심기술을 선별하여 과감한 투자를 통해 집중 육성한다. 인공지능, 사물인터넷, 빅데이터, 로봇, 무인자동차, 3-D 프린터, 나노.바이오 기술 등 최근 화두가 되고 있는 기술들의 동향, 기술 융합에 의한 사업화 가능성, 미래 성장성, 수익성, 고용 창출 효과 등을 고려하여 투자 우선순위를 정하고, 기초연구에서 시제품 개발에 이르기까지 산.학.연 및 대기업과 중소기업 간의 긴밀한 협력을 통한 개방형 혁신 및 생태계를 구축한다. 업종간 경계를 넘는 다양한 기술간의 융합을 통해 고객에게 새로운 가치를 창조하고 경쟁사와 차별화된 혁신적인 비즈니스 모델을 설계한다.

둘째, 노동시장의 경직성을 해소하고 우수한 인력이 창업 및 유망 사업 분야에 진출하여 구직자(job-seeker)가 아닌 창직자(job creator)가 될 수 있도록 사회적 유인체계를 개선할 필요가 있다. 스톡옵션 및 차등의결권제도 도입을 통해 금전적 인센티브를 강화하고, IPO, M&A 등 회수 시장을 보다 활성화할 필요가 있다. 위험을 감수하고 혁신을 통해 일자리 창출에 기여한 기업인을 인정하고 존경하는 사회적 풍토를 조성하고, 창의적 도전에 불가피하게 발생하는 창업 실패자에 대한 배려 및 재도전 기회를 확대할 필요가 있다.

셋째, 도전정신과 창의적 사고를 배양할 수 있는 기업가정신 교육을 초,중,고등학교 때부터 도입하고 강화할 필요가 있다. 기업가정신 교육은 청소년들에게 기업가에 대한 긍정적인 인식을 갖게 하고, 창업을 진로 선택의 대안으로 생각하게 하며, 창업을 하지 않더라도 21세기에 요구되는 창의적인 사고, 도전정신, 리더십, 협동심 등 성공적인 삶의 기술(life skill)을 습득하게 한다. 교육방식은 사례연구, 게임/시뮬레이션, 팀 프로젝트, 사업계획서 작성, 기업탐방, 맨토링 등 문제해결 중심의 체험교육 방식으로 이루어진다. 기업가정신 교육이 성공하기 위해서는 교과과정 및 교육방식뿐만 아니라 강사 선정/교육, 정부의 정책적 지원, 학부모 및 기업의 협조/후원, 교육성과의 평가 및 지속적 개선이 이루어져야 한다.

넷째, 기존에 구축된 18개 창조경제 혁신센터를 4차 산업혁명 기술개발 및 창업의 전진 기지로 육성한다. 국내 기업뿐만 아니라 외국기업에도 개방하여 첨단기술 및 외국인 투자유치의 허브로 한 단계 업그레이드한다. 사업 초기 단계부터 글로벌화를 지향하고, 기업 성장단계별로 애로사항을 발굴하여 맞춤형 자금지원 및 컨설팅 서비스를 제공한다. 정부는 창조경제 혁신센터의 성과를 객관적으로 평가하고, 혁신센터간 건전한 경쟁 및 협조체제를 구축하고, 부처간 유사.중복 업무는 통폐합 및 정리할 필요가 있다.

마지막으로 4차 산업혁명에 따른 일자리 감소, 사회적 불평등 심화, 인권 침해 등 다양한 사회적, 윤리적 문제에 대한 객관적 분석과 사회적 논의를 활성화할 필요가 있으며, 부작용을 최소화할 수 있는 사회적 규범과 제도의 마련이 시급히 요구된다.

참고문헌

문원택. 이준호. 김원석 (1998). 헨리포드에서 정주영까지, 한언.

최병일. 황인학 외 (2013), 기업가정신-창조경제 성공의 핵심조건, 한국경제연구원

황인학 (2015), 한국의 기업가정신의 실상과 과제, KERI Insight, 15-26

McKinsey Global Institute (2013), Disruptive Technologies: Advances that will transform life, business, and the global economy, McKinsey & Company.

Schwab, Klaus (2016), The Fourth Industrial Revolution, World Economic Forum.

제4차 산업혁명의 사법상 쟁점

—자율주행자동차, 빅데이터, 인공지능, 생명공학기술을 중심으로

정병호(서울시립대학교 법학전문대학원 교수)

1. 머리말

제4차 산업혁명(The 4. Industrial Revolution)이 화두가 되고 있다. 산업 4.0.(Industry 4.0)이라고 불리는 이 현상은 제20대 국회 개원 교섭단체 대표연설에서도 중요한 주제가 되었고, 여야 3당 비례대표 1번 당선자들이 주축이 되어 '국회 제4차산업혁명포럼'까지 발족하였다. 하지만 제4차 산업혁명에 대한 명확한 정의는 아직 없는 것 같다. 이제 막 시작되고 있을 뿐인 미래의 거대한 변화를 지칭하는 말이기 때문일 것이다. 위키피디어 (Wikipedia)의 설명에 따르면, '가상 물리 시스템, 사물인터넷, 클라우드 컴퓨팅 등 산업기술에 있어서의 자동화와 데이터 교환이라는 현재의 경향'을 뜻한다. 박문각의 시사상식사전에 따르면 'ICT 기술의 융복합을 토

정병호 서울대에서 법학 학사, 석사학위를 취득한 뒤 독일 괴팅엔 대학에서 '로마법상 소비대차'로 법학 박사학위를 취득하였다. 현재 서울시립대 법학전문대학원 교수로 재직중이며 2016년 9월부터 동 대학원 원장을 맡고 있다. 법무부 민법개정위원, 서울시립대학교 교수회장, 전국국공립대학교 교수연합회 공동의장을 역임하였다.

대로 로봇이나 인공지능(AI)을 통해 실재와 가상이 통합돼 사물을 자동적·지능적으로 제어할 수 있는 가상 물리 시스템의 구축이 기대되는 산업상의 변화'를 일컫는다. 제4차 산업혁명이 가져올 사법상 문제를 다루는 이 글에서는 제4차 산업혁명의 특징을 대략 '빅데이터를 이용한 인공지능(AI), 자율자동차 등 로봇기술, 생명과학기술과 같은 신기술로 인한 사회·경제 시스템의 총체적 변화'로 규정하고자 한다.

ICT 기술의 융복합이 가져올 미래의 모습을 예측하는 것도 쉽지 않은데, 이런 기술들로 인해 발생할 법률문제를 논하는 것은 더 어렵다. 따라서 이미 지적되고 있는 것을 중심으로 서술하지 않을 수 없다. 인공지능이 핵심기술로 채택되는 자율주행자동차 등 로봇기술, 빅데이터, 생명과학기술 등의 사법(私法)상 문제가 그것이다. 제4차 산업혁명이라는 현상 자체가 ICT기술의 융복합을 토대로 하므로, 각 기술이 서로 중첩되는 측면이 있음을 미리 밝혀둔다. 그리고 필자의 능력의 한계로 사법상 문제 가운데서도 주로 재산법상 문제를 중심으로 서술하고자 한다. 여기서 다루지 못하지만 앞으로 발생할지도 모를 수많은 문제들에 대해서는 다른 기고에 맡길 수밖에 없다. 논제의 성격상 필자의 상상에 의존한 서술이 적지 않음에 대해 미리 독자의 양해를 구한다. 먼저, 실현이 눈앞에 있는 자율주행자동차부터 본다.

2. 자율주행자동차와 제조물책임

자율주행자동차는 "운전자 또는 승객의 조작 없이 자동차 스스로 운행이 가능한 자동차"를 의미한다(자동차관리법 제2조 제1호의 3). 미국 교통부 도로교통안전청(NHTSA)가 정한 자율주행기술 4단계 가운데 제3단계와 제4단계에 속하는 자동차가 그것에 해당한다고 할 수 있다. 제3단계(현재의 시험운행도 이에 속한다)에서는 일반주행과 주행환경 감시는 기계가 하나, 비상시 백업은 인간이 한다. 그러나 최종단계인 제4단계에 이르면 비상시 백업까지 자동차 운행의 전 영역에서 인공지능이 인간을 완전히 대체하게 된다.

그러면 자율주행자동차가 교통사고를 낸 경우, 민사책임은 어떻게 될까. 원래 자동차사고의 책임 주체로서는 운전자, 운행자, 제조업자, 매도인, 도로관리 주체를 생각할 수 있다. 그런데 현행법상 자동차 운행으로 타인을 사망 또는 부상하게 한 경우에는 자동차손해배상보장법 제3조에 따라 우선적으로 '자기를 위하여 자동차를 운행하는 자'(이하 운행자)가 손해상책임을 지게 된다. 제3단계뿐만 아니라 제4단계의 경우에도 탑승 여부와 상관없이 자율주행을 명령한 자동차 보유자가 운행자 책임을 지는가가 문제이다. 운행지배와 운행이익 여부로 판단하는 현행법 해석에 따르면 자율주행자동차를 제어하는 소프트웨어 프로그램이 해킹당해 사고가 난 경우 이외에는 자동차 보유자를 운행자로 해석해야 할 것이다. 그러나 현행법의 운행자책임은 일반적으로 운전자의 과실에 의한 사고의 피해자 구제를 위해 도입된 것임을 감안하면, 주행 중 운전자의 개입가능성이 없는 자율주행자동차에 대해서도 일반적으로 운행자책임을 인정하는 것은 재고할 필요가 있다고 본다.

현행법상 운행자 책임 이외에도 운전자의 과실에 의한 교통사고로 발생한 인적·물적 손해에 대해서는 민법상 일반불법행위책임(제750조)과 사용자책임(제756조)이 문제된다. 두 책임 모두 운전자의 과실이 요구된다. 그러면 제4단계 자율주행자동차의 경우에도 운전자책임이 인정될 것인가. 자동차 운행이 전적으로 프로그램에 의존하므로, 탑승자를 운전자로 볼 수 있는가 하는 의문이 제기된다. 운전자로 보더라도 그 과실을 인정하기 어려울 것으로 보인다.

다른 한편 자동차 자체의 결함으로 인한 교통사고로 발생한 인적·물적 손해에 대해서는 제조물책임법이 우선 적용되고, 제조업자가 사실상 무과실책임을 지게 된다. 그러나 자율주행자동차의 경우 운행 프로그램의 결함으로 인한 사고에 대해서 현행 제조물책임법을 적용할 수 있을까. 먼저 자율주행 소프트웨어가 자동차에 탑재되어 부품과 같은 기능을 하는 경우(imbeded software)에는 이 소프트웨어의 결함은 현행법상으로도 제조물인 자동차의 결함으로 볼 수 있다는 견해가 있다. 그러나 제조물책임법상 제조물의 정의에 소프트웨어를 포함시키는 않는 한 자율주행 프로그램 자체의 결함을 이유로 제조물책임을 묻기는 어렵다는 견해도 있다. 동법 제2조 1호의 제조물은 '제조되거나 가공된 동산(다른 동산이나 부동산의 일부를 구성하는 경우를 포함한다)'으로서 민법상 물건을 의미하는데, 소프트웨어 자체는 물건이라고 볼 수 없다는 것이다. 자율주행 소프트웨어를 별도로 구입하지 않는 한, 전자의 견해가 타당하다고 생각된다.

자율주행 프로그램의 결함으로 인한 손해에 대해 제조물책임을 인정하는 경우 현행법상 운행자책임과의 관계가 문제된다. 피해자 구제를 위해서 책임영역을 구분하여 양자를 병존시키는 것이 타당하다고 본다. 자동차사고는 반드시 주행 중에만 발생하는 것은 아니며, 소유·관리하는 동안에도 발생할 수 있기 때문이다. 전자는 차량제조사 또는 자율주행 프로그램 제조자가 제조물책임을 지고, 후자는 차량보유자가 운행자책임을 지는 것이 합리적이라 본다.

자율주행자동차의 경우 책임보험과 관련하여도 변화가 예상된다. 현재 일반 자동차에 대해서는 자동차손해배상보장법상의 책임보험이나 책임공제와 자동차 제조사들이 차체나 부품의 결함에 따른 피해를 보상하기 위해 가입하는 생산물(제조물)배상책임보험이 있다. 전자는 가입이 강제된다. 자율주행자동차가 일반화되면 자동차관련 보험의 중심이 전자에서 후자로 이동할 것으로 예측된다. 이 경우 후자를 지금처럼 임의보험으로 두기는 어려울 것이다.

　탑승자와 보행자 또는 다른 자동차의 탑승자 모두 위험한 상황이 된 경우 둘 가운데 어느 한쪽을 구하도록 프로그래밍하는가는 윤리적 논쟁의 대상이 되고 있다. 만약 보행자 또는 다른 자동차의 탑승자를 사상(死傷)토록 프로그래밍되었다면 형사책임은 말할 것도 없고 민사책임을 누가 져야 하는가도 대단히 어려운 문제다. 사견으로는, 프로그램에 내재된 위험으로서 제조사가 책임을 지는 것이 타당하지 않을까 한다.

3. 빅데이터와 개인정보보호

　빅데이터(Big Data)는 이미 우리의 삶 전반에 걸쳐 큰 영향력을 행사하고 있다. 개인들의 일거수일투족이 데이터이기 때문이다. 빅데이터는 보통 규모(Volume), 생성속도(Velocity), 형태의 다양성(Variety)의 3V, 또는 가치(Value)를 추가하여 4V라는 특징을 가지며, 단순 데이터와 함께 정형 데이터(structured data), 반정형 데이터(semi-structured data) 및 비정형 데이터(unstructured data)의 수집·분석·활용 등을 포함하는 개념이라고 정의할 수 있다.

　빅데이터는 공적 영역뿐만 아니라 사적 영역에서의 활용이 급증하고 있다. 정부는 국가방위, 공공질서 유지, 국가위험관리, 의료·복지·교통정보 등 공공서비스 제공과 국가투명성 제고를 위해 광범위하게 빅데이터를 활용한다. 경찰청이 범죄기록과 유동인구, 주민신고 정보, CCTV 위치정보 등을 분석해 장소·시간대별 범죄확률을 예측하고, 서울시가 심야시간 통화량 분석을 통해 심야버스 노선과 배차간격을 조정하고, KT가 국가축물방역시스템(KAHIS) 데이터와 KT의 통화로그 데이터를 연계·분석하여 조류인플루엔자(AI)의 확산경로를 예측한 것이 좋은 예다. 이윤추구를 목적으로 하는 기업은 영업을 위해 소비자의 소비행태, 소득수준, 생활양식이나 병력(病歷) 등의 정보를 적극적으로 활용하고 있다. 한 여고생의 소비행태를 분석해 임신 관련 상품권을 보낸 미국의 Target 사례가 좋은 예다. 우리나라도 이런 추세를 따라 범정부 차원의 대응전략을 마련하고 있다. 2010년에 국가정보화전략위원회에서 '빅데이터를 활용한 스마트 정부 구현(안)'을 발표하였고, 2012년에는 '빅데이터 국가전략 포럼'을 발족하였다. 최근에는 빅데이터가 인공지능기술과 결합되어 획기적인 성과를 내기에 이르렀다. 인공지능에 대한 세계인의 관심을 집중시킨 알파고(AlphaGo) 이외에도 미국의 온라인 결제시스템인 PayPal은 결제사기에 대한 대응책으로서 '이상금융거래 탐지 시스템(FDS)'에 딥러닝 기술을 활용하고 있다. 이외에도 애플의 음성인식 서비스 Siri, 구글의 실시간 자동번역시스템을 들 수 있다.

국가적 차원에서 빅데이터의 활용을 촉진하면서도 개인정보와 프라이버시 보호라는 가치가 침해되지 않도록 하는 것이 필요하다. 빅데이터는 기본적으로 개인정보를 토대로 하므로, 빅데이터의 활용은 개인정보와 프라이버시 보호라는 요청과 충돌할 수 있기 때문이다. 빅데이터의 생성·소멸의 전 과정을 데이터 수집-저장/관리- 처리/분석- 결과이용- 데이터 폐기의 5단계로 구분할 수 있는데, 개인정보 내지 프라이버시 보호는 수집 이후의 전 과정에서 문제될 수 있다. 특히 가공된 정보에 대해서도 정보주체의 동의를 얻거나 또는 정보주체에게 그 이용 사실을 고지하여야 하는가가 문제된다. 개인정보와 지리정보를 결합한 신규서비스에 대해서도 같은 문제가 발생한다. 또한 사물인터넷이 발달함에 따라 이를 통해 수집된 개인정보가 원래의 목적과 상관없는 목적을 위해 가공되어 제3자에게 제공될 위험이 증가하고 있다. 따라서 빅데이터 산업활성화를 위한 입법적 조치에서는 개인정보와 프라이버시에 대한 확실한 보호장치를 마련하지 않으면 안 된다. 특히 이윤의 극대화가 목적인 기업의 입장에서는 소비자 개개인의 소비특성이 중요하므로 기업이 빅데이터를 활용하기 위해서 '빅데이터의 개인화'를 추구할 수밖에 없다. 따라서 빅데이터를 위해 제공되는 정보뿐만 아니라, 빅데이터의 분석과 가공을 거쳐 만들어진 정보도 개인정보에 해당할 수 있는지 검토할 필요가 있다. 현행 개인정보보호법 및 정보통신망법 등 법령은 개인정보의 수집과 이용을 위해서 반드시 이용자의 사전동의(Opt-In)를 받도록 하고 있으나, 빅데이터 산업의 특성상 사전동의를 얻기가 쉽지 않아서 문제다. 개인정보보호를 위해서는 사전동의가 원칙이나, 빅데이터 산업의 발전을 위해서 사전동의를 요구하지 않더라도, 개인정보와 프라이버시의 보호를 위해서는 빅데이터 관리자의 개인정보의 비식별화 또는 익명화 조치가 반드시 필요하다 하겠다.

민사법적으로는 무엇보다도 개인정보 유출 등 피해에 대한 구제수단이 문제가 된다. 빅데이터의 보유와 유통을 민사법적으로 어떻게 평가할 것인가도 문제이다. 구체적인 해결은 개인정보에 관한 권리를 바라보는 시각에 따라 다르게 된다. 크게 미국의 프라이버시권에서 발전한 재산권적 시각과 유럽의 개인정보자기결정권에 기초한 인격권적 시각이 대립한다. 우리나라에서는 유럽처럼 인격권으로 보는 견해가 우세하나, 개인정보가 경제적 가치를 가진 것으로서 이용·유통되는 현실을 감안할 때, 개인정보자기결정권을 순수한 인격적 이익만 보호하는 것이 아니라, 개인정보를 영리 목적으로 무단 활용하는 것을 제어한다는 의미에서 재산적 이익도 보호하는 특수한 인격권이라고 보는 견해도 있다. 어쨌든 우리나라에서는 현재 개인정보에 관한 권리는 주로 개인정보자기결정권에 기초한 인격권이 문제가 된다고 할 수 있는데, 침해에 대한 민사적 구제수단으로는 계약에 기초한 것과 불법행위에 기초한 것으로 나눌 수 있다. 먼저 피해자가 개인정보를 수집·활용하는 사업자와의 계약, 약관에 기초하여 개인정보를 제공하여 개인정보자기결정권을 침해받은 경우, 피해자는 사업자의 개인정보보호의무 위반을 이유로 하여 손해배상 등 채무불이행책임을 추궁할 수 있다. 계약과 약관에서 명시하지 않았더라도 계약목적에 부합하도록 정보를 수집·활용하여야 하는 신의칙상 주의의무도 인정할 수 있을 것이다.

불법행위에 기초한 구제수단으로는 손해배상청구권 이외에도 금지청구권이 인정되는가가 문제이다. 개인정보자기결정권의 성질을 인격권의 일종으로 보는 한, 침해금지청구권을 인정할 수 있을 것으로 생각된다. 금지청구권은 손해배상과 달리 일반적으로 가해자의 귀책사유를 요구하지 않는다. 그러나 개인정보침해의 성질상 일반적인 침해금지청구권의 실효성은 그리 크지 않고, 일단 침해행위가 종료되었더라도 장래 침해의 우려가 상존하는 경우에는 침해행위의 예방청구권이 유용한 수단이 될 것이다. 현행 개인정보보호법에 규정된 개인정보의 열람 요구권(제35조), 개인정보의 정정·삭제 요구권(제36조), 개인정보 처리의 정지 요구권(제37조)도 일정 정도 금지청구권의 기능을 한다. 그리고 개인정보보호법은 단체소송 제도를 도입하여, 개인정보처리자가 집단분쟁조정을 거부하거나 집단분쟁조정의 결과를 수락하지 아니하는 경우 일정한 요건을 갖춘 소비자단체 등이 침해행위의 금지 및 중지를 구하는 소를 제기할 수 있게 한다(제51조). 손해배상청구와 관련해서는 개인정보보호법상 특별규정이 있다. 개인정보보호법은 피해자 구제에 만전을 기하기 위해 고의·과실에 대한 입증책임을 전환하여 개인정보처리자가 고의·과실 없음을 입증하지 않으면 손해를 배상하도록 한다. 그리고 손해는 재산적 손해(민법 제750조)뿐만 아니라 정신적 손해에 대한 위자료(제751조)도 포함된다. 실무에서는 일반적으로 위자료 산정에 대해 상당히 소극적인데, 개인정보 피해를 줄이기 위해서 위자료의 현실화가 필요하다. 이외에도 개인정보보호법은 법정손해배상을 도입하여, 피해자가 피해액을 입증하지 않더라도 법원은 300만원 한도 내의 손해배상을 명할 수 있도록 한다. 이 경우에도 고의·과실에 대한 입증책임이 전환된다. 또한 개인정보처리자의 고의·중과실의 경우에는 손해의 3배액 한도에서 징벌적 손해배상을 인정한다.

빅데이터는 일반적으로 개인의 정보제공 동의에 의해 수집된 것이므로, 본래의 빅데이터를 구성하는 개별데이터는 그것을 제공한 주체에게 귀속되는 것은 당연하다. 그런데 빅데이터를 특정 목적에 따라 처리·분석하면 또 다른 데이터라는 결과물을 얻게 된다. 이처럼 빅데이터 처리·분석을 통해 가공된 결과물은 누구에게 귀속하는가, 원래의 데이터 주체와는 어떤 관련이 있는가가 문제다. 민사법적으로 원래의 물건에 인간의 노동이 더해져 새로운 물건이 만들어지는 것을 가공(加工)이라고 한다. 우리 민법 제259조에 따르면, 가공물의 소유권은 원재료의 소유자에게 귀속하는 것이 원칙이나, 가공으로 인한 가액의 증가가 원재료의 가액보다 현저히 다액인 때에는 예외적으로 가공자에게 귀속한다. 그런데 데이터는 민법상 물건이 아니어서, 이 규정이 그대로 적용되지는 않는다. 유추적용을 허용한다고 하더라도 가공 전 데이터와 가공 후 데이터의 가액을 비교하는 것은 쉽지 않다. 궁극적으로는 재산적 가치를 갖는 데이터 및 그 가공물의 사법상 지위를 명확히 하는 입법적 대응이 필요하다고 본다.

4. 인공지능의 법인격 문제

인공지능은 '인간의 학습능력과 추론능력, 지각능력, 자연언어의 이해

능력 등을 컴퓨터 프로그램으로 실현하는 기술'을 뜻한다. 인공지능기술의 원동력은 개방·공유·협업의 성과인 기계학습·딥러닝(deep learning), 인터넷 및 사물인터넷(IoT)을 통한 수집능력을 보여주는 빅데이터, 강력한 병렬 및 분산처리능력을 지닌 클라우드컴퓨팅이다.

인공지능의 모델은 현재 전문가시스템(expert system), 인공신경망(artificial neural network), 유전알고리즘(genetic algorithm)등이 있다. 지난 봄 인공지능에 대한 세계의 관심을 집중시킨 기계학습(Machine Learning) 바둑 프로그램인 알파고는 다층인공신경망의 한계를 심층신경망으로 보완한 학습시스템인 심층학습, 즉 딥러닝기술을 적용한 것이다. 전술한 자율주행차 이외에도 공장 자동화, TV·냉장고 등 가정용품에도 이미 상당 수준의 인공지능이 채택되고 있다. 인공지능 연구의 목표는 인간 지능의 모든 기능을 한꺼번에 기계로 구현하는 기술, 즉 인공일반지능(AGI, Artificial General Intelligence)이다. 인공지능전문가들 가운데 다수는, 인공일반지능은 인공지능 100주년이 되는 2056년 전후로 실현될 가능성이 있다고 내다봤다고 한다. 만약 인공일반지능이 구현된다면 어떤 일이 벌어질까. 결국 인류문명을 파괴할 것이라는 우려가 적지 않다.

일반인공지능과 관련된 법적 쟁점과 관련해서는 세계적으로도 깊이 있는 논의는 아직 활발하지 않다. 아직 실현되지 않은 기술을 대상으로 한다는 점에서 충분히 이해할 만하다. 민사법적으로는 인공지능의 법인격, 의사표시의 효력, 불법행위책임 등이 문제되는데, 법인격 문제가 핵심이다. 법인격은 권리능력이라고도 하는데, 권리와 의무의 주체가 될 자격을 뜻한다. 문명국과 마찬가지로 우리나라의 사법체계도 권리와 의무의 주체가 될 자격을 사람과 법인에 한정한다. 따라서 인공지능에게 법인격이 인정되지 않는다. 그러나 '지능의 거의 모든 영역에서 뛰어난 능력을 가진 사람을 현저하게 능가하는 존재인'초지능을 가능케 하는 미래의 인공일반지능에 대해서도 법인격이 계속 부인될 것인가. 독자적으로 사고하고 판단을 내리는 인공지능에게 경제적·사회적 필요를 감안하여 법인격을 인정할 필요가 있다는 견해가 있으나, 반드시 그래야 하는지 의문이 제기될 수 있다. 이러한 의문은 근본적으로 법인격이라는 법철학적 개념의 이해와 관련이 있다. 현행법의 법인격 개념은, 인간과 구별되는 자연은 인간에게 편익을 주기 위해 존재하며, 인간은 자신의 생존과 행복을 위해 자연을 개발한다는 인간중심적 세계관을 전제로 한다. 민사법상 자연인의 권리는 물권·채권과 같은 재산권뿐만 친족권, 사원권, 생명권·성명권·명예권 등 인격권을 포괄한다. 따라서 인간중심적 세계관이 바뀌지 않는 한, 인공지능에 자연인과 동일한 범위의 법인격이 인정되기는 어려울 것으로 보인다. 기껏해야 민법 제34조에서 정하는 법인의 권리능력과 유사하게 거래상 필요와 같은 특정한 목적 범위 내의 법인격을 생각할 수 있을 뿐이다. 만약 이처럼 제한된 범위의 권리능력을 인정한다면, 이런 목적 범위 내에서 거래행위를 유효하게 할 능력(의사능력·행위능력), 대리행위를 할 능력도 당연히 인정되어야 하지 않을까. 그리고 인공지능에 대해 권리능력, 의사·행위능력을 인정한다면, 마땅히 책임재산도 인정되어야 할 것이다. 책임재산의 인정 없이는 이런 능력이 무의미하기 때문이다. 다른 한편 인공지능에게 권리능력 등을 인정하지 않더라도 로마법상 가자(家子)나 노예처럼 특유재산을 인정하는 것이 전혀 불가능하다고 생각되지 않는다. 로마에서는 가자나 노예는 권리능력이 없기 때문에 특유재산은 부(父)나 주인의 소유였으나, 가자나 노예 특유재산을 관리하거나 처분할 수 있었고, 이들이 제3자와 맺은 거래행위로 인한 채무는 부(父)나 주인이 부담했다. 거래상대방은 부(父)나 주인에 대해 특유재산소송(actio de peculio)이나 전용물소송(actio de in rem verso)을 제기할 수 있었다.

인공지능의 가해행위로 인한 손해를 전보하는 방법으로는 민법상 사용자책임(제756조) 또는 제조물책임을 인정하는 것, 인공지능의 불법행위능력을 인정하는 것을 생각할 수 있다. 인공일반지능에게 불법행위능력(책임능력)을 인정할 것인가 하는 문제도, 마찬가지로 사회적 필요라는 법정책적 관점에서 접근할 수 있다고 본다. 그러나 앞에서 자율주행자동차와 관련하여 언급했듯이 인공일반지능 프로그램을 제조물로 보고 제조물책임을 인정하는 것이 타당하다고 본다. 그러면 불법행위능력을 인정할 필요성은 그다지 크지 않다고 생각된다.

5. 생명공학기술과 합성 DNA의 소유권 문제

최근 생명공학분야에서는 인조인간 실험이 논란이 되고 있다. 중국에서는 사람의 머리를 다른 사람의 몸체에 이식하는 실험이 진행되고 있다고 한다. 레슬링을 하다 부상을 당해 사지가 마비된 장애인의 머리에 뇌사자의 몸체를 기증받아 이식한다는 것이다. 메리 셸리(Mary Shelley)의 '프랑켄슈타인'이 현실화되는 것이 아닌가 하는 우려가 있다. 더구나 미국에서는 인간 DNA를 원하는 대로 합성하는 '제2의 인간 게놈 프로젝트(HGP)'를 추진한다고 한다. 30억 쌍의 DNA 염기인 아데닌(A)과 시토신(C), 구아닌(G), 티민(T)을 인공적으로 합성해 인간의 모든 세포를 만들겠다는 것이다. 이렇게 하여 암 등 문제가 생긴 장기를 대체할 건강한 장기를 만들 수 있다는 것이다. 현재의 생명과학 기술수준에 비추어 볼 때, 두 프로젝트가 조만간 성공할지는 미지수다. 그러나 둘 다 새로운 생명을 창조하려는 것이어서 윤리적 논란이 불가피하다.

인조인가 실험은 민사법상으로도 어려운 문제를 제기한다. 먼저 '프랑켄슈타인'은 누구인가. 머리의 주인인가 몸의 주인인가. 또 그가 낳은 자식은 누구의 자식인가. 상속문제는 어떻게 처리해야 하는가. 타인의 장기 하나를 이식받는 경우 그 장기는 이식받은 사람의 신체의 일부가 되는 것은 당연하다. 그러나 '프랑켄슈타인'은 이와는 근본적으로 다른 사례이기 때문에 결론을 내리는 것이 쉽지 않다. 또한 건강하게 합성된 DNA와 그로부터 생성된 세포는 누구의 소유인가. 특정 유전형질 소유자인가, 발견자인가 아니면 인류라고 해야 하는가. 합성된 DNA가 여러 사람의 염기를 이용해서 만들어졌다면, 어떠한가. 현행법의 소유권 규정은 이 문제를 해결하기에 적합하지 않다고 생각된다. 현행법상 인간의 신체 또는 그 일부인 장기 등을 거래하는 것은 선량한 풍속 기타 사회질서(민법 제103조)에 반하여 허용되지 않는다. 그런데 인간의 신체의 구성부분이라고 할 수 있는 DNA를 거래나 소유의 대상이라고 할 수 있을까. 거래의 대상이 될 수 있을지는 모르나, 그것을 현행법상 소유의 객체라고 할 수는 없다. 소유는 만지거나 볼 수 있는 유체물(res corporalis) 및 전기 기타 자연력을 포함하는 물건을 대상으로 하기 때문이다. 합성된 DNA와 그것으로 만든 세포의 소유와 이용을 둘러싼 분쟁을 해결하기 위해서는 물건과 소유에 관한 현행 규정을 근본적으로 재검토하지 않으면 안 될 것이다.

6. 맺는 말

최근에 진행되고 있는 과학기술의 비약적인 발전은 사회적·윤리적 논란뿐만 아니라, 민사법적 문제를 많이 야기한다. 법적 문제를 어떻게 해결하는가에 따라 과학기술 발전 자체가 영향을 받게 된다. 특히 인공지능과 생명공학 기술은 인간이라는 존재에 위협이 될 수도 있기 때문에 규제의 목소리가 높아질 수도 있다. 하지만 인류 문명은 과학기술과 함께 발전해 왔다고 해도 과언이 아니다. 과학기술의 발전에 따라 인류는 인간성의 보편화를 이루었다. 인간에게 편익을 제공하는 과학기술의 발전을 무조건 규제할 수는 없는 이유다. 따라서 과학기술의 발전을 도모하면서도 인간성을 보존할 수 있는 법제가 필요하다고 본다.

III. 미래의 과학기술과 혁신의 모습

생리활성화합물과 제4차 산업혁명
권호정(연세대학교 생명공학과 교수)

마이크로바이옴 의학혁명
이원재(서울대학교 생명과학부 교수)
이경아(서울대학교 유전공학 연구소 연구조교수)
김은경(서울대학교 유전공학 연구소 연구조교수)
김성희(서울대학교 기초과학연구소 연구조교수)

IT 기술에 의한 헬스케어 혁명
윤길원(서울과학기술대학교 전자IT미디어공학과 교수)

제4차 산업혁명과 재료산업
김형순(인하대학교 신소재공학과 교수)

디지털 콘텐츠 속의 물리학
이종완(한림대학교 응용광물리학과 교수)

상상의 실현: 미래 콘텐츠 기술
이칠우(전남대학교 전자컴퓨터공학부 교수)

권호정   이원재   윤길원   김형순   이종완   이칠우

생리활성화합물과 제4차 산업혁명

권호정(연세대학교 생명공학과 교수)

1. 들어가는 글

생리활성화합물이란 생명체가 생명을 유지하는 데 생체의 기능을 증진시키거나 혹은 억제시키는 천연이나 유기화합물로 정의된다. 동식물의 호르몬을 비롯하여 비타민, 호르몬, 효소, 신경 전달 물질, 프로스타글란딘 등과 같이 미량으로 생체의 기능(생리)에 큰 영향을 미치는 물질이다. 동물 유래의 생리활성화합물의 대부분은 단백질성분인 펩티드이지만 프로스타글란딘과 스테로이드 같은 지방(기름성분)도 있다. 또한 식물에서 유래한 생리활성화합물을 '파이토케미칼'이라 하여 5대 영양소인 탄수화물, 지방, 단백질, 비타민, 무기질에 식이섬유를 6대 영양소로, 파이토케

권호정 연세대학교 생명공학과 교수이자 한국연구재단의 글로벌 연구실 단장과 한국 파스퇴르연구소의 과학자문위원 및 생화학분자생물학회 운영위원장직을 수행하고 있다. 서울대학교를 졸업하였으며 일본 동경 대학에서 생명공학 석사, 박사학위를 받았다. 미국 하버드 대학 화학생물학과 박사 후 연구원과 연세대학교와 세종대학교 생명공학과의 학과장,주임교수, 생명공학산업화 연구소장 및 미국 스텐포드 대학 초빙교수와 한국 단백체학회(KHUPO)의 회장 등을 역임하였다. 170편 이상의 국제학술지 발표와 [암의 시그널요법 (월드사이언스)]을 저술하였으며 국제학술지 Proteome Science의 공동편집장 및 다수의 지명한 국제학술지 편집자로 학술지 편찬 활동과 세계단백체학회 (HUPO)의 이사, 아시아오세아니아 단백체학회 (AOHUPO) 부회장으로 국제학회 활동을 수행중이다.

미컬을 제7의 영양소라 한다.

  역사적으로 생리활성화합물은 버드나무로부터 분리된 소염제인 아스피린이나 푸른곰팡이에서 생산된 항생제인 페니실린의 경우처럼 인류의 수명 연장 및 관련 학문, 산업발전 및 인류 복지향상에 크게 기여하여 왔다. 이처럼 생리활성화합물은 일상에서 섭취하는 식품이나 천연물(식물, 해양생물, 미생물 등)에 다양하게 존재하고 있어, 이들의 화학적 성질 이해와 생리활성 평가 및 작용기전에 대한 규명은 건강한 삶의 행복추구를 지향하는 생명공학 분야와 현대 과학기술의 주요한 연구주제 중 하나이다.
[그림 1]

[그림 1] 식물, 미생물등 천연물에서 유래된 생리활성화합물.

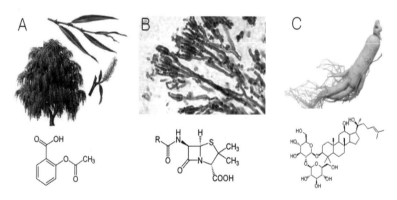

(A) 버드나무가 생산하는 아스피린 (B) 푸른곰팡이가 생산하는 페니실린
(c) 인삼의 유효성분 진세노사이드

  그러면 제4차 산업혁명과 생리활성화합물은 어떤 관련성이 있을까? 주지하는 바처럼 4차 산업혁명은 로봇이나 인공지능(AI)을 통해 실재와 가상이 통합돼 사물을 자동적, 지능적으로 제어할 수 있는 가상 물리 시스템의 구축이 기대되는 산업상의 변화를 일컫는다. 특히 인공지능, 로봇기

술, 생명공학은 4차 산업혁명을 주도하는 기술로 주목받고 있다. 결국 4차 산업혁명의 기술적 핵심은 정보통신기술(ICT) 및 인공지능을 기존의 제조업에 융합하여 새로운 산업수요에 대응할 수 있는 혁신적 융합기술의 개발을 통한 새로운 시장 창출 및 이를 통한 지속적인 인류 복지 향상에 있다. 따라서 인공지능의 다양한 조건 대응력과 효율성을 기존 생명공학의 주요 연구 대상이었던 생리활성화합물의 탐색 및 개량에 접목하고, 생리활성화합물의 작용기전에 대한 보다 정확한 규명을 통해 새로운 생체기능 조절화합물 개발의 효율성을 증가하면 새로운 생명 복지 관련 시장창출이 가능할 것이다.

한편 생리활성화합물의 주요 산업화 형태는 의약품 및 고가의 연구용 시약으로의 개발로 볼 수 있다. 이미 3차 산업혁명에서 입증되었듯이 의약품은 일반적인 상품의 성격을 넘어서 인간의 생명과 보건에 직결된 제품으로서 사회적, 경제적으로 큰 영향력을 지니고 있다. 최근 세계적으로 문제가 되었던 조류독감의 경우에도 로슈의 '타미플루' 독점으로 국가적 독점과 마찰의 원인을 제공하기도 하였다. 생명공학과 의료기술이 발전하고 전 세계적으로 고령화와 인류 건강 복지증진에 대한 수요가 증가함에 따라 새로운 생리활성화합물을 활용한 신약개발의 수요는 지속적으로 증가할 것으로 전망된다.

의약품은 크게 신약 (original), 복제의약품(generic) 및 개량신약으로 구분할 수 있다. 이들 중 신약은 의미대로 지금까지 없었던 새로운 화학 구조의 약을 뜻한다. 이는 화학합성, 천연물 추출 등의 신물질 탐색 작업, 전임상, 임상 시험 등을 거쳐 보건당국의 제조승인을 받은 의약품이다. 특히 천연물에서 유래하는 약물식물이나 동물, 미생물이 생산하는 저분자 화합물은 전통적으로 생리활성화합물로 분류되어 왔다. 천연물 유래의 화합물이 신약으로 개발된 사례로 국외에서는 항암제인 탁솔, 라파마이신 등이 식물이나 미생물 유래의 천연 생리활성 화합물이 신약으로 개발되었고, 국내에서도 관절염 치료제 조인스정과 위염치료제 스티렌정 등이 최근 개발되었다. 이러한 고무적인 결과를 토대로 우리나라도 자체적으로 신약개발이 가능한 세계 10위의 국가에 진입하게 되었다. 이것은 신약개발 분야에 있어 우리나라의 향후 성장 잠재력을 시사하는 중요한 의미로 볼 수 있다.

　통계자료에 의하면, 세계 의약품 시장은 2008년 7,731억 달러로 2003년 이후 연평균 9.1%의 성장세를 유지하고 있고, 2020년경에는 1.3조 달러의 시장이 형성될 것으로 전망되고 있다. 국내 의약품 시장규모도 2008년 16조 9,971억원으로 2004년 이후 연평균 9.3%의 성장세를 보이며 세계시장규모(7,731억달러)의 1.9%를 점유하고 있어 국제적으로 중요한 의약품시장으로 주목받고 있다. 또한 최근 국내에서 판매된 의약품들이 국내시장의 성공과 함께 글로벌 시장으로의 진출이 활발히 이루어지고 있어 국내 제약산업의 전망을 밝게 하고 있다. 반면 국내에서 개발된 신약의 매출액은 저조한 실적으로 상업적으로도 성공할 수 있는 혁신신약의 개발이 필요한 실정이다. 한국 발 블록버스터 의약품 탄생을 위해 제약기업의 체질개선 및 연구개발력 강화 등 대내외적 의약 시장 환경 변화를 고려하여 해결할 필요성이 여기에 있는 것이다. 의약품 소재로 활용되어온 생리활성화합물의 새로운 질환 표적 단백질에 대한 신규 치료제 개발을 위해서 다양한 생물, 물리, 화학 및 생리조건에 선택적으로 대응할 수 있는 차세대 생리활성화합물의 차별적 개발역량 구축이 중요하다고 할 수 있다. 이 같은 배경으로 다가올 4차 산업혁명에서 주요 기술동력인자인 인공지능과의 융합기술을 활용한 보다 선택적이고 생리활성이 우수한 생리활성화합물을 발굴하고 개량한다면 한국 발 블록버스터 신약 개발을 가속화할 수 있을 것이다.

2. 신약개발 과정에서 생리활성화합물 발견의 중요성

일반적으로 신약 한 개를 발굴하면 자동차 300만대를 수출하는 것과 같은 경제적 효과가 있다고 한다. 스위스나 스웨덴 같은 작은 나라가 국민 소득 순위권의 선진국이 될 수 있었던 것도, 일본이 지속적으로 과학 및 의약생리학분야에서 노벨상 수상자를 배출하는 이유도 신약 산업과 관련된 학문과 기술이 발달되어 있기 때문이다. 국토면적 세계 109위이지만 인구는 5천만여 명으로 세계 26위의 우리나라는 그야말로 작은 국토 대비 고밀도 인구로, 정량적으로는 열악한 국가 조건을 가지고 있다. 그러나 내용적으로 질적인 측면을 보면 우리 국민은 평균 IQ 105를 넘는 세계 유일의 국가이며 진취적이고 비판적인 국민성을 특징으로 한다. 게다가 세계에서 인터넷 TV초고속 통신망이 가장 발전한 국가 환경에 힘입어 전문가급 정보력으로 무장한 지적, 정신적 역량이 우수한 국민을 보유하고 있기 때문에 4차 산업혁명에 가장 적합한 국가 조건을 가지고 있다고 볼 수 있다. 즉, 인공지능이 주도하는 4차 산업혁명 시대를 맞아 이처럼 지적 능력이 우수한 인재, 발전된 전자통신망, 컴퓨터를 이용한 가상 기술력 등을 지식 집약적인 신약과 그 소재가 되는 새로운 생리활성화합물 발굴로의 접목에 가속화한다면 신약 개발 선진국으로 도약할 수 있는 기회를 확고히 할 수 있을 것으로 생각된다.

신약의 연구개발은 질환관련 표적단백질 발굴, 신약 후보물질 발굴, 전임상 시험 그리고 임상(I, II, III)시험으로 이루어진다. 이들 가운데 전 임상 및 임상 시험은 이미 과정이 잘 확립되어 있고, 보통 독성이나 임상 전문회사(CRO)에서 수행하는 경우가 많다. 그리고 경비가 많이 필요한 임상 3상은 주로 다국적 제약기업의 주도하에 이루어진다. 이 같은 이유로 신약개발 과정은 평균 기간 15년, 비용 10~15억 달러가 소요되는 이른바

high risk, low return의 연구 분야로 알려져 있다. 그러나 최근 들어 신약 개발 과정의 비용과 기간이 주로 제약을 개발하여 신약 가격을 결정하는 제약회사의 입장에서 산출되어 실제 소요 비용보다 다소 과다하게 산출되었다는 의견이 전문가들에 의해 제기되고 있다. 실제로 국내 신약개발에는 평균 10.5년이 소요되며 R&D 비용으로 평균 430억원이 투입되어 그동안 보고되었던 신약개발 기간 및 비용보다 낮은 경향을 보인다. 또한 독성 및 임상 시험, FDA 승인 등에 많은 시간과 경비가 소요되는 것이 포함되어 나온 결과이고, 지적 재산권 확보의 핵심이 되는 과정인 신약 후보물질 및 생리활성화합물 발굴 과정은 최근의 효율적 생리활성화합물, 신약후보물질 탐색 평가법, 다양한 구조와 활성의 체계화된 화합물 라이브러리 등을 활용하면 2~3년 정도로 단축할 수 있다.

[그림 2] 의약품 개발단계. (출처: 식품의약품안전청)

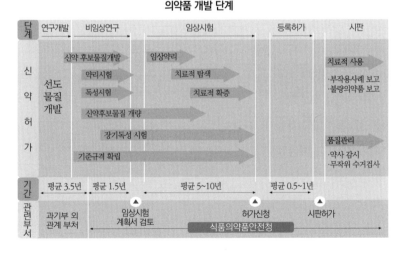

따라서 4차 산업혁명 시대를 맞이하여 신약 연구개발 분야에서 세계적인 경쟁력을 가질 수 있는 한국의 핵심 역량은 신약 연구개발의 초기 단

계인 새로운 생리활성화합물의 발견과 이의 구조 활성정보를 활용한 의약 디자인 및 의약 합성에 있으므로, 신약 후보 물질 발굴 단계에 주력한다면 적은 비용으로도 세계적인 신약을 발굴할 수 있다. 즉, 4차 산업혁명의 핵심 개념인 인공지능 기술을 새로운 생리활성화합물의 발견과 개발에 적용함으로써 세상에 지금까지 존재하지 않았던 새로운 개념과 제품을 창의적으로 창출하여 신 시장을 개척하려는 목표가 실현가능해진 것이다. 이는 기존에 존재하지 않았던 새로운 신약 개발의 오리지널티를 저비용과 단기간에 효율적으로 확보하게 하여 기존의 신약 개발의 문제점을 해소하는 데 기여할 뿐만 아니라, 이를 통해 새로운 의약 시장을 도출하고 인류 복지를 증진할 수 있을 것이다.

3. 제4차 산업혁명 시대에서 생리활성화합물의 발견 및 역할

그렇다면 인공지능과 컴퓨터를 이용한 가상현실에서 생리활성화합물이나 신약후보물질의 발견은 어떻게 이루어질 수 있는가?

기존의 생리활성화합물 발견은 동식물, 미생물이나 유기합성으로부터 다양한 화학적 성질을 가지고 생명기능조절을 하는 다양한 생리활성화합물의 라이브러리를 구축하여 질환과 관련되는 단백질, 세포나 생체 수준에서 이들 생리활성화합물의 활성에 대해 연구자가 새로운 발견을 위해 부단한 노력과 열정으로 기울임으로써 이루어져 왔다. 따라서 생리활성화합물을 생산하는 천연물의 선험적 활용 경험과 연구자의 노력이 획기적인 생리활성화합물의 발견에 기여하였다. 실례로 알렉산더 플레밍 (Alexander Fleming)이 푸른 곰팡이균에서 항생제 페니실린을 발견한 것이나 미국 암연구소에서 주목나무로부터 항암제 탁솔을 발견한 사례는 인류의 선험적 경험과 지식을 바탕으로 하는 연구자의 열정에 의해 산출된 "세렌디피디 (serendipity: 천운의 발견)"의 전형적인 결과라 할 수 있다. 이 같은 생리활성화합물 발견의 역사와 결과는 최근 신속히 발전하는 과학 분야에서도 그 중요성이 재차 인정되어 2015년 노벨 생리의학상의 수상자 세 명 중 윌리엄 캠벌 (William Campbell)과 사토시 오무라 (Satoshi Omura)는 천연물로부터 항 기생충제인 아버벡틴을, 유유 튜 (Youyu Tu)는 항 말라리아제인 아티미신을 발견한 공로로 수상하게 되었다.

새로운 생리활성화합물의 발견과 이들의 새로운 치료제로서 활용 연구는 4차 산업혁명시대에서 새로운 생리활성화합물의 발견에도 지속적으로 활용될 것으로 본다. 특히 천연 화합물은 자연의 생명체가 생산한 대사산물의 일종이다. 다양한 환경조건에서 진화된 유전정보로 생명체가 새로운 구조와 활성의 생리활성화합물을 생물학적으로 합성하는 정보는 인공지능을 활용한 컴퓨터의 가상현실에서 합성될 화합물의 모티브를 제공할 수 있다. 인공지능 알고리즘의 개발에 사용되는 대상의 특성과 내용을 최대한 유사하게 구현할 수 있는 기본 플랫폼 개발이 필수적인 점을 고려하면, 생명체의 다양한 유전정보의 활용방식에 대한 분석과 이를 활용하여 생산하는 생리활성화합물은 인공지능을 활용한 새로운 생리활성화합물 개발 연구에 필수적이라 할 수 있다.

4. 새로운 기회와 도전, 제4차 산업혁명에서 생리활성화합물 발견의 세렌디피티

최근 과학계에는 이미 가상 생명체와 이들의 유전체 및 단백체 분석 정보를 활용하여 다양한 생리활성화합물을 가상적으로 합성하여 이들 생명체의 생리 기능연구에 활용하는 사례들이 증가하고 있다. 또한 이를 통해 창출된 가상적 생리활성화합물을 기존의 의약합성으로 검증함과 아울러 이를 생산하는 생명체 탐색에 활용하고 있다. 이 같은 시도들은 인공지능을 활용한 새로운 생리활성화합물의 창출과 관련된 사례로 평가된다. 한편, 컴퓨터를 활용한 가상 검색계에서 생리활성화합물의 탐색도 활발히 수행하고 있다. 즉, 발달한 컴퓨터 기술을 활용하여 질환의 원인이 되는 표적단백질의 3차 구조 정보와 수천, 수만 개의 생리활성화합물의 구조정보를 가상현실에서 단 몇 시간 만에 두 물질 구조의 결합 가능성 확인을 통해 신약이 될 수 있는 물질들의 정보를 제공하는 가상 약효검색(virtual screening) 기술이 그것이다 [그림 3].

[그림 3] 가상약효검색 (vitual screening) 개요.

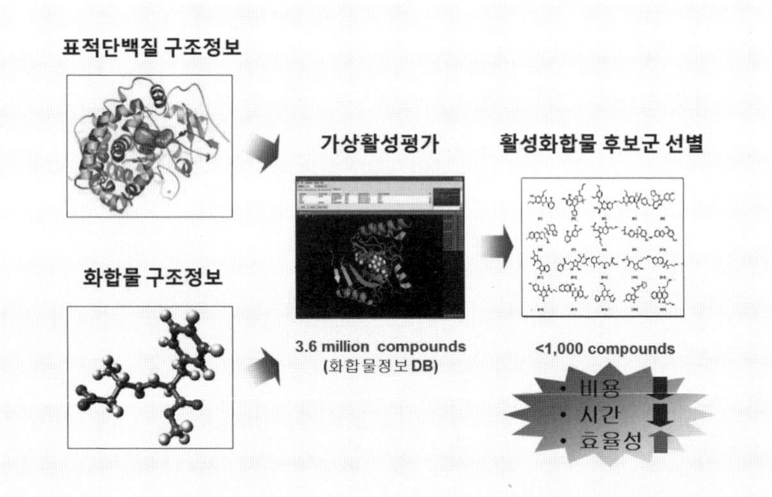

질환 표적단백질 구조정보와 화합물 구조정보를 활용하여 컴퓨터상에서 두 물질의 결합 여부를 가상적으로 평가하여 질환표적단백질의 활성부위에 가장 효율적으로 결합할 수 있는 후보 화합물군을 다수의 가상 화합물 데이터베이스 (DB)로부터 선별함. 이를 통해 활성 화합물 탐색에 소요되는 비용과 시간을 절감하고 효율성을 증대시킬 수 있음.

이 방법은 수십만 개의 방대한 화합물을 대상으로 robotics시설을 이용한 활성평가를 수행하여 약물선도물질을 발굴하는 고효율 약효검색(HTS: High Throughput Screening) 기술에 비해 컴퓨터상에서 질환 표적단백질의 구조정보와 화합물의 구조정보를 활용하여 가상탐색을 함으로써 경비와 시간은 절감되고 효율성은 증가되는장점이 있다. 최근 가상약효검색으로 뛰어난 활성을 가진 선도 화합물을 찾아낼 확률과 도킹된 구조의 예측력을 향상시킨 연구방법들이 축적되면서 유의성 있는 선도화합물을 신속히 발굴한 연구결과들이 많이 보고되고 있어, 4차 산업혁명의 발전에 따라 이 분야의 연구 역량과 유의적 결과 산출이 증가될 것으로 예상된다. 특히 전술한 바처럼 우리나라는 이 같은 가상 약효검색을 위한 질환단백질 구조 결정 기술, 단백질 구조와 생리활성화합물의 컴퓨터상에서의 고속, 고효율 결합 (docking) 분석을 통한 선도화합물 발견기술이 국제적 수준이어서 향후 발전하는 4차 산업혁명기술과 융합하여 큰 시너지를 도출할 수 있을 것이다.

그러나 컴퓨터상에서 이루어지는 일들이 실제 현실에서 똑같은 결과를 낼 것인지는 아무도 확신할 수가 없다. 따라서 이들 가상 활성 평가에 의한 탐색결과는 실험적인 확인이 필요하며, 이를 위해서는 생리활성화합물과 질환표적단백질과의 결합을 검증할 수 있는 핵자기 공명(NMR) 기술, 또는 X선 결정화 기술 등의 추가 검증이 필요하다. 또한 가상현실에서 설계된 생리활성화합물들을 실제 실험실에서 합성하여 생물학적, 약학적 평가 과정을 거쳐야 신약 후보물질로 개발할 수 있다. 이 같은 요소기술들은 생리활성화합물 발견과 개발에 있어 이미 구축된 내용으로 기존의 선험적 경험과 기술을 사용하면 원만히 진행될 수 있을 것으로 본다.

결국 4차 산업혁명의 새로운 개념과 결과물도 기존에 인류가 구축하고 경험한 다양한 선험적 지식과 경험을 효율적으로 접목하는 것이 무엇보다 중요하다는 점을 새삼 인지하게 된다.

5. 맺는 글

생리활성화합물을 활용하여 암, 당뇨, 비만 및 퇴행성 뇌질환 등 난치성 질환과 관련되는 새로운 조절인자를 발견하고 기능을 규명하여 치료제 개발의 원천적 연구결과를 확보하는 것은 우리나라의 신약 개발 분야의 국제 경쟁력 강화를 위해 매우 중요한 부분이다. 현재까지 이 분야 연구는 화학과, 생물학, 의·약학의 효율적인 융합연구를 통해 활발히 진행되고 있는 실정이다. 여기에 4차 산업혁명의 인공지능 및 컴퓨터를 활용한 가상현실 기술이 활발히 접목되면 생리활성화합물 발견을 통한 원천소재 및 경쟁력확보에 새로운 기회와 도전을 줄 수 있을 것이다.

늘 새로운 시도가 수행될 때는 기존의 확립된 체계 및 이론과의 차별화를 통한 새로운 시도의 타당성을 확보하려는 경향이 있다. 그러나 전술한 바처럼 모든 과학 기술의 발전은 인류의 호기심을 바탕으로 한 미지의 숙제에 대한 끝임 없는 도전의 연속된 성과인 만큼 기존에 수행한 부분에서 근본적으로 유지하고 활용할 것은 새로운 4차 산업혁명 시대의 알찬 성장과 다음에 있을 5차, 6차의 새로운 과학 문명 발전을 위해서라도 근본 취지를 잘 이해하고 계승하여야 할 것으로 본다. 생리활성화합물의 발견을 통해 얻을 수 있었던 교훈은 작은 부분의 차이도 놓치지 않고 꾸준히 확인하고 개선하여 새로운 생명현상의 탐구 및 삶의 행복 향상에 기여하고자 하는 연구자로서의 참된 마음가짐에서부터 출발하였다는 점을 기억해야 할 것이다. 이러한 취지에서 다가올 4차 산업혁명과 생리활성화합물 발견의 접목을 통해 우리나라가 신약 개발 선진국으로 발전하여 인류 건강 및 복지증진에 지속적으로 기여할 수 있게 되기를 바란다.

페니실린을 발견한 알렉산더 플레밍은 이렇게 말했다.

"나는 페니실린을 발명하지 않았다. 자연이 만들었고, 나는 단지 우연히 그것을 발견했을 뿐이다. 하지만 내가 단 하나 남보다 나았던 점은, 그런 현상을 그냥 지나치지 않고 연구자로서 대상을 추적한 데 있다."

참고문헌

박문각, 시사상식사전, 2014

생명공학정책연구소, 신약개발비 1조원 진실인가? 국내 신약개발 R&D 활성화를 위한 신약개발 현황 및 신약개발비 분석보고서, 2008

마이클 브린, 한국인을 말한다, 홍익출판사, 1999

노성구, 단백질 구조 기반 신약 발굴, 바이오인, 2005

정혜진, 조미선, 김용효, 한균희, 권호정, J Med Chem. 57(19), 7990-8, 2014.

마이크로바이옴 의학혁명

이원재(서울대학교 생명과학부 교수)
이경아(서울대학교 유전공학 연구소 연구조교수)
김은경(서울대학교 유전공학 연구소 연구조교수)
김성희(서울대학교 기초과학연구소 연구조교수)

1. 우리 몸 속에 함께 사는 미생물

'L'essentiel est invisible pour les yeux' Antoine de Saint-Exupéry, Le
Petit Prince.
'중요한 것은 눈에 보이지 않는다' 생텍쥐페리의 『어린 왕자』

인간이 지구라는 별에 탄생한 후 지금까지 200,000년 이란 무구한 세
월 동안 '그들'과 부대끼며 공존-공생 해왔다. 하지만 '그들'을 볼 수 없었
기에 우리 인간들은 '그들'이 얼마나 소중한 존재인지 몰랐다.

이원재, 이경아, 김은경, 김성희　이원재 교수는 프랑스 파스퇴르 연구소에서 박사학위(1994)를 수여하였으
며, 연세대학교 조교수(1996-2001), 이화여자대학교 부교수-교수-석좌교수 (2001-2011)를 거쳐 2011
년부터 서울대학교 생명과학부 교수로 재직 중이며 National Creative Research Initiative Center for
Hologenomics의 소장 직을 수행하고 있다. 이경아 박사는 이화여자대학교에서 박사학위(2011)를 수여하였고
현재 서울대학교 유전공학 연구소 연구조교수로 재직 중이다. 김은경 박사는 서울대학교에서 박사학위(2010)를
수여하였고 현재 서울대학교 유진공학 연구소 연구조교수로 재직 중이다. 김성희 박사는 이화여자내대학교에서 박
사학위(2008)를 수여하였고 현재 서울대학교 기초과학연구소 연구조교수로 재직 중이다. 이들 저자들은 장내세
균과 생명체의 상호작용을 분자적 수준에서 예측하고 분석하고 모델링하는 연구를 다같이 즐겁게 수행하고 있다.
또한 실험실 연구에서 발견된 결과의 의학적-생명공학적 활용에도 관심이 많다.

[그림 1] 인간의 몸에 존재하는 미생물

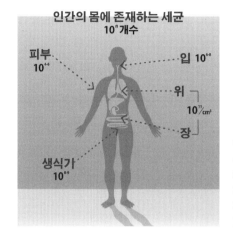

인간의 몸에는 매우 다양한 종류의 미생물들이 공생하고 있다. 특히 인체의 장에는 가장 많은 미생물들이 존재하며 이들 장내세균들의 총수는 인체 총 세포수를 능가하고 그 무게는 약 1.3~2.3Kg으로 추정된다.

'그들'은 바로 사람의 눈에는 보이지 않는 아주 작은 크기의 생명체, 흔히 세균 또는 미생물(微生物, micro-organisms 또는 microbes)이다. 이들 미생물은 원래 지구별의 주인으로서 인류보다 수십억 년 전에 탄생하였다. 우리 몸에는 수많은 세균들이 공생하지만 그들을 볼 수 없기에 오랫동안 우리 인간은 홀로 존재한다고 생각했다. 그러나 실제로는 우리 몸의 피부, 생식기, 입안, 치아속, 위, 소장, 대장에 이르기까지 모두 세균과 공존하고 있으며, 그 수는 수십 조 개에 이르는 것으로 추정된다[그림 1]. 과연 이들은 언제부터 우리 몸 속에 존재했었나? 아무도 정확히 답할 순 없지만 한가지 확실한 것은 인류의 탄생은 무수히 많은 세균들이 있는 환경에서 시작되었고 미생물과 함께 진화하고 있다는 사실이다. 본 논고에서는 최근 큰 이슈가 되고 있는 이들 인체 공생 미생물총[1]의 마이크로바이옴[2]을 통한 의학 혁명에 대해서 얘기하고자 한다.

1   Microbiota: 즉 하나의 미생물이 아니라 여러 미생물들이 모여 있는 미생물 사회의 총합을 칭하는 용어
2   MIcrobiome: 미생물의 유전자(들)를 칭하는 용어

2. 제1차 마이크로바이옴 의학혁명: 미생물이 질병의 원인임을 밝히다

마이크로바이옴에 의한 제1차 의학혁명은 이미 100여년 전에 시작되었다고 할 수 있다. 19세기 말~20세기 초에 일어난 일련의 연구들을 통하여 감염질환의 원인은 미생물이라는 사실[3]을 과학적으로 증명하고 근대의학의 기초가 되는 감염-면역학의 초석을 세웠다. 노벨상 수상자인 로버트 코흐(Robert Koch) 박사[4]의 코흐의 공리(Koch's postulates)가 대표적인 예이다[그림 2]. 코흐의 공리는 현대 의학에서 지금도 사용되는 원리로서, 질병의 원인 세균을 검증하는 방법으로 사용되고 있다[그림 2]. 이와 같은 제1차 마이크로바이옴 의학혁명은 특정 병원성 미생물(정확히는 특정 미생물의 병원성 마이크로바이옴)이 인류에게 감염성 전염병을 일으키는 원인이라는 사실을 밝혀 인류가 병을 과학적으로 치료할 수 있게 된 일이다. 따라서 전염병 환자는 과거에 사람들이 맹신했던 무당이 하는 굿으로 치료되는 것이 아니라 전염병의 원인균을 없애야 치료할 수 있다는 사실을 알게 되었고, 이를 바탕으로 항생제의 발견 및 백신의 개발을 통하여 제대로 된 치료방법이 개발되기 시작했다.

이로서, 호모사피엔스가 출현한 이후 20만년 동안 모르고 지내던 질병의 원인에 대한 사실을 불과 100년 전에 깨달은 것이다. 이는 인류 탄생 역사를 1년으로 가정했을 때, 즉 1월 1일날 호모사피엔스가 탄생했고 지금 현재 시점을 12월 31일 자정이라고 가정한다면, 불과 5시간 전에서야 (12월 31일 저녁 7시에) 겨우 미생물이 질병을 일으킨다는 사실을 알았다고

---

3   미생물 병원설(Germ theory of disease)
4   1905년 노벨생리학의학상을 수상한 독일의 과학자

할 수 있다[그림 3].

[그림 2] 코흐의 공리

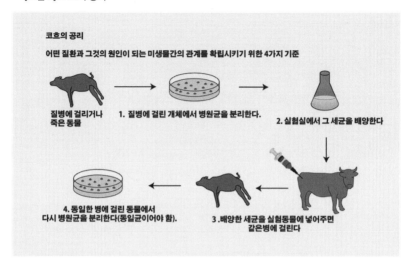

어떤 질환과 그것의 원인이 되는 미생물간의 관계를 확립시키기 위한 4가지 기준을 의미
한다. 코흐의 공리 원리는 지금 현대의학에서도 질병의 원인 분석에 사용된다.

[그림 3] 인류 출현과 미생물병원설 개념 수립시기에 대한 상대적 시간 비교표

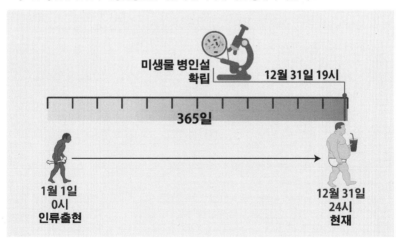

코흐 박사가 활동하던 동시대에 또 한 명의 위대한 과학자가 21세기 현재 일어나는 2차 마이크로바이옴 의학혁명의 기본 이론을 제시한다. 이 학자는 러시아 출생의 일리야 메치니코프 박사로 이미 포식세포작용[5]을 입증한 업적을 인정 받아 노벨상을 수상한 학자이다[6]. 메치니코프 박사는 노벨상 수상 이후 남은 여생을 '유익균'[7] 연구에 몰두한다. 그는 우리 몸에 공생하는 여러 세균 중에서 특히 장내세균이 우리 건강에 미치는 영향에 관심을 가지고 있었다. 그의 부인인 올가 메치니코프가 쓴 메치니코프 전기에 그의 유익균에 대한 논리가 잘 나타나 있으며 다음과 같이 기술되어 있다[8].

〈장내세균의 복잡성에 따른 연구의 어려움 때문에 장내세균에 관한 연구는 많은 시간이 요구된다. (…중략…) 장내세균이 소화에 필수적이지 않다는 사실을 알고 난 후 메치니코프는 생명체에서 장내세균의 역할 규명에 대하여 연구하였다. 우리가 잘 알다시피 음식물이 부패할 때 발생하는 물질은 인체에 유해하다. (…중략…) 메치니코프는 장내에서 이러한 부패를 유발하는 나쁜 균들이 존재하면서 독성물질을 분비하여 우리 몸에 나쁜 영향을 미친다고 생각하였다 (…중략…) 이러한 부패균은 알칼리 환경에서 잘 살수 있으므로 장내 환경을 산성화 시킬 수 있다면 인체에는 손상 없이 부패를 유발하는 나쁜 균만을 제거할 수 있을 것이라고 생각했다. 전통적으로 사워밀크[9]는 젖산균[10]에 의해 산성환경을 유도하는 발효과정 때문에 잘 부패되지 않는 것으로 알려져 있었다. 그는 이러

---

5 Phagocytosis: 동물의 면역세포가 미생물을 잡아먹는 생체 면역 반응
6 1908년 노벨생리학의학상을 수상한 러시아 출생의 과학자
7 Probiotics (pro=for+ biotics=life 즉, for life라는 의미)
8 LIFE OF ELIE METCHNIKOFF 1845-1916 중 28장에서 발췌
9 sour milk, 우유에 유산균을 넣어 발효하여 신맛이 나는 유제품으로 야쿠르트와 유사함
10 lactobacilli , 젖산을 분비하는 세균

한 점을 착안하여 산을 생성해 내는 좋은 균(즉 젖산균)을 많이 함유하고 있는 사워밀크를 섭취하여서 장내로 도입하여 장을 산성화 시킨다면 독성물질을 분비하는 나쁜 균의 성장을 막을 수 있고 건강해질 것이라고 믿었다〉

즉 메치니코프의 개념은 제1차 마이크로바이옴 의학혁명에서의 개념인 '병원균(병원균의 마이크로바이옴)=질병'의 개념에서 발전한 것으로, 우리 몸의 가장 큰 세균숲인 장내에는 좋은 균과 나쁜 균이 공존하며 장내세균숲 사회를 구성하고 있고, 건강한 세균숲 사회의 경우는 나쁜 균의 성장이 억제되고 좋은 균의 성장이 촉진되는 상황으로서 이와 같은 상황은 인체 건강 및 장수에 필수적이라는 개념이다. 특히 불가리아와 같은 발칸 반도 지방 사람들이 젖산균을 많이 섭취하고 장수하는 것에 큰 관심을 보였으며, 실제 본인도 불가리아에서 분리된 젖산균(Lactobacillus bulgaricus)으로 매일 우유를 발효해서 섭취하였다.

이와 같은 메치니코프의 '장내세균들간 균형'(예를 들어서 좋은 균이 나쁜 균의 생장을 억제하는 상황)에 관한 혁신적인 개념들은 아쉽게도 1990년도 초반까지도 과학계에 크게 주목 받지 못하였다. 가장 큰 이유 중 하나는 세균을 죽이는 물질인 항생제의 발견이다. 항생제는 좋은 균으로 나쁜 균의 생장을 생태학적 균형의 개념에서 자연스럽게 억제하는 형태가 아니라, 질병을 치료하기 위하여 좋은 균과 나쁜 균을 가리지 않고 어떤 균이든 모두 죽일 수 있는 약물로서 개발되었다[그림 4]. 물론 항생제의 발견은 수 많은 인류의 생명을 다양한 감염질환들에서 구했지만 좋은 균-나쁜 균 상호간 생태학적 균형의 개념, 즉 메치니코프 개념의 중요성은 항생제의 등장으로 잊혀져 갔다.

이전의 개념에서는 질병의 원인이 되는 병원균을 항생제로 죽이는 것이 치료의 원리이자 목적이었다면, 최근에는 실제로 다양한 장내세균들이 구성원이 되어서 장내세균숲의 사회를 형성하고, 나쁜 균이 우점하는 상황에서 질병을 유발하고 좋은 균이 우점하는 상황에서는 건강이 증진된다는 개념이다. 그리고 이와 같은 상반된 두 상태는 가역적이어서 '장내세균숲의 생태계를 좋게 함으로서 많은 질환을 치료할 수 있다'는 제2차 마이크로바이옴 의학혁명의 시작점이 되었다.

[그림 4] 장내세균들간 균형과 질병

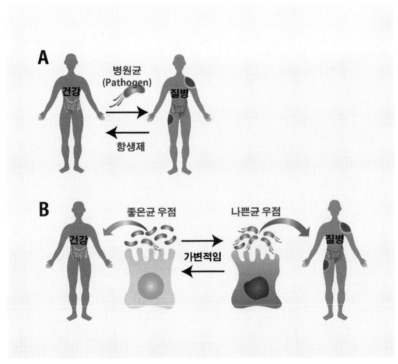

　제1차 마이크로바이옴 의학혁명의 초석이 된 병원균 개념(A) 및 제2차 마이크로바이옴 의학혁명의 초석이 된 좋은 균-나쁜 균의 생태학적 균형의 개념(B)

3. 제2차 마이크로바이옴 의학혁명의 시작

1990년대에 들어서면서 100여 년 전의 장내세균에 대한 메치니코프의 이론이 새롭게 주목 받기 시작하였다. 그 이유 중 하나는 인류가 풍요롭게 살기 시작한 현대사회에서 수많은 새로운 질환들을 얻었기 때문이다. 그 예로 비만, 당뇨, 아토피, 천식 등 원래 인류에게는 없던 만성적인 염증성 질환들이 나타나며 많은 사람들이 고통 받게 되었다. 인류는 유전적으로 이런 질병에 잘 걸리지 않았었는데 왜 유독 최근 30~40년 동안 이런 질환들이 인류를 위협하게 되었는가? 우리의 유전자는 30~40년 만에 크게 변할 수 없다. 즉 유전적 요소 이외의 다른 요소, 특히 음식물 섭취 및 도시 환경, 오염과 같은 환경적 요소가 크게 영향을 주었을 것으로 예상된다. 하지만 "환경적 요소의 변화가 어떻게 이러한 질환을 유도하는가?" 같은 중요한 질문에 아직 제대로 된 대답을 하지 못하고 있는 실정이었다.

이런 상황에서 최근 장내세균(정확히는 장내세균총의 마이크로바이옴)이 중요한 환경적 요소이며 질환의 원인이라는 놀라운 논문이 발표되면서 비로서 제2차 마이크로바이옴 의학혁명이 시작되었다. 특히 다양한 마이크로바이옴 연구들 중, 미국의 제프리 고든 교수는 장내세균이 비만의 직접적인 원인이라는 것을 증명하는 주목할만한 논문을 발표하였다. 이 논문에서 쥐의 장내세균은 박테로이데테스(Bacteroidetes) 그룹의 세균과 퍼미큐트스(Firmicutes) 그룹의 세균으로 분류될 수 있는데, 이들 중 박테로이데테스 그룹의 비율이 늘어나면 늘어날수록 살이 빠지고 날씬하다는 사실을 밝혀냄으로써 퍼미큐트스/박테로이데테스의 비율과 BMI (Body Mass Index; 체질량 지수)와의 상관관계를 밝혔다. 또한 박테로이데테스 그룹의 비율이 낮은 장내세균총과 박테로이데테스 그룹의 비율이 높은 장내세균총을 무균 생쥐에 각각 이식해 주면 박테로이데테스 그룹의 비율에 따라서 몸무게가 결정된다는 사실을 증명하였다[11][그림 5]. 이와 같은 결과는 장내세균이 단순히 음식물의 소화 흡수를 돕는 수준을 넘어서 대사작용을 조절하는 데 직접적으로 관여할 수 있는 중요한 요소 중에 하나임을 말해준다.

[그림 5] 날씬함/비만형질을 결정하는 장내세균총 도입실험

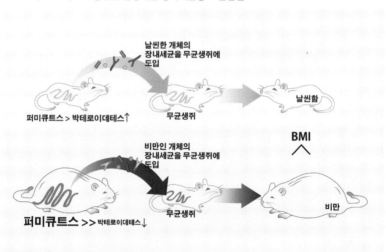

각기 날씬하고 비만인 숙주에서 분리한 장내세균총을 무균생쥐(무균 상황에서 키운 장내세균이 없는 생쥐)에 각각 도입하였을 때, 장내세균총의 박테리오데테스 그룹의 세균 비율 차이만으로 날씬함과 비만의 형질이 다시 나타나게 되었다. 이로써, 장내세균총의 구성 비율이 체질량 지수와 직접적인 관련이 있다는 것을 증명하였다.

그 후 수많은 연구들에 의해서 장내세균총은 음식물, 항생제 등의 환경적 변화에 의해서 쉽게 균총의 비율이 바뀔 수 있으며, 이와 같은 장내 세균의 변화가 인체의 대사 및 면역반응에 즉시 영향을 미친다는 것이 증명

11 Turnbaugh PJ, Ley RE, Mahowald MA, Magrini V, Mardis ER, Gordon JI.An obesity-associated gut microbiome with increased capacity for energy harvest. Nature. 2006 Dec 21;444(7122):1027-31.

되었다[12]. 이 뿐만 아니라 인체 장내세균총의 변화는 당뇨, 천식, 아토피, 자가면역성장염, 관절염, 암 같은 다양한 질환의 원인으로 작용하며 심지어 자폐 등과 같은 정신질환에 까지 중대한 영향을 미친다고 보고되고 있다[그림 6].

[그림 6] 장내 미생물에 의해 유발되는 다양한 질병

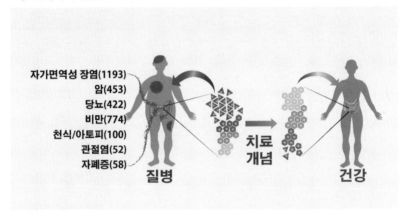

장내미생물과 질병이 직접적인 연관관계가 있음을 시사하는 연구결과가 속속들이 발표되고 있는데, 현재 발표된 연구들만 해도 1000편 이상의 논문들이 각종 성인병 및 정신질환의 치료에 장내 미생물을 이용해야 한다고 보고하고 있다. 괄호 안의 숫자는 2015년 6월 기준으로 국제 학술지에 발표된 논문의 숫자임

이와 같은 연구결과들을 바탕으로 살펴본다면 장내세균은 우리 몸에 공생하며 항시 함께하는 조력자로서 다양한 생리작용을 매개하고 도와주지만, 때로는 무서운 적으로서 돌변할 수 있기 때문에 이들 장내세균의 균형을 유지하는 것이 다양한 질병에 대응하는 중요한 전략으로 대두되고 있다.

---

12 Lee WJ, Brey PT. How microbiomes influence metazoan development: insights from history and Drosophila modeling of gut-microbe interactions. Annu Rev Cell Dev Biol. 2013;29:571-92

4. 마이크로바이옴 의학혁명의 미래: 제2차 마이크로바이옴 의학 혁명은 어떻게 발전 될 것인가?

　많은 장내세균들은 실험실에서 키워지지 않는다. 그렇다면 과학자들은 어떻게 장내세균숲을 구성하는 세균들을 알아낼 수 있을까? 인체의 장내세균총은 엄청난 수의 다양한 종들로 구성되어 있으며, 개인마다 매우 다른 것으로 알려져 있다. 세균총이 어떤 종류인지를 알아내기 위해서는 대변에 있는 장내세균들을 유전자 검사를 통해서 세균의 종류와 양을 측정하는 방법을 사용한다. 이러한 접근 방법은 수사현장에서 지문을 통해서 범인을 찾아내는 방법과 유사하다. 어떤 마이크로바이옴이 유익한가? 또한 어떤 마이크로바이옴이 질병을 유도하나?에 대하여 현대 과학은 어렴풋이 답할 수는 있지만 정확히 답할 수는 없다. 그 주된 이유 중 하나는 장내세균의 종류가 500~1000여종에 이르고 매우 복잡한 사회를 형성하여 집단으로 존재하는데, 환경에 따라서 매우 가변적이기 때문이다. 항상 가변하는 상황에서 어떠한 장내세균의 변화가 결정적으로 질환을 유도하는지? 또한 결정적으로 인체에 유익성을 주는지?를 연구하기는 매우 어렵고 실제로도 잘 알려져 있지 않다. 가장 매력적인 과학적 가설은 '좋은 균인 A라는 균이 있다고 가정할 때 A가 많이 서식하면 A가 가지고 있는 마이크로바이옴이 증가할 것이고 이때 A가 가지고 있는 특정 마이크로바이옴에 의해서 특정 대사물질이 만들어지고 이들 대사물질이 인체 세포에 직-간접적으로 작용하여 인체 건강에 유익하게 작동된다'이다. 같은 맥락에서 나쁜 균인 B의 마이크로바이옴이 만드는 특정대사물질은 인체에 질환을 유도할 수 있을 것이다. 그러나 아직까지 정확하게 '좋은 균-좋은 마이크로바이옴 그리고 나쁜 균-나쁜 마이크로바이옴이 각각 무엇이고?' '특정 마이크로바이옴이 어떻게 인체에 유익하거나 또는 질환을 일으키

192

는가?'와 같은 연구가 체계적으로 진행되지 않고 있다. 따라서 그 대안으로 현재 여러 나라에서 자가면역성 장염의 치료에 대변균총 이식술(fecal microbiota transplantation)이 시도 되고 있다. 이는 장내 질병이 있는 환자의 장에 건강한 대변(대변의 대부분은 장내세균으로 이루어져 있음)을 이식하는 방식이다. 이를 통하여 장내 미생물균총을 건강하게 바꾸어 주면 질병도 치료될 것이라는 기대를 하고 있고, 실제로 특정 염증반응이나 민감성 반응들이 줄어든다는 보고가 이어지고 있다. 또한 이러한 균총 이식술을 위해 건강한 장내세균을 가진 제공자의 대변을 보관하는 은행을 설립하는 바이오 벤쳐들이 많이 설립되면서 관련분야에 대한 관심이 높아지고 있는 실정이다.

제2차 마이크로바이옴 의학혁명의 개념은 100년 전에 세워졌지만 본격적인 혁명은 불과 몇 해 전부터 시작되었다. 우리 몸의 마이크로바이옴을 정확하게 분석하는 '인체 미생물체 프로젝트(Human Microbiome Project)'와 '메타HIT(Metagenomics of the Human Intestinal Tract)' 등이 2008년부터 시작되어 수행되고 있다. 또한 최근2016년 5월에 미국 백악관에서 National Microbiome Initiative(https://www.whitehouse.gov/blog/2016/05/13/announcing-national-microbiome-initiative)를 시작하여 국가 단위의 연구에 힘을 쏟는다고 발표하였다. 이와 같은 전인류의 노력으로 멀지 않은 장래에 장내세균숲을 마음대로 바꾸는 방법을 알아낸다면 장내세균숲의 변화를 유도함으로써 수많은 질환으로부터 벗어날 수 있을 것이다. 이로써 가까운 미래에 우리 모두 제2차 마이크로바이옴 의학혁명의 수혜자가 되기를 기대해 본다.

IT(information technology) 기술에 의한 헬스케어(health care) 혁명

윤길원(서울과학기술대학교 전자IT미디어공학과 교수)

1. 들어가는 글

모 기업의 전무가 차 안에서 숨진 채로 발견, 모 대학의 교수가 아침에 연구실에서 사망한 채로 발견. 이런 기사들이 신문에 실린 적이 있다. 안타까운 것은 얼마 전 정기건강검진 때는 이상이 없었다고 결과가 나온 경우다. 우리들은 일 년에 한 번 정도 병원에 가서 건강 검진을 받는다. 검진 받는 시점에서 체중, 혈압이나 혈액 속의 성분들, X-선 검사, 위와 장 검사, 암검진 등을 실시한다.

그러나 이런 일회성 건강 검진으로 한 사람의 건강 상태의 변화 추이를 상세하게 알 수는 없고, 또 긴급 상황이 닥칠 때는 도움받기가 어렵다. 갑자기 들이닥치는 뇌졸중이나 저혈당쇼크사(死)가 그 예다. '아시아의 물개'

윤길원 현 서울과학기술대학교 전자IT미디어공학과 교수. 서울과학기술대학교 의료전자연구소 소장 역임, 삼성 종합기술원 의료전자랩장 역임. 프랑스 INSERM 및 미국 Utah Laser Institute 근무. 연구 분야는 u-Health와 biomedical optics & spectroscopy.

라고 불렸던 조오련 수영선수는 우리나라에는 처음으로 1974년 아시안 게임 수영에서 금메달을 안긴 사람이다. 조오련 씨는 자택 현관 앞에서 쓰러진 채 발견되었으나 병원에서 사망하게 되었다. 충격적인 일이었다.

돌연사들은 신속한 의료조치를 하면 대부분 생명을 건질 수 있기에 사람들을 더욱 안타깝게 한다. 그러나 미래에는 그런 일들이 거의 일어나지 않을 것으로 보인다. 그 근간은 급속한 IT(information technology) 기술의 발전에 있다. 전국 어디서나 무선네트워크 망으로 연결이 되어 있고 개인은 스마트폰을 가지고 있거나 스마트와치를 차고 있다. 이는 영상을 포함하는 다량의 데이터를 실시간으로 어디에나 주고받을 수 있는 환경이 구축되어 있다는 것을 뜻한다. 통신망의 데이터 처리 속도도 급속히 증가하고 있어 영상을 포함한 다량의 데이터를 실시간으로 보낼 수 있다. 세대별 이동통신의 진화는 1G (generation, 세대)를 시작으로 지금은 4세대의 통신망을 사용하고 있으며 어느덧 5G의 출시를 바라보고 있다. 1G 아날로그 통신에서 2G에서는 CDMA(코드분할다중접속)의 디지털로 넘어갔고, 4G라고 하면 3G보다 약 300배의 빠른 전송속도를 가지는데 실시간으로 HD급 영상서비스를 받을 수 있다. 2018년 정도면 현재보다 1000배 빠른 5G 광속이동통신이 선보일 것으로 예상된다. 데이터 전송속도가 100 Gbps여서 영화 한편을 1~2초에 다운로드 할 수 있다. 스마트폰이나 태블릿 PC, 스마트와치 등 단말기의 성능도 급속히 발전하고 있다. 그야말로 들고 다니는 컴퓨터인 셈이다. 스마트폰으로 HD 영화를 감상하고, 게임을 하거나 금융 업무도 본다. 응용 프로그램들이 다양하게 개발되고 있는데 앞으로 주목을 할 분야가 헬스케어이다. 의료비는 2013년에 GDP 대비 7.2%인 102.9조원에 다다르고 있으며 매년 눈에 띄는 증가 추세이다. 개인의 건강은 물론 국가적으로도 큰 사회적 부담을 갖는 분야로 이에 대한 대처가 중요한데 IT 기반의 헬스케어가 그 축들의 하나가 될 것이다.

2. IT 기반의 건강 모니터링

IT 기술은 예상되는 돌연사들을 사전에 체크하고 또 사고가 발생하더라도 신속한 조처를 취할 수 있게 한다. 이미 수 년 전부터 개인의 생체신호를 측정하여 스마트폰을 이용하여 수집하고 분석하며 원격지에 있는 헬스케어 센터에 보내는 기술이 등장했다. 한 예로 스마트폰을 이용한 건강 모니터링이다. 생체신호를 측정하는 모듈을 부착하고 있는 사람의 스마트폰에는 개인 정보가 디스플레이 되고 실시간으로 측정된 생체신호가 블루투스 무선통신을 통하여 스마트폰으로 전달된다. 스마트폰에서는 이 개인의 맥박, 산소포화도, 체온, 혈압변동을 나타내는 수치 등이 실시간으로 측정되고 측정값과 지금까지 측정된 값들을 일목요연하게 볼 수 있게 한다. 참조로 산소포화도란 동맥혈에 산소를 결합한 헤모글로빈의 비율을 나타내며 정상치를 벗어나게 되면 치명적인 상태가 되는 것이다. 스마트폰에는 위치정보시스템(GPS)이나 무선랜(WiFi)을 이용하여 스마트폰 소지자의 위치가 지도상에서 표시된다. 사람의 생명과 직결된 생체신호들이 이상 징후를 보이면 119로 연결하여 긴급조치를 받을 수도 있다. 또한 친척이나 친지등 사전에 저장된 연락처로 긴급상황이 연락되어 주위의 사람들도 상황을 파악하고 조처를 별도로 취할 수 있게 된다.

최근 밴드 형태인 삼성의 기어S2는 맥박과 산소포화도를 측정하는 기능을 포함하고 있는데, 삼성 기어S2는 2016년 미국 라스베이거스에 열린 전자박람회(CES)에서 웨어러블기기 분야에서 최고혁신상을 받은 바 있다. 아이폰 등에 부착할 수 있는 심전도 측정 모듈도 상용으로 나와 있어 스마트폰으로 심전도를 측정할 수도 있다. 실시간으로 맥박, 체온, 심전도 등 생체신호를 측정하는 모듈들이 무선 네트워크를 통하여 스마트폰에 연결되어 각 개인의 활력지수를 알 수 있다. 측정된 값들은 멀리 떨어져 있는 헬스케어센터에 보내져서 담당 의사가 진단하는 자료로 활용하기도 하고, 생명이 위급한 경우에는 자동적으로 119 구급차를 호출하여 응급 요원을 보내도록 하는 조처를 취할 수 있다. 또는 주변 가족에게도 이상(異狀) 상태를 바로 알려 주며 가능한 조처들을 동시에 알려줌으로써 주위 사람이 당황하지 않고 사고에 더욱 효과적으로 대처할 수 있게 해줄 것이다. 이런 병원 응급 서비스는 많은 사람의 인명을 살릴 수 있으며 의료비 절감에도 큰 기여를 하게 될 것이다.

IT 기술과 의료공학 기술의 발전을 감안하게 되면, 미래에는 누구나 자신의 생체신호가 측정되고 있다는 불편감이 없이 실시간으로 측정하게 되는 의료기술이 등장할 것이다. 심전도를 측정하려면 작고 동그란 심전도 전극을 몸에 부착만 하면 된다. 전극센서에는 작은 무선 통신 모듈이 부착되어 있어 휴대폰(또는 벨트 옆에 찬 모듈)과 데이터를 주고받게 되는데 이런 제품들이 이미 시중에 선보이고 있다. 필요에 따라서는 마이크로 칩 형태로 된 체온 센서나 혈당 센서 같은 것이 몸의 표피 부분에 삽입될 수도 있다. 이런 여러 가지 센서들은 전선의 연결 없이 서로 데이터를 보낼 수 있도록 무선 네트워크가 구축될 것이다(body-senor area network). 한 걸음 더 나아가서 측정 기기들을 옷에 내장시킨 wearable device들의 성능도 더욱 향상될 것이다. 옷은 전기 전도가 가능한 섬유로 망을 구축하고 필요한 부분에 센서들이 부착된다. 스포츠웨어를 입듯이 간단히 옷을 입음으로써 스스로 필요한 건강과 관련된 정보들을 측정하게 될 것이다.

건강측정 장치가 반드시 몸에 부착되어 있을 필요가 없다. 아파트의 화장실 변기에 앉게 되면 자동적으로 체중이 측정되고 체지방도 측정된다. 소변을 보면 변기에 내장된 검출기를 통해 요검사를 실시한다. 검사 결과는 변기에 부착된 측정기기에서 자동적으로 기록된다. 미래에는 집에서 혈액 한 방울을 떨어뜨리면 혈액검사를 하고, 결과가 무선네트워크를 통해 보내진다. 그야말로 병원에서 검진 받는 많은 부분들을 가정에서 실시하게 될 것이다. SF영화 〈아일랜드〉를 보면 아침에 일어나면 자신의 건강 상태를 볼 수 있고 이에 적절한 식단이 주어진다. 이런 것이 단순한 SF영화에서만의 일이 아닌 일상생활의 일이 될 것이다.

3. 원격 진료 및 시술

미국은 세계에서 원격 진료를 활발하게 진행되고 있는 나라 중 하나이다. 미국은 Balanced Budget Act의 일환으로 의료비용을 절감하고자 실시하였으며, 컴퓨터 통신에 의한 원격진료에 보험 수가를 지불하는 것을 1999년에 도입하였다. 미국의 원격진료 회사의 분석을 보면 현재는 IT 기술에 친숙하고 건강한 젊은 층이 주로 이용하며 간단한 질환 위주로 실시하고 있다. 원격진료를 이용하는 이유 중 하나는 병원에 가서 의사를 만나는 것이 힘들기 때문이라고 한다. 향후에는 그 범위가 늘어날 것이며 IT 기술이 일상생활에 스며들게 되면 더욱 활발하게 전개될 것이다.

단순한 원격진료나 처방만이 아니라 로봇과 결합된 원격 수술도 시행될 것이다. 이미 캐나다의 해밀톤에 있는 성요셉병원의 Meharan Anvari는 20여건이 넘는 원격수술을 시행했다. 400km도 넘게 떨어져 있는 환자의 결장(colon)이나 탈장 회복 수술을 한 것이다. 원격지에서 조종하는 수술로봇을 이용한 것이다. 원격수술은 미국 NASA에서 우주에 있는 승무원을 대상으로 수술하기 위하여 연구를 시작한 것으로 의료계로 응용 분야가 확장된 셈이다. 2001년에는 프랑스 스트라스부르그에 있는 환자의 담낭 시술을 뉴욕에 있는 의사가 성공적으로 실시하였다. 대서양을 처음으로 비행기로 횡단한 Lindbergh의 이름을 따서 Lindbergh operation이라고 하였다. 영상을 보면서 로봇 조이스틱을 이용하는 시술이었다. 통신 시간으로 0.15초 시간 지연이 있었지만 정밀한 로봇과 통신망을 이용하여 원격시술을 성공적으로 마칠 수 있었다.

향후 더욱 발전하게 될 통신, 의료기기 및 로봇 기술을 감안할 때 의료 서비스의 신뢰성은 더욱 높아질 것이며 원격진료와 시술은 세계적인 추세가 될 것으로 보인다. 전문의가 없는 섬에 떨어져 사는 사람도 서울의 전문의로부터 진단은 물론 수술을 받게 되는 것이 미래에는 자연스런 의료 형태 중 하나가 될 것이다. 한국의 성형외과 의료 기술은 세계적인데 구태여 중국에서 한국으로 와서 성형 수술을 받는 것이 아니라 중국에 소재하고 있는 성형외과 분점에서 세계적인 수준의 한국 성형외과 수술을 받게 될 날도 올 것이다.

4. 인공지능에 의한 진단

사람의 몸은 적응을 참 잘 한다. 피곤하면 몸에 무리가 있으니 쉬라는 메시지인데 '아, 내가 더욱 정신 무장을 하고 열심히 해야지' 하며 몸을 무리하여 다루게 된다. 그러면 일시적으로 몸이 일종의 비상상태로 들어가서 기능을 하게 되지만 이런 일들이 반복이 되면 몸에 무리가 가고 어느 사이에 회복할 수 없는 상태가 되어 버린다. 심장 기능이나 간 기능이 회복하기 어려운 단계가 되어 버리고, 이미 온 몸에 퍼진 암이 발견될 수도 있을 것이다. 그러나 지속적으로 건강을 모니터링하고 그 많은 양의 데이터를 분석하게 되면 위험 순간도 예측이 가능하고 따라서 사전 예방을 할 수 있을 것이다. 예를 들어 심전도를 실시간으로 지속적으로 수집하여 추세를 분석하여 언제쯤 심장의 쇼크가 오는가를 어느 정도 예측을 할 수 있을지도 모른다. 필자가 모 기업에서 근무할 때 모 국가에서 심전도를 측정해 돌연사 시점을 예측할 수 있는 프로그램을 연구하고 있으니 사업화하자는 제안을 받은 적이 있었다. 필자가 검토하다가 직장을 옮기게 되어 어떻게 진행되었는지 모르지만 당시에도 필자는 약간의 가능성은 있다고 생각하였다.

우리가 언제 어디서나 항상 건강상태를 체크하고 데이터베이스화를 할 수 있게 되는 미래에는 지금으로서는 상상을 할 수 없을 정도의 뛰어난 진단 기술이 등장할 것이다. 인공지능이 그 것이다. 2016년3월 인공지능 알파고와 이세돌 프로의 바둑대국이 세계적인 관심을 불러 일으켰다. 바둑은 경우의 수가 너무 많아 프로그램이 프로기사를 이길 수 없다고 생각했다. 그런데 4대 1로 알파고가 이세돌 프로를 이겼으며 일반인들이 인공지능의 능력에 대하여 놀라움을 느끼게 한 계기가 되었다. 이제 펀드나 주식 운영에서 프로그램(기계)이 펀드 매니저의 이익률을 앞섰다는 이야기도 새삼스런 일도 아니다. 알파고와 이세돌의 바둑 대국 이전에도 인공지능은 여러 분야에서 연구되고 있었다. 사실 알파고보다 인공지능 연구에 앞선 것은 미국 IBM의 슈퍼컴 Watson이란 프로그램이다. 미국에 인기 있는 퀴즈 게임으로 Jeopardy란 것이 있다. 다양한 분야에 퀴즈 문제를 푸는 것인데 2011년 IBM의 Watson이 인간 Jeopardy 챔피언을 꺾었다. Watson은 음성인식으로 문제를 듣고 이해하였으며 스피커를 통하여 말하면서 퀴즈 게임을 진행하였다. Watson을 박스 형태가 아닌 인간형 로봇으로 외모를 꾸몄다면 더욱 섬뜩하였을 것이라고 필자는 생각했다.

Watson 컴퓨터가 인공지능을 발달시켜 나가는 또 다른 분야가 의사 대신 진단을 하는 것이다. 이미 2013년 암진단에 있어 의사보다 Watson 슈퍼컴의 진단이 우수하다고 보고하였다. 컴퓨터 프로그램에 의한 진단은 그 전부터 연구되어 왔다. 의사가 방대한 모든 진단 사례를 알고 있지 못하고 또한 급박하게 결정해야 하는 상황이거나, 의사 본인이 피로한 상태인 경우에는 오진의 위험이 있어 CDSS (clinical decision support system, 임상진단지원시스템)이란 이름으로 의사가 진단할 때 사례분석이나 진단의 결정을 돕기 위한 지원 프로그램 이름으로 연구가 시작되었다. 그러나 이제는 일부 영역에서 의사의 능력을 뛰어 넘고 있다. 미국과 캐나다의 14개 Cancer Institute에서는 유전 정보를 분석하여 개인별 맞춤으로 암 치료를 하는데 IBM의 Watson 컴퓨터 시스템을 이용할 예정이다. 의사들이 몇 주에 걸쳐해야 하는 일을 Watson은 몇 분에 할 수 있다는 것이다(Castaneda et al., 2015, Friedman, 2016).

인공지능이 모든 분야에서 인간의 능력을 뛰어넘을 수 있는 것은 아니다. 많은 양의 데이터를 신속히 처리하고 아무리 많다고 하더라도 선택의 가능성이 한정되어져 있는 경우에는 인공지능이 강력한 기능을 가지지만 창의성이 요구되는 경우와 불확실성이 높은 경우에는 효용이 떨어질 것이다. 의료분야는 인공지능이 다른 분야보다도 인공지능이 강력한 성능을 발휘할 수 있는 분야이다. 인공지능은 의사라는 직업군의 축소를 가져오게 될 것이며 따라서 의과대학에 가지 말라고 쓴 기사를 보았다. 이 기사의 신뢰성에 대한 논의는 차치하더라도 현재와는 다른 형태의 미래상에 대하여 다시 생각해 보게 되는 것은 사실이다.

5. 맺음말

무선 통신기술, 의료기기 기술, 로봇 기술 및 인공지능 기술의 급속한 발전은 헬스케어 분야에서 변화를 가져올 것이다. 병원에 갈 필요가 없이 집에서 컴퓨터를 바라보고 진단을 받고 처방을 받게 되며, 사고가 발생한다면 즉각적인 최상의 응급 처치들을 받게 될 것이다. 외딴곳에서는 원격지에 있는 전문의로부터 원격 수술을 받을 것이며 간단한 원격 수술 장비들은 외진 곳 어디서나 이용할 수 있도록 설치되어 있을 것이다. 건강, 유전 정보 등의 방대한 데이터를 인공지능으로 분석하게 되면 한 개인의 현재의 건강상태는 어떠하고 3개월 후, 1년 후에는 어떠한 상태가 될 것이라는 것을 마치 컴퓨터를 사용할 때 배터리가 얼마 남았는가를 알 수 있듯이 알 수 있는 때가 올 것이다. 어떤 식단의 식사를 하고 어떤 약을 언제 먹어야 하는지 또 언제 어떤 수술을 받을지 미리 통보받게 될 미래가 올 것이다. 우리는 그만큼 질병이나 사고에 대처를 잘할 수 있게 되고 삶의 질이 향상되고 수명이 더욱 늘어날 것이다.

IT에 의한 헬스케어 발전은 인간에 의하여 이루어지고 또 인간에 의하여 도전을 받을 것이다. 몇 가지 극복해야 할 현실적인 문제들이 있다. 먼저 의료계에서 얼마나 빨리 IT 헬스케어를 받아들이는가 하는 것이다. 우리나라의 경우에는 정부 주도로 원격진료를 실시하려 하지만 의료계의 반발이 있는 상태이다. 병원간의 원격진료 서비스는 법적으로 가능하나 병원에서 개인 환자를 진료하는 것은 아직 법적으로 해결되지 못하고 진통을 앓고 있는 실정이다. 이런 문제의 근간에는 의료계의 기득권, 관련된 비즈니스 주체들 간의 이익 문제 등이 있다. 정부의 원격의료법안에 대하여 대한의사협회가 설문조사를 하였는데 회원인 의사들은 95% 이상이 반대하였다. 반대하는 이유 중에는 원격의료 장비의 안전성 및 보안성과 원격 장비에 대한 비용 부담을 들고 있다. 현재 병원에서 사용하는 의료장비는 원격의료 장비 보다는 기술적으로는 훨씬 고난도의 기술에 근거하는 것이 많기 때문에 향후에는 원격의료 장비에 대한 신뢰성 문제는 크지 않을 것으로 보인다. 다만 의사들이 이야기하는 원격의료 장비의 부담은 원격의료장비에 대한 투자와 원격의료업을 통하여 얼마나 회수할 수 있는가 하는 문제인데, 여기에는 의료기기업체, 통신업체, 의료계, 보험 여부 등 여러 문제가 얽혀져 있고 해당 집단 간의 이익 타협점이 도출되어야 할 것으로 보인다.

의료계에서는 IT 헬스케어가 의사의 진단과 치료라는 권위에 대한 도전으로 비추어질 수도 있고 또 의사 수의 축소라는 문제가 고민될 수도 있다. 하지만 IT 기술이 제공하는 의료 혜택은 의료서비스의 질적인 면이나 경제적인 면에서 분명한 것으로, 그 혜택은 우리 모두의 것이 될 것이다. 우리의 것이며 우리의 자녀들의 것이며 거동이 불편한 노인층이 혜택을 받을 것이다. 다른 국가들의 발전 상황을 보면 우리나라에서도 IT 헬스케어가 더욱 활발하게 될 것으로 예상된다. 더구나 우리나라는 IT 기술 기반이 다른 어느 나라보다도 잘 구축되어 있기 때문에 세계적으로 선도국가가 될 가능성이 매우 높다. IT에 의한 헬스케어가 어떤 속도로 어디까지 발전할 것인가 하는 것은 우리에게 달렸다고 본다. 기술적인 문제도 있지만 의료법적인 문제, 의료보험을 포함한 비즈니스 모델, 관련된 여러 사회 계층의 현명한 타협도 중요하다고 생각된다.

참고문헌

Lee, Y-G, Jeong W. S., Yoon, G. (2012), Smartphone-based mobile health monitoring, Telemedicine and e-Health,18:8:585- 590.

Eveleth, R. (2014), The surgeon who operates from 400 km away, BBC, Future story, Aug 2.

Castaneda, C. *et al*. (2015), Clinical decision support systems for improving diag nostic accuracy and achieving precision medicine, J. of Clinical Bioinformatics, 5:5:1-16.

Friedman, L. (2016), IBM's Watson can do in minutes what takes cancer doctors weeks, Business Insider, August 6.

제4차 산업혁명과 재료산업

김형순(인하대학교 신소재공학과 교수)

1. 들어가는 글

제4차 산업혁명은 ICT와 제조업이 완전하게 융합하여 새로운 생산체계를 구축하는 것을 의미한다. 그 특징은 "모든 것이 연결되고 보다 지능적인 사회로의 변화"하는 데 있다. 즉 제4차 산업혁명은 사물인터넷(IoT)와 인공지능 (AI)을 기반으로 사이버와 현실세계가 네트워크로 연결된 통합 시스템이다. 이를 위해서는 지능형 CPS(cyber-physical system)의 구축이 필수적이며, 하드웨어는 스마트폰처럼 데이터를 축적하고 해석함과 동시에 자동 갱신되어야 한다.

예를 들면, 로봇과 AI이 결합한 자동화가 가능하며, 이때 AI는 빅데이터를 기반으로 언어와 이미지를 처리함으로써, 사람이 하기 어려운 복잡한 의사결정까지 도달하게 될 것이다. 또한, 의사결정에 머무르지 않고

김형순 영국 Imperial College London에서 재료공학 박사학위를 취득하였다. 현재 현재 인하대학교 신소재공학과 교수로 한국과학학술시쳔십인협의회의 부회상 식을 수행하고 있으며, 미래유망 융합기술 파이오니어사업의 연구단장, 한국재료학회장, 한국열물성학회장, 한국공학교육학회 부회장, 한국연구재단의 전문위원, 등으로 활동하였다. kimhs@inha.ac.kr

복잡하고 다양한 외부환경을 모니터하고 정보를 교환하는 수준에까지 이르게 된다. 더 나아가 교환된 정보와 3D 프린팅기술이 결합함으로써 극히 다양한 구조물/제품을 효율적으로 정확한 사양에 따라 생산해낼 수 있다. 3D 프린터가 설치된 장소에서는 정보를 제공하여 공간에 구애 받지 않는 생산이 가능하게 될 것으로 예상된다.

그러므로 제4차 산업에서는 데이터를 정확하게 처리하고 제공할 수 있는 기술과 더불어 데이터를 수행하거나 실행할 수 있는 스마트한 장치가 필수적이다. AI, IoT, 로봇, 드론, 가상현실(VR), 3D 프린팅, 자율주행차 등이 핵심기술 또는 장치가 될 수 있다. 이러한 핵심기술 및 장치를 개발하기 위해서는 기존 재료의 기능을 훨씬 능가하는 새로운 소재기술이 뒷받침되어야 한다. IoT에서는 수많은 다양한 센서뿐만 아니라 각종 환경에 대하여 민감하고 선택적으로 반응하는 소자 및 소재가 개발될 것이다. 드론과 로봇, 스마트카/자율주행차는 각종 반도체를 상당수 필요로 할 것이며, 3D 프린터 등은 각종 센서와 중앙처리장치들을 필요로 하게 될 것이다. 특히 IoT, 빅데이터 등은 비메모리와 SSD (Solid State Drive)를 증가시키고, 사이버물리시스템(CPS)과 인공지능은 반도체 칩 수요를 증가시킬 것이라는 전망이 제기되고 있다. 또한 3D 프린터에 사용되는 여러 다양한 재료의 수요도 증가할 것으로 보인다. 따라서 제4차 산업혁명은 첨단 및 극한 재료의 수요증가와 이에 따른 재료기술 및 산업 발전에 커다란 영향을 미칠 것으로 예측된다. 이러한 변화의 추세에 따라 이 글에서는 이 4차산업 혁명에 관련되는 재료산업에서 향후 해결해야 할 환경적 측면에서 몇 가지 사항을 검토 및 분석해보고자 한다.

1) 제4차 산업혁명과 반도체재료

반도체 수요는 IT 주력시장 (스마트폰, PC, TV 등)이 성숙기에 진입하여 수요증가가 회의적으로 논의되어 왔다. 그러나 4차 산업혁명의 도래에 의하여 새로운 폭발적인 수요증가의 기회를 맞이하고 있다. 4차 산업혁명의 주요 핵심 기술은 IoT, CPS, 빅데이터, 스마트카, VR, 웨어러블, 인공지능 등이다. 이들은 모두 반도체 기술과 직간접적으로 연결되어 있으며, 특히 제4차 산업혁명의 하드웨어 관련 기술은 반도체관련 소재 기술이 그 핵심이다. 예를 들면 IoT 시장이 본격화되면서 반도체가 탑재되는 IT 수요는 매우 다양해질 것으로 예상된다. IoT 시장의 성장으로 일반가전제품, 자동차, 건물, 식물, 일용품 등 모든 사물에 반도체가 탑재될 것이다. 이 경우 센서, 마이크로컨트롤러(MCU), 애플리케이션 프로세서(AP), 통신칩 등 사물인터넷 특화 비메모리 수요의 증가뿐만 아니라 고성능 IT 기기 수요증가로 인하여 메모리 수요의 급증도 기대된다.

또한 CPS와 인공지능은 알고리즘 등 소프트웨어 기술이 핵심이 될 것으로 보이나, 결국 그 연산은 반도체가 수행할 것이기 때문에 관련 수요가 급증할 것이다. 이에 더욱 반도체 관련업체들은 반도체의 정밀화, 고집적화 및 친환경 규제 요구에 따라 신재료와 신공정기술 개발을 필요로 한다. 이를 반영하여 최근에 국내에서 유기용매 대신 물을 이용해 친환경 반도체를 만드는 기술이 소개되는 등의 변화가 나타나고 있다.

2) 제4차 산업혁명과 센서/엑츄에이터용 재료

제4차 산업혁명은 모든 사물/사람과의 일방적인 반응에서 상호 반응으로 변화하는 것을 특징으로 한다. 따라서 정보를 감지하는 센서와 감지된 신호에 반응할 수 있는 액츄에이터가 요구된다. 그런데 다양한 센서 및 액츄에이터를 제조하기 위해서는 다양한 특성을 가지는 새로운 재료개발이 요구된다. 예를 들어 강유전체 재료는 하나의 재료로 압력, 온도 등의 센서와 액츄에이터에 동시에 응용될 수 있는 다기능재료 등이 그것이다.

강유전체는 외부 전기장이 없이도 스스로 분극을 가지는 재료로서 외부 전기장에 의하여 분극의 방향이 바뀔 수 있는 물질을 가리키는데, 티탄산바륨 ($BaTiO_3$)이 가장 대표적인 재료이다. 이 재료는 금속산화물로 금속원소들의 치환을 통하여 다양한 물성을 나타내는데, 현재 압전응용에서 가장 널리 사용되는 강유전체 재료는 $Pb(Zr,Ti)O_3$(PZT)이다. 그런데 PZT에 포함된 중금속 납 (Pb)은 제조과정과 사용 후 폐기시에 환경오염을 일으키는 문제를 내포하고 있다. 그러므로 납이 들어 있지 않는 친환경 압전 재료의 개발이 최근 아주 중요한 문제로 고려되고 있으며 이를 위해 현재 다양한 재료가 개발되고 있다.

3) 제4차 산업혁명과 3D 프린팅용 재료

3D 프린팅 기술은 미래의 제조업을 혁신할 수 있는 기술로서, 현재 전 세계적으로 도입단계에 놓여 있다. 3D 프린팅은 원재료를 층층이 쌓아 제작하는 방식으로 디지털 데이터화 된 3차원 제품 디자인을 2차원 단면으로 연속적으로 재구성하여 재료를 한 층씩 인쇄해서 적층하는 것이다. 3D 프린팅이 적용되는 산업분야는 자동차, 의료와 치과, 패션, 완구, 항공 우주, 건축, 엔터테인먼트, 소비자 가전제품 등 다양한 분야에 적용되고 있으며, 주로 기능성 부품 제조에 활용되고 있는 상황이다.

3D 프린팅 산업 성장의 핵심기술은 재료기술이다. 현재 3D프린터에서 주로 활용되는 재료는 저렴한 플라스틱 재료인데, 3D 프린팅 공정에 사용되는 금속, 세라믹, 고분자의 각 재료의 물성을 고려해야 사용자가 필요한 제품을 생산할 수 있다. 현재 개발된 제품의 재료는 매우 제한되어 있어서, 고분자(광경화성수지, 레이저 소결수지, 왁스)와 금속(타이타늄, 크롬코발트, 스테인리스, 알루미늄, 청동, 황동, 금, 은, 백금), 세라믹스(알루미나, 석고)의 재료를 이용한 것들이 약 150여 종류가 있다 [표 1]. 3D 프린팅 재료 연

구는 세계적으로도 연구 초기단계이다. 그러나 3D 프린팅에 사용되는 재료의 범위가 넓어 질수록, 3D 프린터의 활용도는 무궁 무진하게 확장될 것이다. 3D프린터 제조업체에서 원료 매출은 전체의 약 20~30% 수준으로 기여도가 높기 때문에, 앞으로 장비와 소재의 동시 개발을 통해 기술 경쟁력을 갖추는 것이 중요하다.

[표 1] 3D 프린팅에서 사용되는 재료

3D프린팅 주요 소재

소재형태	3D프린팅 소재	특징
열가소성 플라스틱	PLA수지	국내에서 FDM용으로 가장 많이 사용하는 재료, 용융 시 프린터를 끈적끈적하게 하여 작업하기 어렵고, 자연분해되는 친환경 소재이나 재순환이 어렵다. 흡습이 높아 재료보관에 주의가 필요하다.
	ABS수지	세계적으로 가장 많이 사용하는 소재, 용융시 냄새가 난다
	폴리카보네이트, 나일론 폴리페닐설폰수지	열변형온도(HDT)가 100~150도인 기능성 고분자 열 수축에 주의해야 한다.
	UL TEM, PEEK-PAEK 등의 엔지니어링 플라스틱	열변형온도가 150도 이상인 고강도 엔지니어링재료
분말	폴리아미드	나일론 12가 많이 사용되는 소재임
	알루마이드	회색의 알루미늄 파우더와 polyamide의 blend
	멀티컬러	미세 그래뉼 분말로 제조
액체	고정밀 UV 레진	Photo-polymer 액체
	페인트형 레진	매끈한 표면과 미관 형성
	투명 레진	경화 가능한 액체
금속	티타늄	경량과 최고강도를 만족하는 소재, 분말을 레이저로 소결시킴
	스테인리스 스틸	동 함침 분말, 가장 저렴한 금속, 고강도
	동(Bronze)	분말
	Brass, Silver, Gold	—
세라믹	유리, 알루미나, 실리카 분말 등	열저항성, 재순환 가능, 음식물 안전

[자료 : 3D프린팅 고분자 소재의 현황과 연구방향, 한국산업기술평가관리원. 2015]

2. 제4차 산업혁명과 부품, 소재

1) 구조재료의 진화

철기시대 이래로 1960년대까지 금속은 꾸준히 발전해서 금속, 세라믹, 고분자, 복합재료 중 그 중요성이 최고로 인식되어 왔다. 그러나 이후 다른 재료의 첨단제품이 우리생활에 깊숙이 보급되면서 금속재료의 활용성은 상대적으로 낮아지기 시작했다. 이러한 배경에는 1,2차 세계전쟁으로 철강산업과 금속학문의 발전 그리고 60년대부터 미국과 소련을 중심으로 한 우주산업의 경쟁 등이 세라믹스와 고분자를 개발한 것과 관련을 맺고 있다. 60년대에 세계 각국의 경제가 고도로 성장하고 성형기술이 비약적으로 발전하고 다양화되면서 고분자의 FRP의 수요증가로 인한 수지복합재료 사용 증가 등이 주 요인으로 분석된다. 이러한 변화를 거쳐 인류는 현재 90년대 반도체산업의 융성과 나노 등 첨단소재산업의 발달로 분자공학시대에 살고 있다.

60년대 고분자재료에 의한 성형기술의 발전이 재료계에 큰 변화를 가져 왔듯이, 2020년대는 3D 프린팅의 공정기술이 재료계에 큰 영향을 줄 것으로 예상된다. 향후 그것은 단일 금속, 세라믹스, 고분자 재료보다는 하이브리드와 복합재료로 서 활용도가 증가될 것이며, 현재 재료 응용면에서는 구조적 특성이 주요한 활용이지만 점차 광학적, 전기·전자적, 자기적 성질을 나타내는 재료들로 그 범주가 확대될 것으로 예측된다.

2) 3D 프린팅과 재료

다양한 플랫폼의 3D 프린팅 기술융합으로 제조공정 혁신을 추진할 것이다. 2016년 다보스 포럼은 현 비즈니스 리더들이 3D 프린팅 관련해서 2025년에 아래와 같은 변화가 일어날 것이라고 분석하였다.

3D 프린팅 방식으로 생산되는 자동차가 나타난다. (84%),

3D 바이오프린팅으로 만들어진 간을 처음으로 이식한다. (76%),

소비자 제품의 5%가 3D 프린팅으로 만들어진다. (81%)[1]

세계 비즈니스 리더들이 3D 프린팅 기술이 지금으로부터 10년 후 실현될 것으로 예상하는 위 항목에 대하여, 재료전문가 입장에서 한국의 현상황을 고려하여 우리가 앞으로 유의해야 할 점을 기술하면 다음과 같다.

"부품·소재"는 상품 제조에 사용되는 원재료 또는 중간생산물을 말한다. 최종제품인 로봇, 드론, 자율 주행차 등을 생산하는 데 중간재인 각종 부품과 각종 재료를 사용한다. 한편 급속히 변화하는 과학기술사회에서 우리 모두는 친환경 생태계 구축으로 삶의 질 향상을 바라는 것이 현재와 미래의 희망이다. 제품의 제조공정 중이나 폐기 후 그 제품으로부터 나온 중금속이 환경에 배출되면 순환하면서 먹이연쇄를 따라 사람에까지 이동해 오기 때문에 중금속에 의한 환경오염을 막아야 한다. 앞으로 21세기는 지구 온난화에 따른 기후 변화와 온실가스 배출량 규제로 환경을 보전하면서 성장을 도모하는 정책도 필요하다. 따라서 공학적인 측면에서는 친환경공정으로 친환경재료를 개발하고 제품도 친환경공정으로 제조하는 변화가 필요하다.

3D 프린팅 공정의 최고 장점으로 사용자가 원하는 제품을 개인적으로 제조해서 편리하게 사용할 수도 있다. 개인이 3D 프린팅 장비를 구축하고 여러 재료를 이용해서 어떤 특정제품을 생산할 수도 있다. 이 같은 방식으로 개인적으로 나만을 위한 맞춤형 작품이 제작 제조된 제품은 폐기물을 최소화해 필요한 재료를 필요한 곳에만 사용(적층방식 기술 경우)할 수 있다는 장점을 지닌다. 그러나 한편, 현재의 기술적 한계로는 1)느린 공정 속

---

1   주: 괄호 안의 백분율은 각 변화가 일어날 것이라고 비즈니스 리더들이 답변한 비율.

도, 제품의 표면 해상도와 강도(적층방식 제조로 단층방향의 힘에 약하다), 표면 특성 등의 문제, 2) 제품의 양산성 문제, 3) 많은 제조비용 (고가장비와 고가 재료), 4) 완성품의 내구성 부(기계적 물성 및 정밀한 형상 구현이 가능한 소재의 개발이 필요), 5) 매우 제한된 부품과 재료사용(광경화성 수지, 레이저 소결 수지, ABS 필라멘트 및 금속소재 일부만 활용가능) 등의 문제점들이 존재하고 있다.

3) 재료산업과 친환경 개발의 관계

3D 프린팅에 의해 제조된 완제품의 사용은 신뢰성을 확보해야 하고 KS 규격 등을 만족해야 할 것이다. 그러나 개인이 제작해서 사용하는 물품은 이러한 안정성 등이 검증되지 않은 상황에서 몇 가지 부작용이 초래될 수 있다. 아울러 제조자가 개인의 기호에 맞는 제품생산 목적으로 친환경에 위배되는 소재를 사용해서 부품과 제품을 제조할 수 있다는 문제도 발생할 가능성이 있다. 또한 센서/엑츄에이터 용 유연(Pb)계 조성의 유전체재료나 3D 프린팅으로 제조된 제품이 수명 완료 후 폐기공정에서 야기되는 사항도 고려해야 할 것이다.

2006년 7월 유럽에서 발효된 유해물질에 대한 전기,전자제품 유해물질 사용 제한 지침 RoHS[2]의 규제대상에서는 유해물질(Pb, Cr^{6+}, Cd, Hg 등)에 대한 EU 반입을 금지시켜, 디스플레이, 자동차, 디지털가전, 정보통신산업 등의 전자부품으로 전장부품용 소재, 압전체, PTC 써미스터, 광전변환소자 및 광원부품에 극히 일부분이 무해물질로 대체되었다. 현재 많은 부품이 예외조항으로 분류되고 있으나, 차후 규제 대상이 될 것이 확실시되고 있다. 예를 들어, 반도체공정에서는 무연 공정 재료의 사용이 의무화되었다. 압전체 센서와 액츄에이터, 캐패시터, 마이크로웨이브 통신소

2　전자제품의 제조과정 뿐 아니라 최종 제품에 대해 전기전자제품의 폐기물 처분과 재활용 과정에서 재활용성을 저해하거나 환경오염 문제를 야기할 수 있는 유해물질 (Cd, Pb, Hg, Cr(IV), PBB, PBDE의 사용을 규제하는 제도임.

자 등에 사용된 강유전체 조성 중의 Pb는 잠정적으로 규제 예외조항으로 분류되어 있는 상황이지만, 향후 개발된 물질의 성능개선 여부에 따라 언제든 규제에 포함될 예정이다. 그래서 최근 일부에서는 친환경 압전체로 BNT 계열, KNN 계열 및 (Ba,Ca)TiO3-Ba(Zr,Ti)O3 (BCT-BZT)계 등이 연구되고 있다.

특히 수은(Hg), 납(Pb), 카드뮴(Cd), 비소(As)등은 치명적인 독성을 유발하여 대표적인 유해 중금속으로 알려져 있다. 수명이 다 된 (전자제품의 경우 보통 2만시간) 폐기 전자제품이 땅속에 매장되면 오랜 시간이 경과한 후에 폐수와 산의 영향으로 전극, 유전체 속의 PbO 등 중금속 유해물질이 침출되어 하천에 유입되어 지하수의 오염시킬 가능성이 있다. 이때 하천의 물이 강과 바다로 흘러 들어 해양이 오염됨으로써 수중생태계에 영향을 주고 상위단계의 생선들까지 고농도로 오염될 수 있다. 이 과정을 거친 어류 등을 인간이 섭취하게 되면 고농도의 오염된 Pb 유해물을 섭취하게 되는 결과에 이르게 된다. 이러한 물질들은 체내에서 쉽게 배출되지 않고 농축되어 급성 또는 만성독성을 유발시킨다. 위와 같은 Pb의 유해물질은 Si 태양전지 등 주변에 많은 전자제품, 의류 등에서 찾아 볼 수 있다.

4) 제4차 산업혁명 중 소재산업을 위해 고려해야 할 사항

독일은 이미 국가 차원에서 제조업 분야의 미래 기술 로드맵상 유망기술과 친환경 기술, 안전 등 인류친화적 기술을 모두 포괄해 '인더스트리 4.0'의 개념하에 두고 이를 체계적으로 육성하고 있다. 국내에서도 일부 수년 전부터 독일과 유사한 정책으로 연구개발하고 있으나 매우 미온적이며 항구적이지 못하고 소극적인 전략으로 이해된다. 오래 전부터 선진국을 중심으로 일어난 환경규제는 대기에 이어 수질과 토양, 중금속 및 화학물질 규제[3]로 그 범위를 계속해서 넓히고 있으며. 미국, 영국, 독일, 일본 등 환경규제가 강한 국가에서는 활발히 친환경 부품소재 개발에 역점을 두고 연구하고 있다. 따라서 우리나라는 제4차 산업혁명에서 사용되는 소재들은 다음의 제도적과 기술적 측면에서 관심을 두고 개발해야 할 것이다.

가. 1 제도적 측면

지속적인 친환경 교육과 과학기술의 발전으로 인한 환경파괴에 대한 관심이 필요하다. 단지 과학과 기술을 습득하고 재미있는 것을 발견하는 교육이 아니라 사회를 고려하고 인간중요성을 우선하는 인문사회교육도 병행해야 할 것이다. 이를 위해서는 최근 환경규제가 엄격하다고 알려진 선진국에서 일어난 중금속의 피해(미국 CA주, 버논에서 엑사이드사의 배터리 공장의 납 오염 (2014), 미국 MA주 플린트의 납 수돗물 사태 (2016) 등)를 소개하고, 초등학교부터 교육하고 중/고등학교 기술과 가정교과서에 강조해야 할 것이다. 아울러 공예, 건축관련 교육기관에서도 재료설계 공정, 디자이너의 활동 그린디자인도 필요할 것이다

부품, 소재 제조 공정 중에는 유해물질 관련 규제로 Level A-I(사용 금지 물질), Level A-II (사용 제한물질)을 함께 고려해야 한다. 각 회사의 작업장과 공정에서 배출하는 인체 및 지구환경에 위해하다고 의심되는 물질, 폐수물 속에는 많은 양의 유해물질이 있다. 유해물질 함유 농도 최대 허용치 초과관리제도도 시행해야 한다. 일본에서 지방정부는 '특정공장'(일정 규모 이상의 공장 및 사업장)에 대해서는 총량규제를 하고 기타 공장에 대해서는 연료사용기준을 정하여 '지정지역'의 배출총량을 억제하기 위해 총

---

3   현재 EU에서 법규로 제품과 관련되는 것은 EU RoHS Directive, EU Battery Directive, EU Packaging Directive, EU REACH Regulation, EU ELV Directive 등이 있다.

량제를 시행한다고 한다. 중금속의 기준을 전체함량을 고려한 토양오염 기준으로 토양·지하수 오염기준 설정이 필요할 것이다. 특히 3D 프린팅 공정에서 야기되는 미세먼지, 유해물질에 대한 안정성 확보를 위한 규정 과 제반 연구가 필요하다.

나. 기술적 측면

EU 시장에서 많은 전자부품과 재료가 RoHS의 예외조항으로 분류되고 있으나, 차후 규제 대상이 될 것이 분명할 것으로 예상된다. RoHS의 대상 물질(중금속으로 Pb, Cd, Cr, Hg 등)을 대체하는 물질 발굴이 시급하다. 이러 한 연구개발은 기초연구지원으로 진행해야 할 것이다. 원소주기율표에서 새로운 물질을 찾아내는 연구로 이 연구는 원천기술확보와 미래시장 개척 에 관련된다. 현재 Pb의 대체물질 Bi의 사용은 실제로 인체에 유해한 물 질이므로 미봉책에서 벗어나 Bi를 제외한 연구가 장기적으로 필요하다.

친환경 부품과 제품의 재사용과 관련하여 재활용(Recycling: 사용가치가 떨 어진 사용 후 제품을 분쇄하고 녹여서 원료상태로 재생)과 새활용(Upcycling: 버려지 는 제품에 새로운 가치를 창출하여 새로운 제품으로 재탄생)은 친환경사회를 지향 하는 디자이너와 산업체가 관심을 갖어야 할 미래산업이라고 할 수 있다. 아울러 최근 선진국에서 활발한 재 제조산업공정[4]은 재활용을 고려한 제 품의 설계와 보다 효율적인 재생산 프로세스를 개발하는 것으로 이를 통해 자원과 환경보호뿐 아니라 더 낮은 비용과 더 높은 효율을 갖는다.

5) 친환경 공정사례

생체모사연구와 저온공정에서 부품,재료개발연구도 필요하다, 생체모

---

4 재(再)제조산업(Remanufacturing)이란 사용된 부품의 손상된 부분만 교체하고 정비함으로써 새 것 수 준의 상태로 되돌려 상품화 하는 것으로 자원의 재활용을 통한 자원과 환경의 보호를 위한 그린 산업의 한 분야이다.

방기술은 생명체가 가진 여러 가지 특성을 이용하는 기술이다. 나노와 바이오 기술 등 최첨단 기술발달에 의해 자연의 미세구조 및 원리를 파악하는 것이 최근 미국 등 선진국을 중심으로 수십 년 전부터 연구되어 왔다. 생체모방을 통한 신개념 소재를 개발하려는 다양한 시도는 최근 중국과 한국에서도 이루어지고 있다. 특히 이 분야는 새로운 융합연구분야로 미래시장에서 다양한 원천기술을 확보할 수 있는 가능성이 풍부하여 이에 대한 많은 연구와 노력이 필요한 시점이다.

예를 들면 '생체모방 경량 나노복합 에코소재' 기술은 자연계에 존재하는 물질의 구조를 모방하여 저온 저 에너지 소모공정을 통하여 고경량 및 고강도를 갖는 나노복합체를 제조하는 친환경 신소재 공정기술이다. 자동차의 고효율 저공해 성능에 초점을 맞추어 CO_2 배출과 지구온난화를 억제하고 참살이(well-being, 웰빙사회)에 적합한 차량을 개발하는 것이 현재 세계 자동차회사들의 주된 관심사로 인식되고 있다. 이런 상황에 생체모방기술은 에너지 환경산업분야의 소재로 응용하는 원천기술로 기대된다. 생체모방 기술은 고강도를 갖는 경량나노복합 소재의 대량생산을 위한 연구에도 적합하다. 필자가 이끄는 사업단에서는 경량나노복합 소재를 개발하기 위해서 전복껍질, 계층적 뼈 구조, 손톱의 나노구조 등으로 생체를 모방했다. 공정에는 고온 소결과정 없이 세라믹 나노타일을 고분자 용액 안에서 자연침강 또는 전기장을 걸어 침강 후 경화시켜 고강도 유무기 복합소재 제조가 가능하였으며, 또한 근접장 나노 패터닝과 3D 프린팅 공정법을 적용해서 다공성구조의 재료를 개발하였다. 이 생체모방기술은 자연 친화적 재료를 개발하여 하이브리드/전기 자동차의 내/외장재, 고효율 건축자재, 첨단 항공우주 신소재에도 응용이 가능할 것이다.

3. 맺음말

제4차산업의 핵심 분야에는 인공지능, 사물인터넷, 로봇, 드론, 가상현실, 3D 프린팅, 자율주행차 등이 있다. 이 산업에는 여러 센서와 반도체가 필요할 뿐만 아니라 3D 프린팅에 의해 다양한 재료들의 수요가 증가할 것으로 보여 제4차 산업혁명은 재료발전에 큰 영향을 줄 것이다. 이러한 중요성에 따라 이 글에서는 EU를 중심으로 글로벌로 확대 강화되고 있는 제품 환경규제에 능동적으로 대처하기 위해 제4차산업 혁명에 관련되는 재료산업에서 향후 해결해야 할 환경적 측면을 고찰했다. 제4차산업 혁명은 새로운 소재로 신제품을 개발하는 것이 아니다. 이미 확보된 제조업 분야의 미래기술 로드맵상 유망기술과 친환경기술, 안전 등 인류친화적 기술을 모두 포괄해서 국가 차원에서 체계적으로 진행해야 한다. 따라서 국내에서는 제4차 산업혁명에서 사용되는 재료들은 친환경 부품소재 개발에 역점을 두고 제도적, 기술적 측면에 대한 관심 속에서 연구와 개발이 이루어져야 할 것이다.

참고문헌

최도연, (2016), 제4차산업혁명과 반도체, 3, 교보증권
송태권, 이명환, (2014), 무연 압전재료 개발동향, 세라미스트, 제17권, 제2호
남두현, 조혜영, 이수복, 하종욱 (2014), 3D 프린팅고분자 소재의 현황과 연구방향, 한국산업기술평가관리원, KEIT PD ISSUE REPORT VOL 14-8
미래창조과학부, 산업통상자원부, (2014) 3D 프린팅 전략기술 로드맵
Michael F. Ashby, (2011) Materials Selection in Mechanical Design, 4th ed, Elsevier AMSTERDAM, 1
2016 세계경제포럼의 4차 산업혁명, Power Review, 2월, 2016
박형근, (2014), 4차 산업혁명이 시작됐다. 기계가 소통하는 사이버물리시스템 주목하라, 동아비지니스리뷰, 166호, 12월

디지털 콘텐츠 속의 물리학

이종완(한림대학교 응용광물리학과 교수)

1. 들어가는 글

2014년 가을 크리스토퍼 놀란(Christoper Nolan) 감독의 영화 '인터스텔라(Interstellar)'가 개봉되었다. 무려 1,000만 관객을 넘기며 흥행에 성공하였다. 사람이 더 이상 살 수 없을 만큼 황폐해진 지구를 떠나 인류가 정착할 수 있는 새로운 행성을 찾는 탐사가 영화의 주된 줄거리이다. 우리가 속한 태양계에는 인류가 정착할 만한 행성이 없기 때문에 웜홀(Wormhole)을 통과하여 우주의 다른 쪽으로의 여행은 계속된다. 블랙홀(Black Hole) 주위를 돌고 있는 행성에서 엄청난 중력의 영향으로 탐사단은 거대한 파도와 맞닥뜨린다. 또한 엄청난 중력 때문에 시간 지연이 발생하여 행성에서의 1시간이 지구에서의 7년과도 같다. 아인슈타인(Einstein)의 상대성 이론(Theory of Relativity)이 적용되기 때문이다. 결국

이종완 서울대학교 자연과학대학 물리학과를 졸업하고 독일 뮌헨(München)대학교에서 표면물리학 분야로 석사학위(Diplom)와 박사학위(Dr. rer. nat.)를 받았다. 재독 한국과학기술자협회 총무를 수행했다. 귀국 후 LG종합기술원에서 선임연구원과 책임연구원을 역임했다. 한림대학교 전자물리학과에서 조교수와 부교수를 거쳐 현재 응용광물리학에서 교수로 재직하고 있다. 학생 생활관장과 물리.화학부장직을 수행했다. 연구 분야로는 표면물리학과 전산물리학 및 게임물리학이다.

탐사단의 도움으로 인류는 중력장을 극복할 수 있는 물리학 법칙을 찾게 되고 이를 활용한 기술로 지구를 떠날 수 있게 된다.

이 영화 속에는 인류가 지금까지 축적해온 심오한 물리학 법칙들, 웜홀, 블랙홀, 상대성 이론 등이 충실하게 잘 녹아 있다. 이는 기획 단계부터 영화에 깊이 관여한 중력 전문가인 이론 물리학자 킵 손(Kip Thorne) 덕분이다[1]. 영화 중에서 가장 인상 깊은 장면은 '가르강튀아(Gargantua)'[그림 1] 라고 명명된 블랙홀의 영상이다. 영화의 특수효과(VFX)를 이용하여 만든 장면이다. 블랙홀 주위의 강한 중력 때문에 '중력 렌즈 효과'로 별들의 빛이 심하게 왜곡되어 있다. 킵 손이 중력 이론을 바탕으로 블랙홀의 윤곽을 계산하면 이를 이용하여 영화사의 특수효과 팀이 이를 이미지로 만들었다. 결국 매우 어렵고 난해한 물리학 법칙들이 디지털 콘텐츠인 영화의 특수효과에 적용되는 사례이다. 보다 상세한 내용은 킵 손의 책을 참조하기 바란다. 이 책에는 인터스텔라 영화를 보면서 필요한 모든 물리학적 지식이 포함되어 있어서 책을 읽은 후에는 영화를 보다 흥미롭게 감상할 수 있다.

[그림 1] 영화의 특수효과로 재현된 블랙홀 '가르강튀아'의 모습 (워너브라더스 사)

---

1   킵 손, 전대호 역, 인터스텔라의 과학, 까치, 2015.

디지털 콘텐츠에는 여러 가지가 있지만 물리학이 관여할 수 있는 범주에는 게임, 애니메이션, 그리고 영화의 특수효과 등을 들 수 있다. 실시간으로 영상을 만들어 보여주어야 하는 게임에서는 개인용 컴퓨터(PC, Personal Computer)나 스마트폰(Smartphone) 등의 계산 능력의 한계 때문에 계산이 복잡한 물리학을 사용하지 못한다. 반면에 애니메이션이나 영화의 특수효과에서는 영상을 실시간이 아닌 장면의 이미지 단위로 만들기 때문에 '인터스텔라'의 예제처럼 복잡한 물리학을 적용하여 만들 수 있다. 보통 성능이 우수한 병렬처리 컴퓨터(Parallel Computer)를 사용한다. 이 글에서는 게임, 애니메이션 그리고 영화의 특수효과에서 사용하는 물리학을 중심으로 기술한다.

2. 본문

물리학은 복잡한 자연현상에 대한 관찰과 실험을 통하여 이론적 모델을 만들어 자연에 내재되어 있는 규칙성을 찾아내는 학문이다. 물리학의 분야는 크게 힘과 관련된 역학, 전기와 자기를 다루는 전자기학, 열과 관련된 열역학, 빛과 관련된 광학, 미시세계를 다루는 양자역학으로 나눌 수 있다. 연구 대상에 따라 입자물리학, 핵물리학, 원자물리학, 응집물질물리학, 유체역학, 천체물리학으로도 분류할 수 있다. 영화 '인터스텔라'의 특수효과에는 천체물리학이 관여되었다고 말할 수 있다.

힘과 관련된 역학은 일반적으로 뉴턴 역학을 말하며 여기서는 주로 우리 주변에서 만날 수 있는 물체들의 운동을 다룬다. 입자의 직선 운동과 3차원 운동, 마찰, 진동, 입자계의 운동, 강체의 역학 등을 들 수 있다. 입자의 직선 운동의 전형적인 예는 물체의 자유낙하 운동이다. 진공 속에서 모든 물체는 질량에 관계없이 같은 높이에서 동시에 떨어뜨릴 때 땅에 동시에 도달한다. 2차원과 3차원 운동에는 여러 가지가 있지만 대표적인 예는 포물체 운동이다. 물체가 거친 표면을 따라 직선 운동을 할 때 두 표면 사이의 마찰 때문에 움직이던 물체는 일정 거리 후에 멈추게 된다. 스프링(Spring)에 매달린 물체는 복원력에 의해 위, 아래로 진동을 하게 된다. 입자계의 운동은 하나가 아닌 수많은 입자들이 모여서 움직이는 운동을 말한다. 주로 유체나 폭발 현상을 구현할 때 쓰인다. 모든 물체는 부피를 가지고 있다. 물체 중에서 변형이 일어나지 않는 물체를 강체라 부른다. 레이싱 게임에서 자동차를 강체로 모델링하여 충돌과 회전을 구현한다.

디지털 콘텐츠 중에서 우선 게임 속의 물리학인 게임물리학(Game Physics)에 대하여 알아보자. 게임물리학은 게임 개발에 필요한 컴퓨터 프로그램들 가운데 게임을 보다 현실감 있게 만들기 위하여 컴퓨터 프로그램에 적용하는 물리학을 말한다. 게임은 보통 스포츠 게임, 슈팅 게임 또는 레이싱 게임 등으로 주로 우리 주변의 물체를 게임 대상으로 삼기 때문에 게임에 적용되는 물리학은 역학이 대부분이다. '게임 프로그래머를 위한 물리(Physics for Game Programmers)'라는 책[2]의 대략적인 목차를 보면 다음과 같다: 뉴턴 역학, 운동학, 포물체 운동, 충돌, 스포츠 시뮬레이션, 자동차와 오토바이, 배와 뜨는 물체, 비행기, 로켓과 미사일, 고체물리학, 폭발, 레이저. 거의 역학과 관련된 내용들임을 알 수 있다. 스포츠 시뮬레이션 중에서 골프를 자세히 다루고 있는데, 이는 스크린 골프(Screen Golf)에도 적용될 수 있다. 최근에 출판된 '게임 개발자를 위한 물리(Physics for Game Developers)'[3]에서도 앞서 소개한 책과 비슷한 내용을 다루고 있다: 운동학, 힘, 충돌, 포물체 운동, 실시간 시뮬레이션, 입자, 2

2 G. Palmer, Physics for Game Programmers, Apress, 2005.
3 D. M. Bourg and B. Bywalec, Physics for Game Developers, 2nd Ed., O'Reilly, 2013.

차원 강체, 3차원 강체의 회전, 서로 연결된 물체, 물리엔진, 비행기, 배와 보트, 자동차, 총과 폭발, 스포츠.

 게임 개발에 아주 중요한 물리학으로는 포물체 운동과 충돌을 들 수 있다. 포물체 운동은 모든 스포츠 게임과 슈팅 게임에 적용되기 때문에 게임 개발에 없어서는 안 될 요소이다. 또한 충돌은 공과 벽의 충돌이나 레이싱 게임 등에서 카트와 장애물과의 충돌에 적용되기 때문에 매우 중요하다. 최근 스마트폰에서 유행했던 '앵그리 버드(Angry Bird)' 게임도 포물체 운동과 충돌을 그 기반으로 하고 있다. 골프의 경우에는 이상적인 포물체 운동에 공기의 저항과 골프공의 회전으로 인한 '마그누스(Magnus) 효과'를 고려해야 한다. 마그누스 효과는 골프공의 회전으로 날아가는 방향의 위로 힘을 받는 것을 말한다. 이로서 골프공을 보다 멀리 보낼 수 있다. 마그누스 효과는 비단 골프에서뿐만 아니라 공의 회전이 관여하는 축구나 야구에서도 매우 중요한 역할을 한다. 축구의 바나나킥이 좋은 예이다.

 관심 있는 독자들을 위하여 간단한 포물체 운동이 컴퓨터 프로그램에서 어떻게 구현되는지 알아보기로 한다. 이를 위해서는 쉽게 배울 수 있는 컴퓨터 프로그래밍 언어와 간단한 포물체 운동만을 알면 된다. 포물체 운동의 계산과 실시간으로 3차원 장면을 출력할 수 있는 컴퓨터 프로그래밍 언어로는 Python과 VPython을 선택하기로 한다. Python은 컴퓨터 프로그래밍 문법이 매우 간단하고 배우기 쉽기 때문에 특히 초보자에게 매우 적합한 프로그래밍 언어이다. 물론 객체지향언어인 까닭에 전문적인 프로그램을 작성하는데 쓰이기도 한다. VPython은 Python 언어에 Visual 모듈을 더한 것이다. Visual 모듈은 3차원 컴퓨터 그래픽스를 실시간으로 출력할 수 있는 기능이 있어 게임물리학을 구현하는데 아주 적합하다.

 독자들의 개인용 컴퓨터에 먼저 Python을 설치하고 다음으로 Visual 모듈을 설치해야 한다. 두 개의 소프트웨어는 VPython 프로그래밍 언어의 공식 홈페이지인 'http://vpython.org'에서 무료로 다운로드 받을 수 있다. 이때 Python 2.7 버전 (집필 당시의 Windows용 파일 두 개: 32-bit Python-2.7.9와 VPython-Win-32-Py2.7-6.11)을 다운로드하여 설치한다. 물론 해당 운영체계(OS, Operating System)에 맞는 소프트웨어를 설치한다. 설치를 마쳤으면 바탕화면에 "VIDLE for VPython"이라는 아이콘이 만들어질 것이다. 그 아이콘을 클릭한다. 메모장 같은 창이 뜰 것이다. 이곳에 컴퓨터 프로그램을 작성하여 실행하면 된다.

[그림 2] 포물체 운동의 Python 프로그램 예제

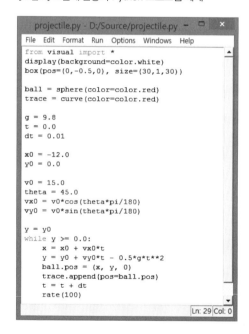

```
projectile.py - D:/Source/projectile.py

File  Edit  Format  Run  Options  Windows  Help

from visual import *
display(background=color.white)
box(pos=(0,-0.5,0), size=(30,1,30))

ball = sphere(color=color.red)
trace = curve(color=color.red)

g = 9.8
t = 0.0
dt = 0.01

x0 = -12.0
y0 = 0.0

v0 = 15.0
theta = 45.0
vx0 = v0*cos(theta*pi/180)
vy0 = v0*sin(theta*pi/180)

y = y0
while y >= 0.0:
    x = x0 + vx0*t
    y = y0 + vy0*t - 0.5*g*t**2
    ball.pos = (x, y, 0)
    trace.append(pos=ball.pos)
    t = t + dt
    rate(100)

                                        Ln: 29  Col: 0
```

[그림 2]에 표시된 22줄의 간단한 예제를 정확하게 옮겨 타이핑한다. 특히 while문 밑에 있는 6줄의 '들여쓰기(Indentation)'는 매우 중요하다. 쓰기가 완료되었으면 임의의 디렉토리(directory)에 projectile.py로 저장

을 한 후 Function키 5 [F5]를 눌러 프로그램을 실행시키거나 Run 메뉴에서 맨 밑의 [Run Module F5]를 클릭한다. VPython 창이 뜨면서 그림 3과 같은 포물체 운동을 보면 정상적으로 VPython 프로그램을 실행한 것이다. 실행 화면이 그림 3과 다른 이유는, 보는 각도가 다르기 때문이다. VPython 창에 마우스를 놓고 오른쪽 버튼을 클릭한 후 마우스를 움직이면 보는 각도가 달라질 것이다. 화면을 보기 좋은 방향으로 조절해 보기 바란다. 또한 왼쪽 버튼과 오른쪽 버튼을 동시에 누르고 위 아래로 움직이면 줌인(Zoom-In), 줌아웃(Zoom-Out) 기능이 작동한다.

[그림 3] 포물체 운동의 프로그램 실행 예

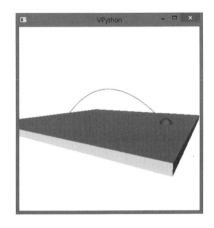

프로그램의 각각의 의미는 다음과 같다:

```
from visual import *           (Visual 모듈을 불러온다.)
display(background=color.white) (화면의 바탕색을 흰색으로 정한다.)
box(pos=(0,-0.5,0), size=(30,1,30)) (땅바닥을 생성한다.)

ball = sphere(color=color.red) (빨간색 공을 생성한다.)
trace = curve(color=color.red) (공의 궤적을 표시할 빨간색 곡선을 생성한다.)
g = 9.8                        (중력 가속도 9.8 m/s²)
```

```
t = 0.0                          (초기 시간 0.0 초)
dt = 0.01                        (시간 간격으로 0.01 초마다 공의 위치를 계산한다.)

x0 = -12.0                       (공의 초기 x 위치 -12.0 m)
y0 = 0.0                         (공의 초기 y 위치 0.0 m. 땅바닥을 의미한다.)

v0 = 15.0                        (공의 초기 속력 15.0 m/s)
theta = 45.0                     (공의 초기 발사 각도. 땅바닥과 45.0도위로 발사한다.)
vx0 = v0*cos(theta*pi/180)       (공의 초기 속력 v0의 x방향 성분)
vy0 = v0*sin(theta*pi/180)       (공의 초기 속력 v0의 y방향 성분)

y = y0                           (공의 초기 위치 y0를 변수 y에 대입한다.)
while y >= 0.0:                  (공이 공중에 있는 동안 while문을 반복한다.)
    x = x0 + vx0*t               (x방향으로 등속도 운동)
    y = y0 + vy0*t 0.5*g*t**2    (y방향으로 등가속도 운동. 중력이 작용한다.)
ball.pos = (x, y, 0)             (공의 위치를 표시한다.)
    trace.append(pos=ball.pos)   (공의 궤적을 표시한다.)
    t = t + dt                   (시간을 dt 만큼 증가시킨다.)
    rate(100)                    (1/100초 기다린 후 while문 실행, 현실과 같은 비행
                                  재현)
```

발사 후 공이 날아간 거리와 높이를 알고자 한다면 while문 안에 'print x+12, y'를 추가하면 된다. 최대 도달거리와 최대 높이를 찾아본다. 이제 공의 초기 발사 각도인 세타(theta)를 60.0도로 바꾸어 실행해 본다. 또 공의 초기 속력인 v0를 10.0으로 바꾸어 실행해 본다. 이와 같은 방법으로 '앵그리 버드(Angry Bird)' 게임에서는 버드의 초기 속력과 방향을 손가락으로 조절한다.

위의 예제는 단순히 시간을 변수로 삼아 x = x0 + vx0*t, y = y0 + vy0*t 0.5*g*t**2의 공식을 사용하여 포물체 운동을 구현한 것이다. 실제로는 이미 주어진 포물체 운동의 공식이 아니라 시간에 대한 미분방정식을 풀어서 포물체 운동을 구현해야 한다. 미분방정식은 보통 간단한 오일러(Euler)법이나 복잡하지만 정확한 룽게-쿠타(Runge-Kutta) 4차법을 이용하여 푼다.

역학의 대부분은 미분방정식을 풀어 그 해를 구하는 문제들로 이루어졌다. 여기서는 미분방정식에 대한 보다 상세한 설명은 생략하기로 한다.

물체의 이차원 운동 중에서 중요한 물리 중의 하나는 물체가 바닥 위를 미끄러질 때 발생하는 마찰과 다른 물체와의 충돌이다. [그림 4]는 바둑판 위에서의 알까기 게임 중의 한 장면이다. 흰색 바둑알 5개와 검정색 바둑알 5개를 시작으로 번갈아 가며 상대방 바둑알을 자신의 바둑알로 충돌시켜 바둑판 위에서 몰아내는 게임으로, 바둑판에 한 가지 색만 남을 경우 그 색의 주인이 승리하는 게임이다. 바둑알은 직선상을 움직이며 바둑판과의 마찰력 때문에 감속운동을 하게 된다. 여기서는 바둑알을 실린더(Cylinder)로 표현하고 충돌은 2차원 탄성충돌을 가정하였다. 충돌한 바둑알이 충격량을 받아 바둑판을 벗어나면 바둑알은 사라진다. 바둑알의 선택은 마우스로 하고 바둑알의 방향과 세기는 키보드를 이용한다. [그림 4]에는 빨간색 화살표로 표시되어 있다. 바둑알의 방향과 세기에 약간의 난수 값을 부여하면 보다 재미있는 게임이 될 것이다.

[그림 4] 알까기 게임의 한 장면

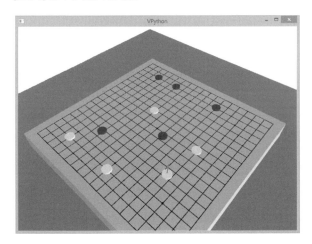

디지털 콘텐츠 중 애니메이션에서는 앞서 다룬 게임물리학 이외에 여러 복잡한 물리를 사용한다. 책 [4][4]와 [5][5]에서 다루는 내용 중에 물리와 관계되는 항목은 Physics-Based Animation으로 다음과 같다: 스프링 애니메이션, 입자계, 강체 시뮬레이션, 옷, 유체(액체와 기체) 등이다. 스프링 애니메이션에서는 유연성이 있는 물체를 다룰 때 쓰인다. 가령 옷을 시뮬레이션 할 때도 스프링을 사용한다. 입자계는 입자의 수가 많은 물리계를 다룰 때 사용한다. 한 예로 [그림 5]에서 보는 바와 같이 입자 1000 개를 이용하여 앞에서 배운 포물체 운동을 무작위로 쏘아 올려 분수를 구현한 것이다. 각각의 입자는 각도가 거의 90도인 포물체 운동을 한다. 그리고 보다 자연스러운 분수를 표현하기 위해 입자의 속도를 난수를 사용하여 구현한다. 앞의 포물체 운동의 예제보다 복잡하지만, 분수를 애니메이션하는 프로그램의 전체 줄은 22줄밖에 안 된다. 독자가 한 번 도전해 보기 바란다.

[그림 5] 입자계와 포물체 운동을 이용한 분수의 애니메이션

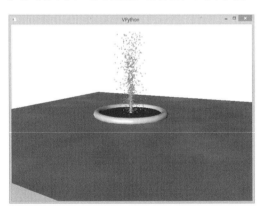

4   [4] R. Parent, Computer Animation: Algorithms & Techniques, 3rd Ed., Morgan Kaufmann, 2012.
5   [5] K. Erleben, J. Sporring, K. Henriksen, and H. Dohlmann, Physics-Based Animation, Charles River Media, 2005.

유체는 보통 나비어-스토크스(Navier-Stokes) 방정식을 이용하여 구현하기 때문에 쉬운 작업이 아니다. 식은 다음과 같다:

$$\frac{\partial \vec{u}}{\partial t} + \vec{u} \cdot \nabla \vec{u} = -\frac{1}{\rho} \nabla p + \vec{g} + \nu \nabla^2 \vec{u}$$

여기서 $\vec{u} = (u, v, w)$는 유체의 속도, ρ는 유체의 밀도, p는 유체의 압력, $\vec{g}$는 중력가속도 그리고 ν는 점성도를 각각 나타낸다. 이 방정식을 푸는 방법에는 크게 두 가지가 있다. 오일러(Eulerian) 방법과 라그랑지안(Lagrangian) 방법이다. 오일러법은 주로 주위의 물체가 고정된 공간을 격자로 나누어 풀고 라그랑지안법은 입자계를 이용하여 방정식을 푼다.

라그랑지안 방법 중에서 SPH(Smoothed Particle Hydrodynamics)라는 방법에 대하여 간략히 소개하면 다음과 같다. SPH는 원래 천체물리학 분야에서 사용되어온 시뮬레이션 방법이다. 현재는 컴퓨터 그래픽스 분야에서도 유체 현상을 구현하기 위하여 SPH를 이용하고 있다. 이외에도 폭발 현상 등에도 응용되고 있다. SPH에서는 유체가 불연속적인 입자 유체 요소들로 구성되어 있다고 가정한다. 각각의 입자들은 점 입자가 아니고 h로 표시되는 smoothing length라고 불리는 반경을 갖고 있다. 임의의 공간점에서의 물리량은 입자들이 위치한 점들의 물리량과 반경 h인 kernel 함수 $W(\vec{r} - \vec{r}_j, h)$로 부터 얻어진다. SPH에서는 위치 $\vec{r}$에서의 함수값 $A_S(\vec{r})$는 입자의 위치에서의 물리량 A_j에 의해 다음과 같이 얻어진다. 이때 아래첨자 S는 Smoothed의 S이다.

$$A_S(\vec{r}) = \sum_j m_j \frac{A_j}{\rho_j} W(\vec{r} - \vec{r}_j, h)$$

여기서

j : 모든 입자

$m_j, \vec{r}_j$: 입자 j의 질량과 위치

ρ_j, A_j : 입자 j의 밀도와 물리량

$W(\vec{r},h)$: 반경 h인 smoothing kernel $\left(\int W(\vec{r},h)d\vec{r} = 1 \right)$

이다.

예를 들어 밀도를 구하는 식은 위의 A_j대신에 ρ_j를 대입하여 얻는다.

$$\rho_S(\vec{r}) = \sum_j m_j \frac{\rho_j}{\rho_j} W(\vec{r} - \vec{r}_j, h) = \sum_j m_j W(\vec{r} - \vec{r}_j, h)$$

유체의 여러 물리량들을 구하기 위해서는 변화도(Gradient)와

$$\nabla A_S(\vec{r}) = \sum_j m_j \frac{A_j}{\rho_j} \nabla W(\vec{r} - \vec{r}_j, h)$$

라플라시안(Laplacian)

$$\nabla^2 A_S(\vec{r}) = \sum_j m_j \frac{A_j}{\rho_j} \nabla^2 W(\vec{r} - \vec{r}_j, h)$$

을 kernel 함수에 적용하여야 한다. 보다 자세한 풀이 방법에 대해서는 책 [5]와 [6][6]을 참조하기 바란다. '아카데미상 영화에서 유체 시뮬레이션 기술'에 관한 리뷰 논문 [7][7]도 참고하기 바란다.

---

6   [6] G. R. Liu and M. B. Liu, Smoothed Particle Hydrodynamics: a meshfree particle method, World Scientific, 2003.

7   [7] 김명규, 오승택, 최병태, 아카데미상 영화에서 유체 시뮬레이션 기술, 컴퓨터그래픽스학회논문지, 제 14권, 제3호, 2008.

영화의 특수효과는 애니메이션에서 쓰는 물리와 거의 같으나 보다 섬세한 렌더링(Rendering) 기술을 적용해야 한다. 렌더링이란 이미지의 최종 단계로 3차원 모델에 광학 등을 적용하여 실물처럼 보이게 하는 기술이다. 영화 '인터스텔라'의 블랙홀 가르강튀아[그림 1]가 좋은 예이다. 디지털 콘텐츠의 모델링, 애니메이션, 동역학(Dynamics)과 렌더링을 종합적으로 다루는 전문 소프트웨어 중의 하나는 Autodesk의 Maya 이다. 특히 물리와 관련되어 있는 부분은 동역학이다[8]. 여기에서는 폭발하는 입자, 유체역학, 화산 폭발, 토네이도, 불, 홍수 등 보다 복잡한 시뮬레이션을 다루고 있다.

3. 맺음말

지금까지 디지털 콘텐츠 가운데 간단한 포물체 운동의 구현과 알까기 게임을 알아보았다. 입자계를 이용하여 분수의 애니메이션과 영화 '인터스텔라'의 블랙홀 영상까지 살펴보았다. 게임에서는 3차원 출력이 실시간으로 이루어져야 하기 때문에 복잡한 계산이 소요되는 물리학은 배제해야 한다. 애니메이션과 영화의 특수효과에서는 3차원 유체나 폭발 장면과 같은 복잡한 계산이 허용된다. 주로 성능이 좋은 컴퓨터나 병렬처리 컴퓨터를 사용한다. 개인용 컴퓨터의 성능과 그래픽 카드의 성능이 점점 좋아지면서 게임에서도 복잡한 계산을 수행해서 실시간으로 출력하는 경우가 많아지고 있다. 가령 유체의 시뮬레이션도 게임에서 실시간으로 출력이 가능해지고 있다. 애니메이션에서는 털이나 옷의 움직임이 보다 자연스럽게 구현될 것이다. 영화의 특수효과에서는 광학을 이용한 렌더링에 계

8   [8] T. Palamar, Maya Studio Projects: Dynamics, Wiley, 2010.

산의 상당부분을 할애할 것이다. 영화 '반지의 제왕'에서 골룸의 피부를 표현하기 위해 피부의 표면 밑까지 광학을 이용하여 시뮬레이션 한 예가 있다. 영화의 장면들은 점점 극적인 것을 요구하고 있다. 따라서 보다 환상적인 장면을 구현하기 위해서는 보다 복잡한 물리학이 디지털 콘텐츠에 적용될 것이다.

상상의 실현: 미래 콘텐츠 기술

이칠우(전남대학교 전자컴퓨터공학부 교수)

1. 들어가면서

인간이 다른 동물과 비교해서 가장 뛰어난 것 중의 하나는 상상의 능력을 가지고 있다는 점일 것이다. 그러나 상상이란 필요할 때 자신의 의지로 사용하는 능력이 아니라 인간은 항상 상상 속에 살고 있다고 하는 것이 옳을지도 모른다. 왜냐하면 인간은 잠에서 깨어 하루를 시작하는 순간부터 일상의 모든 일들을 상상의 공간 속에서 미리 시뮬레이션을 해보고 그 결과에 따라 어떤 결정을 내리는 일이 다반사이기 때문이다. 아니, 생각해보면 꿈조차도 사람의 상상력의 결과물이 아닐 수 없다. 그런 상상의 결과가 인류의 일상생활의 각 요소에 작용하여 인간만이 가질 수 있는 희로애락

이칠우 1992년 동경대학에서 박사학위를 취득한 후 첨단 영상미디어 및 인터페이스기술을 개발하는 일본 이미지정보과학연구소에서 수석연구원으로 근무하면서 오사카대학 기초공학부 협력연구원, 리츠메이칸대학 특별초빙강사를 거쳐 1996년부터 전남대학교 전자컴퓨터공학부 교수로 재직 중이다. 일본에서 근무하는 동안 국가주도의 휴먼미디어(Human Media) 연구프로젝트에 참여하여 이 부분의 선도적인 연구를 경험해 왔고 현재까지 영상 및 신호처리를 기본으로 하여 정보시스템과 인간과의 지능적인 정보전달이 가능한 휴먼인터페이스, 즉 지능형인터페이스 구현을 목적으로 컴퓨터비전, 그래픽스, 인공지능, 센서응용 기술들을 결합하여 지능형 사용자 인터페이스에 의한 상호작용 콘텐츠개발을 지속적으로 수행해오고 있다. 차세대휴대폰인터페이스연구센터장을 역임하였고 현재 전남대학교 문화기술연구소 소장직을 맡고 있다.

의 여과과정을 거쳐 정신적 또는 물질적 유물로 남은 것이 오늘날 우리 인류의 문화와 문명이다. 상상의 세계란 단순히 현실로부터 유리된 허구의 세계가 아니라 시공을 초월하여 우리 인간에게 무한한 가능성을 제공하는 생산적인 세계로 인류발전의 가장 소중한 원동력이 아닐 수 없다.

사유의 과정을 통해서만 그 의미와 가치를 느낄 수 있는 상상의 세계가 인간의 눈앞에 펼쳐지고 직접 손으로 만질 수 있는 미디어로 표현된다면 어떤 일이 일어날까? 어려운 훈련과 값비싼 장비가 없어도 첨단 스포츠를 즐길 수 있고, 난해한 지식이 없이도 전문가 수준의 어려운 문제를 쉽게 이해할 수 있으며, 시공을 초월한 상상의 공간에서 오감을 통해 직접 현실감을 느낄 수 있게 되어 우리 일상생활에 많은 변화를 가져올 수 있게 될 것이다. 특히 예술적 상상력에 의해 창조된 문화예술 작품의 제작과 표현 및 감상에 있어서 그 영향력은 막대할 것으로 예상된다.

미래 콘텐츠[1]란 기존의 콘텐츠 요소들이 첨단 미디어기술과 결합하여 멀티모달리티(multi-modality)[2]를 갖는 새로운 형태로 제작된 콘텐츠를 의미하며, 이는 종래 상상의 세계에 그쳤던 표현(주로 문학작품 속의 문자에 의한 표현)들을 오감(시각, 청각, 미각, 후각, 촉각)을 통하여 직접 체험할 수 있도록 제작된 것을 말한다. 이런 콘텐츠는 문화예술적 의미뿐만 아니라 산업적인 가치도 커서 선진각국은 관련 기술개발에 많은 투자를 하고 있다. 이 글에서는 상상의 세계를 실감영상미디어로 표현하는 첨단 콘텐츠 제작 기술에 대해 설명한다.

---

1   콘텐츠(contents)란 추상명사 content를 복수형으로 바꾼 단어로 아시아 지역(특히 한국, 일본, 중국)을 중심으로 인터넷, 텔레비전, CD, 책, 잡지, 공연, 게임, 오락 등을 통해 소비자가 즐길 수 있는 모든 디지털미디어를 의미함
2   multi-modality란 인식에 있어서 다양한 감각기능을 이용하여 다차원 정보를 융합적으로 인지하는 기능을 의미함

2. 미래형 콘텐츠의 가치

미국 남부 플로리다 주 올랜도 시에 있는 유니버셜스튜디오 리조트. 섭씨 40도를 넘나드는 뙤약볕 아래에서도 호그와트성(The Wizarding world of Harry Potter)으로 가는 길에는 항상 사람들이 넘쳐난다. 입구를 지나 성 구역에 들어서면 호그와트 익스프레스(소설 해리포터에 등장하는 상상의 기차)가 보이고 해리포터 영화에 나왔던(사실은 원작 소설에 묘사되었던) 마을 풍경이며 각종 가게들이 방문자를 상상의 세계로 안내한다. 거리를 지나 Forbidden Journey(영화 해리포터에 나오는 명장면을 관객이 직접 체험할 수 있는 놀이기구)를 탈 수 있는 곳으로 가면 관람객들의 긴 줄이 멀리 높은 입구까지 늘어서 있다. 입구를 향해 걸어가면 벽에 붙어 있는 액자의 인물들은 마치 살아있는 사람처럼 말을 걸고 웃고 소리를 지른다. 긴 시간(거의 한 시간 반 이상)을 기다리고 나서야 간신히 놀이기구 탑승을 허락 받는다. 입구를 지나 놀이기구를 타고 어두운 공간으로 들어서면 바로 눈앞에 해리포터가 등장하고 그를 따라 허공을 향해 놀이기구는 날아오른다. 바로 눈앞에서 소설 속에 그려졌던 마법의 장면들이 실제 펼쳐지고 때로는 내가 주인공이 되어 괴물들과 싸우고 또 도망가며 온몸으로 스토리를 체험한다. 여기저기서 비명과 환성이 터져 나오고 빗자루를 타고 지붕을 넘어 마당으로 진입하는 순간은 극적인 스릴감을 느낀다. 놀이 여행을 마치고 출구로 향하는 모든 큰소리로 아직도 본인들이 그 장면 속에 있는 것처럼 신나게 떠들어댄다.

이 놀이기구의 예는 미래형 콘텐츠의 속성을 보여주고 있다. 관객은 오감을 통해 가상의 세계에 직접 들어감으로써 현실과 상상이 결합된 느낌을 실제 느낄 수 있게 된다. 그렇다면 이런 콘텐츠는 어떻게 제작되고 시연이 되는 것일까? 상상의 세계를 현실의 세계로 재현하기 위해서는 첨단의 각종 기술을 융합적으로 사용하지 않을 수 없다. 3차원 그래픽스 기술을 이용하여 영상을 만들고 이 영상과 관객의 청각, 촉각, 관성(기구의 움직임에 의한 상승, 낙하 및 가속 때 발생하는 중력감), 조명 등을 동기화시켜서 최대한의 임장감과 몰입감이 놀이기구에서 재현될 수 있도록 하는 것이다. 기계적인 움직임이 영상과 일치하기 위해서는 고도의 로봇 기술이 사용되고 3차원 감각을 느끼기 위해서는 스테레오 영상과 대형 스크린, 또 3차원 현실감을 높이기 위해 3차원 음향이 사용된다. 이 때 중요한 것은 완벽한 현실감을 재현하기 위해서 각 기술들 간에 하나의 빈틈도 없이 완벽히 조화를 이루어야 한다는 것이다.

위에서 설명한 놀이기구는 영국 소설가 조앤 롤링의 소설을 원작으로 하여 제작된 영화를 체감형 놀이시설로 다시 구현한 것이다. 이렇게 원작 해리포터 소설은 영화, 캐릭터, 게임, 테마파크 공연물 등으로 재탄생되었고[3] 각종 콘텐츠를 통해 총 300조 이상의 매출을 달성한 것으로 알려지고 있으며, 이는 같은 기간 우리나라 반도체 수출 총액을 능가하는 액수이다. 문화콘텐츠 하나로 공해의 폐해와 노동력을 필요로 하는 재래산업의 한계를 뛰어넘어 막대한 경제적 이익을 창출하였고 현재까지도 지속적으로 활용이 기대되고 있다. 그렇기 때문에 세계 선진 각국은 고부가가치의 콘텐츠를 개발제작하기 위해 많은 노력을 기울이고 있으며 미래 세계에서는 고부가가치의 콘텐츠 생산 능력이 국제사회에서 한 국가의 경쟁력을 좌우하는 바로미터가 된다는 것을 의미한다.

[그림1]은 현재까지 세계적으로 흥행에 성공한 10개의 영화가 벌어들인 수입을 보여주고 있다. 전부가 할리우드에서 제작된 미국영화로 그 영

---

3 이와같이 하나의 문화원형이 다른 형태의 콘텐츠로 재탄생하여 다양하게 발전하는 것을 OSMU(One Source Multi-Use)현상이라고 함

화를 구성하는 스토리의 신선함과 또 그것을 표현하는 뛰어난 기술 때문에 국내에서도 대성공을 거둔 작품들이다. 이 영화들이 굳이 설명을 하지 않더라도 사회적, 경제적인 면에서 얼마나 많은 영향을 끼치는지 쉽게 상상을 할 수 있다.

[그림 1] 세계 흥행 성공 10대 영화의 현재까지의 수익

(단위: 백만불, 출처: All time box office: http://boxofficemojo.com/alltime/world/)

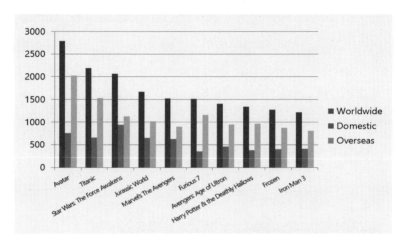

3. 첨단 영화제작 기술

이런 고부가가치 콘텐츠 제작에 있어서 가장 중요한 것은 무엇일까? 가장 중요한 것은 작가의 상상력이 녹아있는 소설과 같은 문화원형이지만 먼저 그런 문화원형이 존재한다는 것을 가정할 때 무엇보다도 중요한 것은 그 원형을 가공해서 다른 형태의 콘텐츠로 재탄생시킬 수 있는 제작 및 표현 기술이다. 왜냐하면 기존의 원형이 새로운 형태의 미디어로 재탄생될 때 그 부가가치는 급증하기 때문이다.

예를 들어 영화 아바타의 경우를 살펴보자. 이 영화를 제작하기 약 15년 전부터 제임스 카메룬 감독은 스토리를 생각하고 시나리오를 작성하였으나 현실적으로 그 내용을 표현하기 어렵다는 것을 알고 제작을 미루어 왔다. 그러다가 관련 기술이 개발되기 시작하자 직접 컴퓨터그래픽스, 컴퓨터비전 기술[4]과 관련된 학술회의를 찾아다니며 새로운 기술을 찾고 관련 연구성과를 분석하여 필요한 기술들을 전문가들의 협력을 얻어 직접 구현하였다. 이 영화의 제작에는 [그림 2]에서 보는 바와 같이 수많은 컴퓨터와 카메라를 비롯한 각종 센서, 그리고 고속의 컴퓨터그래픽 기술이 도입되었다. 카메라를 통해서 입력된 영상으로부터 얼굴표정을 인식(안면 근육의 움직임을 측정)하고 인식 결과를 이용하여 실시간으로 다양한 얼굴표정을 합성하는 그래픽 기술을 도입함으로써 제작시간을 단축함은 물론 배우의 미묘한 표정과 동작을 가상의 인물 아바타에 이식하는 고난도 영상물을 제작할 수 있었던 것이다.

[그림 2] 영화 "아바타"의 촬영 장면.

등장 배우, 소품, 촬영 장비 외에 실시간으로 영상인식과 영상합성을 위한 각종 컴퓨터들이 준비되어 있고 약 90대 이상의 카메라가 촬영에 사용되었다.

4   카메라를 통해서 입력된 영상으로부터 표정이나 동작을 인식하는 기술을 컴퓨터비전(Computer Vision), 인식된 결과를 이용하여 실제 영상을 생성해내는 기술을 컴퓨터그래픽스(Computer Graphics) 기술이라고 한다.

[그림 2]에서 보는 바와 같이 촬영장에서는 배우, 소품, 조명 장치 외에 벽 주변에 장착된 수많은 카메라와 컴퓨터들이 여러 곳에서 사용되고 있음을 알 수 있다. 출연배우들은 그림3에 보인 것처럼 적외선에 잘 반사하는 특수 물감으로 얼굴의 중요 운동근육 부위에 표시[5]를 하고, 소형 카메라가 장착된 헬멧을 쓰고 있으며 눈에 잘 띄는 줄무늬가 그려진 특수 복장을 입는다. 카메라를 통해 입력된 영상으로부터 컴퓨터비전 기술을 이용해서 얼굴근육, 팔다리의 움직임이 실시간으로 인식되고 이 결과를 이용하여 네트워크를 통해 연결된 그래픽 서버가 가상 캐릭터의 얼굴표정과 동작을 그대로 재현하고 또 가상의 배경을 실감나게 그려주게 된다.

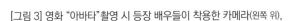

[그림 3] 영화 "아바타"촬영 시 등장 배우들이 착용한 카메라(왼쪽 위),

실제 연기장면(왼쪽 아래)와 합성된 영상(오른쪽). 헬멧에 장착된 카메라를 통해 입력된 영상으로부터 표정을 인식하고 인식된 결과를 이용하여 실시간으로 얼굴표정을 합성한다. 또 특수 복장에 그려진 줄무늬 마커의 동작을 인식하고 인식결과대로 인체 애니메이션을 수행한다.

---

5   이 점들을 마커(marker)라고 함. 마커는 적외선 카메라에 잘 반응하도록 적외선 반사 물감을 주로 사용함.

[그림 4]는 컴퓨터그래픽스를 이용하여 실시간 동작을 재현하는 원리를 간단히 보여준다. 맨 왼쪽 그림에서 보인 바와 같이 여러 대의 카메라를 이용하여 배우의 신체에 부착된 마커들의 위치를 컴퓨터로 입력하면 카메라들 간의 위치와 각 영상에서 얻어진 마커들의 위치로부터 두 번째 그림과 같이 3차원 신체의 골격을 찾는 것이 가능하다. 여기에 간단한 근육 정보를 가하고 또 피부와 의복 데이터를 입히면 맨 오른쪽 그림과 같이 움직이는 인체 영상[6]을 얻을 수 있다. 아바타 촬영의 경우에는 점 마커 대신에 줄무늬(strip) 마커를 이용하여 정확도와 처리속도를 높이는 최신의 기술이 사용되었다. 물론 기존의 애니메이션이나 공상영화에서도 이와 유사한 모션캡처 기술이 사용되었다. 그러나 "아바타" 촬영 기법이 기존의 방법과 전혀 다른 점은 가상의 인물을 미리 만들거나 음성을 미리 녹음해두고 여기에 맞추어 실제 촬영한 영상(이를 실사영상이라고 한다)과 결합하는 방식을 취한 것이 아니라 배우가 직접 연기한 데이터가 그대로 실제 영상 제작에 사용되었다는 점이다. 즉 후처리(Post Processing) 과정을 통하여 시나리오대로 얼굴의 표정을 합성하는 것이 아니라 배우가 촬영 시 표현한 감정이 섞인 얼굴표정이 실시간으로 영상합성에 사용되어 가상 캐릭터를 그렸다는 것이다. 따라서 촬영 현장에서 그림3의 오른쪽과 같이 모니터에 그려진 캐릭터 영상을 보고 표정이나 동작이 감독과 배우의 맘에 들지 않으면 다시 촬영하여 수정을 할 수 있다는 것이 이전의 방법들과는 다른 점이다. 즉 디자이너가 캐릭터를 그리는 것이 아니고 배우 자신이 연기를 통해 자신의 분신을 직접 그대로 그리는 것이며 그렇기 때문에 아바타의 제작진들은 이 기술을 모션캡처 대신 이모션 캡처(Emotion Capture:감정 캡처) 기술이라고 부르고 있다.

---

6   이런 기술을 motion capture 기술이라고 함

238

[그림 4] 모션캡처(Motion Capture)의 원리.

마커가 달린 특수 복장을 한 배우를 여러 대의 카메라로 촬영하고 스테레오 영상분석 원리를 이용하여 컴퓨터가 3차원 골격을 추출한 다음 골격에 근육과 피부 데이터를 입힘으로써 가상 캐릭터 영상을 얻을 수 있다(http://cta-diderot.brucity.be/?page_id=11에서 인용).

4. 첨단 증강현실 및 가상현실기술

앞에서 설명한 해리포터 놀이기구의 경우 고도의 현실감을 관객에게 전달하기 위해 특수시설을 만들고 이를 관람하기 위해서는 사용자가 많은 비용을 부담하지 않으면 안 된다. 그러나 어느 곳에서나 누구든지 쉽게 사용할 수 있는 콘텐츠를 구현하기 위해서는 보다 간편하고 저비용의 제작 및 구현기술이 필요하다. 새로 개발된 기술을 사용하면 이와 유사한 콘텐츠를 적은 비용으로 쉽게 제작이 가능하게 된다.

[그림 5]는 마이크로소프트가 개발한 홀로렌즈를 이용하여 제작된 콘텐츠를 사용자가 체험하고 있는 장면을 보여준다. 사용자가 쓰고 있는 헤드셋(HMD: Head mounted display라고 함)은 기존의 장치와 달리 반투명의 스크린으로 제작되어 있어 실제 주변환경(실사영상)을 볼 수 있고 그 영상에 인공영상[그림 5]에서는 가상의 동물영상)을 합성[7]함으로써 자신이 보

---

7   반투명의 스크린을 통해 실제영상에 가상의 영상을 결합하여 실세계와 가상의 세계를 결합하는 기술을 증강현실(AR: Augmented Reality)이라고 하고 인공영상만을 사용하여 완전히 가상의 세계만을 보여주는 기술을 가상현실(VR: Virtual Reality)이라고 함

고 있는 실세계에 상상의 세계를 결합시킬 수 있다. 이 헤드셋에는 보통의 컬러 카메라와 3차원 정보를 얻을 수 있는 Depth Camera가 같이 장착되어 있어서 주변을 3차원적으로 스캔할 수 있을 뿐만 아니라 사용자의 손을 인식하는 것이 가능하여 손동작으로 특수한 명령을 직접 가할 수도 있다. 또 모션센서 정보와 컴퓨터비전 정보를 결합하여 사용자의 주시방향과 움직임을 정확히 인식할 수 있기 때문에 사용자의 움직임에 정확히 연동된 인공영상을 그래픽 기술로 만들어낼 수 있다. 따라서 사용자의 움직임에 연동한 가상의 장면을 생성해서 결합하면 마치 자신의 눈앞에 상상의 세계가 펼쳐지는 경험을 할 수 있다. 이런 기술은 교육, 게임, 의료, 생산공정뿐만 아니라 일상의 업무에서도 활용이 될 것으로 기대되고 있으며 특히 상상의 세계를 주무대로 하는 게임 콘텐츠 제작에 많은 부가가치를 생산할 것으로 예상되고 있다.

[그림 5] 마이크로소프트사가 개발한 홀로렌즈 시스템.

머리에 쓴 디스플레이를 통해서 가상의 세계를 어디에서나 간단히 구현하고 체험할 수 있다.

스마트폰 기술의 발달과 함께 일반 사용자가 상상의 세계를 간단히 즐길 수 있는 기술로 가상현실기술이 주목을 받고 있다. 일명 모바일 (mobile) VR이라고 불리는 기술로 고속의 5세대 통신기술과 접목하면서 그 가능성이 기대되고 있다. 이 기술의 특징은 고가의 디스플레이를 사용하지 않고 스마트폰이나 모바일 디바이스를 머리에 착용하는 박스[8], 즉 틀에 집어넣으면 VR 디스플레이로 사용할 수 있다는 간편성과 저가라는 경제적 부가가치이다. 현재 박스에는 렌즈가 부착되어 있는 정도이지만 별도의 센서와 여분의 카메라를 장착하고 스마트폰과 연결하면 고가의 시스템에 견줄 만한 성능이 구현될 것으로 예상되고 있다. 스마트폰 시장이 점점 포화상태로 접어들고 있는 시점에 이 기술은 하이엔드 모델의 기능 차별화 전략의 하나로 급속한 발전이 기대되고 있다.

5. 고부가가치 콘텐츠제작을 위한 첨단기술

미래형 콘텐츠를 완성하기 위해서는 다양한 요소들이 정교하게 복합적으로 결합되어야만 한다. 스토리 원형에서부터 캐릭터 디자인, 주변 소품, 배경음악, 성우의 음성 등 모든 것이 결합되고 조화를 이루어야만 한다. 그러나 미래형 콘텐츠의 핵심은 첨단 기술이 가미되어 있는가 하는 점이다. 앞에서 설명한 첨단 컴퓨터비전과 컴퓨터그래픽스 기술은 영상 콘텐츠를 제작하는 핵심기술이다. 이 밖에도 최근에 주목을 받고 있는 로봇, 인공지능, 센서응용 기술도 미래형 콘텐츠를 제작하는 데 빠져서는 안 되는 중요한 기술이다. 아래에서 고부가가치 콘텐츠 제작에 필요한 각

---

8   현재 여러종류의 제품이 판매되고 있으며 대표적인 상품인 Google의 Cardboard는 2016년 1월 시점으로 약 500만개 이상이 판매되었음. 우리나라 제품으로는 삼성의 Gear VR이 있음

종 기술들을 분류하여 간단히 설명한다.

고부가가치 영화제작 기술

영화제작에 있어서 디지털화가 가속화됨에 따라 기존의 영화와는 색다른 영상 콘텐츠 제작이 가능하게 되었다. 주목을 받고 있는 기술로는 IMAX/Omnidirectional(전방위) 영상 제작 기술, 로봇기반 동작제어 카메라(Motion Controled Camera) 기술, 특수 효과를 위한 플러그 인(plug in) 프로그램 제작 기술, 실사 결합 3차원 입체영상 제작기술, 고속/고정도 3D 스캐닝 기술, 홀로그램 제작기술, Digital Cinematography 기술, 멀티 프로젝터 응용 및 콘텐츠 제작기술 등이 있다.

Digital Character 표현 기술

가상의 인물 또는 동식물을 표현하기 위한 기술들로 고속/고품위 모발 생성기술, 무마커 모션캡처기술(markerless motion capture), 인체구조기반 동작 생성 및 편집 기술, 인식기반의 얼굴동작 및 표정 애니메이션 기술, 디지털 의상 표현기술, 군중 시뮬레이션 기술, 고정밀 입술동기(Lip Synch) 기술, 고정도 2D-3D 변환기술 등을 들 수 있다.

Virtual/Augmented/Mixed Reality 관련 기술

실사 영상과 가상 영상 또는 물체를 결합하여 고부가가치의 영상을 제작하는 기술로 영화뿐만 아니라 방송 콘텐츠, 교육용 콘텐츠, 스마트폰 등 각종 이동단말기의 서비스에 많이 응용될 수 있다. 현재 주목을 받고 있는 연구주제로는 고정도 VR/AR/MR 플랫폼 엔진 개발, 실사-가상영상 합성기술, 실세계 오브젝트 기반 마커 활용기술, 가상객체 데이터베이스 구축 및 응용기술, 고해상도 Data Globe/Suit/HMD 개발 기술 등을 들 수 있다.

문화원형 활용 콘텐츠 제작 기술

역사적인 문화재, 건물이나 거리 등 유형의 문화자원을 디지털 데이터로 변환하고 가공하여 콘텐츠화 하는 데 필요한 기술로 대형 건축물/거리 스캐닝 기술, 고문서/회화/조각 디지타이징 및 복원 기술, 소형 공예품/도자기 디지타이징 및 모델링 기술, 고전 기반 시나리오개발 및 디지털 스토리텔링 기술, 무형문화제 기능 및 행위 아카이빙 기술, 고품위 국악/판소리 관련 디지털 음원 개발 기술 등을 들 수 있다.

디지털 극장/공연/전시 지원 기술

영상 콘텐츠의 고부가가치화를 위해서는 콘텐츠 자체의 고품질화뿐만 아니라 이를 표현하는 시설과 환경에 대한 연구개발이 필요하다. 특히 디지털화가 가속되면서 각종 가상/실상의 콘텐츠가 융합할 수 있는 환경으로의 변화가 필요하다. 현재 주목을 받고 있는 기술로는 실감입체음향 녹음 및 재현기술, 컴퓨터 프로그램 기반 조명 제어기술, 로봇제어 기반 무대 설치 및 운용 기술, 군중 개입 미디어 상호작용 기술, 무용/연극/행위예술 아카이빙 기술, 대형 연극/전시 시설 및 콘텐츠 제작 기술, 다차원 장르 융합 극장/공연/전시 미디어 기술 등을 들 수 있다.

미디어 상호작용 및 제어 기술

콘텐츠와 사용자 간의 대화를 위해 필요한 기술. 즉 사용자가 콘텐츠를 사용함에 있어서 사용자의 의사를 표현하고 사용자의 의도에 따라 콘텐츠의 내용을 변화시킬 수 있는 기술을 말한다. 예를 들어 비접촉 Hand/Body 제스처 인식기술, 실시간 얼굴표정 인식 기술, 유무선 센서융합 및 응용기술, 3차원 물체 생성 및 제어 기술, 고자유도 햅틱 인터페이스 기술 등을 포함한다.

영상 콘텐츠 상용화 관련 기반 기술

제작된 영상을 사용자 마켓에 배포하고 효과적으로 상품성을 높여주는 기술을 말한다. 예를 들어 저작권 보호 기술, 오감 인터페이스 과련 표준화 기술, 첨단 미디어 전시/공연 홍보 및 마케팅 기술, 대형 상설전시장 운영 및 관리 기술, 고급 인력양성을 위한 교육 콘텐츠 개발 기술 등이 주목을 받고 있다.

6. 미래 콘텐츠의 특징

최근 들어 컴퓨터와 IT 기술이 발달하면서 콘텐츠는 질적 양적 면에서 급격한 변화를 보이고 있다. 또한 세계적인 고속 네트워크가 완성되고 이를 이용한 스트리밍 서비스가 일반화되면서 소비, 유통뿐만 아니라 기획 및 제작부분에까지 영향을 미치고 있다. 아울러 스마트폰을 대표로 하는 모바일 디바이스에 의한 소비형태의 일상화와 웨어러블 기기의 발달로 향후 콘텐츠 산업은 급격한 변화를 가질 것으로 예측되고 있다. 이런 주변 환경의 급속한 변화에 따라 미래 콘텐츠는 어떻게 형태로 변화할까?

첫째, 미래 콘텐츠는 향후 완성될 첨단 기술이 복합적으로 결합하여 임장감과 몰입감이 한층 증대될 것으로 예상되고 있다. 앞서 설명한 컴퓨터 비전 기술, 컴퓨터그래픽스 기술뿐만 아니라 인공지능 기술, 빅데이터 기술, 센서기술, 3차원 음향기술, 로봇기술 등이 사용자들이 전혀 의식하지 못하는 형태로 결합될 것으로 예상되고 있다. 이와 같이 콘텐츠에 초현실적이 감각을 부여하는 기술을 실감미디어 기술이라고 하고 현재 집중적으로 연구가 이루어지고 있다.

둘째, 미래 콘텐츠의 가장 중요한 특징의 하나는 다양한 플랫폼, 즉 다양한 구동환경과 미디어를 통하여 하나의 스토리로 완성되는 트랜스미디어 스토리텔링의 속성을 지니게 된다는 점이다. 다시 말해 미디어를 구성하는 그림, 소리, 신호 요소들이 모두 디지털화 되면서 텔레비전, 컴퓨터, 영화관, 게임장, 오락시설 등의 다양한 플랫폼에 쉽게 변형된 모습으로 구현이 되고 복합적인 미디어 환경을 통해 하나의 얘기가 완성됨을 의미한다. 이 현상은 고속 통신기술에 의한 스트리밍환경과 결합하면서 새로운 상업적 패턴으로 정착할 것으로 예상되고 있다.

셋째, 미래 콘텐츠는 다양한 사용자 상호작용(user interaction)에 의해 사용자 참여형의 미디어형태로 발전할 것으로 예측되고 있다. 이는 사용자가 수동적인 관람형태에서 각종 인터페이스를 통해 자신이 상상의 공간에 들어감으로써 스토리를 바꾸고 자신만의 특정한 경험을 갖는 형태로 미디어가 발전할 것을 의미한다. 또 시각, 청각뿐만 아니라 촉각, 후각, 미각까지를 넘나드는 멀티모달리티(multi-modality) 구현이 가능하게 됨에 따라 개개인의 특성이 강조되는 문화소비가 가능해지게 된다.

넷째, 미래 콘텐츠는 세계가 하나로 된 초연결사회에서 국가와 민족 간의 구별이 없이 네트워크를 통해 국제적으로 유통되면서 국가와 민족뿐만 아니라 생산자와 소비자의 구별도 없는 참여형 콘텐츠가 될 것으로 예상되고 있다. 그 배경의 하나로 기술발달에 의해 문화를 향유하는 환경이 다양하면서도 간편한 형태로 변하고 있다는 점을 들 수 있다. 영상 콘텐츠는 웹을 통해 간단히 배포되고 즐길 수 있을 뿐만 아니라, 스마트폰과 같은 모바일 디바이스를 통해 언제 어디서나 다양한 형태로 활용이 가능하게 되었다. 이에 따라 사용자 요구도 변하게 되었고 사용자의 취향에 따라 다양하게 개인화되는 흐름으로 문화의 소비형태가 변화하고 있기 때문이다. 또한 문화소비자들의 수준도 급격히 상승하여 단순히 문화의 소비자가 아니라 자기 주변의 문화원형을 이용하여 생산자적 입장에서 콘텐츠를 제작하는 것이 가능하게 되고, 가상 세계와 실사 세계를 결합하는 기술이 날로 발전하고 있는 가운데 예술과 인문학적 상상력을 결합할 때 얼마든지 부가가치가 높은 콘텐츠를 제작할 수 있기 때문이기도 하다.

다섯째, 미래형 콘텐츠는 기존 문화예술 분야, 기존 문화자원과 새로 탄생하는 기술이 결합하여 복합적인 형태로 나타날 것으로 예상된다. 예를 들어 최근 주목을 받고 있는 드론 기술, 증강현실 기술, 홀로그램 기술과 음악, 미술, 공연 콘텐츠가 결합하여 새로운 콘텐츠 세계를 구현할 것으로 예상된다.

[그림 6]은 일본의 작가가 후지산을 배경으로 일본의 전통악기 연주와 드론의 비행을 결합한 야외공연 모습을 보여주고 있다. 이와 같은 전통예술과 신기술의 결합은 새로운 형태의 대형 콘텐츠로 발전될 것으로 예상되고 있다.

[그림 6] 후지산을 배경으로 한 드론과 전통 음악연주의 결합 야외공연의 예

인터넷 유튜브 캡처 영상: https://www.youtube.com/ watch?v=5WWwvIgGbkg

여섯째, 콘텐츠의 활용범위가 실내를 벗어나서 야외로까지 확장될 것이라는 것이다. 도쿄대학 이케우치 교수 연구실에서는 일본 나라지역의 아츠까(飛鳥) 시대의 거리, 건물, 인물 등의 모습을 증강현실(Augmented Reality) 기술로 제작하여 관광객들에게 실외에서 실시간으로 보여주었다. [그림 7]은 그 장면을 보여주는 것으로 실시간으로 관광객의 위치와 시선 방향을 정확히 인식하여 지금은 사라진 고대 일본의 거리를 실제 벌판에 재현함으로써 야외에서 첨단 콘텐츠 사용이 가능하게 됨을 보여주었다.

[그림 7]

증강현실 기술을 이용하여 "아츠까"지역의 들판(왼쪽)에 가상의 건물을 합성하여 보여주는 모습. 실제 자연환경과 가상의 물체를 결합함으로써 야외에서 콘텐츠 사용의 가능성을 보여주고 있다.

7. 맺는글

시장조사업체 이마케터의 자료에 따르면 전 세계 인터넷 사용자 수는 2015년 세계인구의 42.4%인 30억 명을 넘고 2018년에는 36억 명을 돌파하여 인구의 거의 절반이 정기적으로 인터넷을 사용할 것으로 예상되고 있다. 여기에 스마트폰으로 대변되는 이동통신단말기가 연결되면서 일상생활에서부터 산업의 모든 면까지 정보통신기술(ICT: Information and Communication Technology) 기반의 지식 정보의 가치가 중시되고 이를 산업으로 연계하는 초연결 지능형사회와 더불어 지식산업이 산업의 주축으로 등장할 것으로 예측됨에 따라 콘텐츠는 더욱 중요한 의미를 갖게 될 것이다. 단순히 콘텐츠가 경제적으로 고부가가치를 생산하기 때문만이 아니라 한 국가의 문화적 수월성으로서 모든 면에서 국제적으로 많은 영향을 끼치기 때문이다.

이러한 의미에서 우리나라 미래 지식산업 육성 및 국가 경쟁력 향상을 위해서도 콘텐츠 제작 기술의 개발은 시급한 과제 중 하나이다. 우리만의 독자적인 기술을 기반으로 하는 Post-IT 산업의 주력으로 고부가가치의 콘텐츠 산업을 육성하는 것이 필요하다. 최근 들어 국내 영화시장을 리드해가고 있는 국산 유명 영화에서 국내 기술로 제작된 특수영상들이 널리 활용되고 다양한 콘텐츠 영역에서 유사한 기술이 적용되고 있음을 볼 때 그 가능성은 한층 높아지고 있다. 그러나 장기적인 안목에서 첨단기술을 개발할 체계적인 조직과 추진 방안은 부족한 상황이다. 또 현장과 거리감이 있는 연구개발 상황도 문제이다. 이런 문제를 해결해서 현재 우리나라가 국제적인 경쟁력을 가지고 있는 IT산업처럼 미래 콘텐츠 산업분야에서도 세계적인 경쟁력을 확보할 수 있기를 희망해 본다.

Ⅳ. 우리의 미래 정책과제

남북경제통합과 한반도의 미래
김병연(서울대학교 경제학부 교수)

고령화 사회와 상속제도의 변화
김상용(중앙대학교 법학전문대학원 교수)

저성장 경제와 한국의 미래
김현철(서울대학교 국제대학원 교수)

기후변화와 우리나라의 탄소배출권거래제
남효순(서울대학교 법학전문대학원 교수)

김병연   김상용   김현철   남효순

남북경제통합과 한반도의 미래

김병연(서울대학교 경제학부 교수)

1. 들어가는 글

통일은 우리 미래의 삶을 변화시킬 중요한 요인이다. 통일로 말미암아 영토 공간이 확대되고 인구와 경제 규모가 증가하는 것은 당연한 결과이다. 이러한 양적 변화 외에 질적인 차원의 변화도 수반될 것이다. 예를 들면 지금의 남한은 섬과 같은 상태인데 통일이 되면 반도 국가로 변화되어 직접적으로 유라시아 대륙과 연결될 것이다. 통일은 동북아시아의 평화와 번영을 가져올 수도 있다. 북한 때문에 성장의 가능성이 제한된 중국의 동북 3성과 극동 시베리아 지역이 크게 발전하고 이 지역의 평화도 도모될 전망이다. 그리고 70년 이상 나뉘어져 있던 남북 주민이 만나 한 국가를 이루며 사는 가운데 여러 충격과 변화도 있을 것이다. 북한이라는 새로운 경제영역이 생겼기 때문에 이를 이용한 경제개발과 신산업 출현,

김병연 서울대 경제학부 교수이며 동 학부 BK21 플러스 사업단 단장직을 수행하고 있다. 또한, 한국비교경제학회 회장, 미국 비교경제학회 운영이사이며 세계비교경제학회 학술회의 조직위원으로 활동하고 있다. 국민경제자문회의 위원직을 역임했으며 현재 통일준비위원회 경제분과 간사 겸 전문위원, 통일부 정책자문위원직을 맡고 있다. 연구 관심 분야는 북한 경제와 구소련, 동유럽, 중국의 경제체제 및 그 이행을 포괄하고 있다.

구산업 재배치 등도 일어날 것이다.

통일 문제는 한국이 직면하고 있는 가장 큰 불확실성의 원인이기도 하다. 남북 경제통합 혹은 통일은 한반도 번영과 평화에 가장 큰 편익을 가져다 줄 수 있는 가능성을 갖고 있다. 동시에 통일은 천문학적인 경제적 비용을 지불하고서도 상당한 기간 동안 정치, 사회적 갈등을 야기할 수 있는 심각한 문제의 근원이 될 수도 있다. 이 중 어떤 시나리오가 전개될지에 따라 향후 한반도의 미래가 결정된다고 해도 과언이 아니다.

평화적이며 민주적인 절차를 밟아 이루어지는 통일, 그리고 남북한 주민이 모두 행복해지는 통일이 좋은 통일일 것이다. 통일이 이루어지더라도 그 과정에서 무력이 동반된다면 그 경제적 비용은 물론 정치와 사회에 미치는 후유증도 심각할 것이다. 또한 남북한 주민의 자유로운 의사에 따른 통일은 정치적 정당성을 확보하며 화합과 평화를 이루는 데 필수적이다. 마지막으로 남북한 주민이 행복해지기 위해서는 통일로 인한 경제적 부담이 적은 동시에 이익은 커지는 것이 필요하다.

현재의 북한 정권의 특성과 남북 관계를 고려할 때 평화적 통일은 급진적인 방식보다는 점진적으로 이루어질 가능성이 높다. 그리고 민주적인 절차에 따른 통일은 급진적인 통일의 경우 반드시 가능한 것은 아니다. 예를 들어 북한 정권의 붕괴 이후, 정치적 혼란이 심각한 상황에서는 북한 주민의 의사를 물어보기 어려울 수도 있다. 반면 점진적인 방식으로 통일할 경우에는 통일 과정과 결과에 대해 북한 주민의 의견을 반영할 개연성이 커진다. 마지막으로 독일 통일의 경험에서 볼 수 있듯이 급진통일은 통일비용을 증가시킨다. 그 주된 이유는 급진통일은 두 지역의 일인당 소득의 격차를 줄이기 위해 부유한 지역에서 가난한 지역으로의 이전지출 가능성을 증가시키기 때문이다. 반면 점진적 통일의 경우에는 통일 이전에 두 지역이 분리된 상태에서 가난한 지역과 부유한 지역의 소득의 격차를 줄이는 과정을 밟기 때문에 통일 후의 이전지출은 적어지는 경향이 있다.

이 글은 점진적 통일의 전제 하에 통일이 가져올 편익을 다룬다. 먼저 점진적 방식의 통일이 이루어지는 과정을 설명한다. 그리고 점진적 통일의 경제, 사회적 편익을 논의하며 마지막으로 이러한 방식의 통일을 위해 우리가 준비할 것이 무엇인지 검토한다.

2. 점진적 통일의 과정

점진적 통일은 일반적으로 경제 분야에서의 교류와 협력을 기초로 경제통합이라는 제도적 기반을 구축한 다음 정치적 통일의 순서로 이어진다(강문성 외.2014). 즉 "경제 교류 – 제도적 통합 – 통일"의 순차로 진행된다는 것이다. 경제 분야로부터 시작되어 통합이 진전되는 이유는 통합 대상국 모두 이로 인한 편익을 누릴 수 있기 때문이다. 그리고 경제적 이해관계가 일치하면서 많은 교류와 협력을 통해 동질성이 제고되면 이로부터 제도 통합의 동력이 생기게 된다.

경제통합 단계는 "관세의 철폐를 기초로 하는 자유무역지대(FTA: Free Trade Area) – 외국에 대해 공동의 관세를 부과하는 관세동맹(Customs Union) – 자본과 서비스의 이동을 자유화하는 공동시장(Common Market) – FTA와 더불어 모든 생산요소의 이동을 자유화하는 경제동맹(Economic Union) – 경제동맹과 더불어 단일화폐를 사용하는 경제 및 화폐동맹(Economic and Monetary Union) – 화폐동맹과 더불어 재정정책 등 모든 경제정책을 통합한 완전한 경제통합(full economic integration)"으로 이루어진다. 동일한 화폐를 사용하고 재정정책이 단일화된다는 것은 이 마지막

경제통합 단계에서 정치적 통일도 함께 이루어짐을 시사한다.

유럽연합(European Union)은 큰 틀에서 이상의 과정을 따라 경제통합을 이룬 가장 중요한 예이다. 그러나 유럽연합은 재정정책의 단일화 없이 화폐동맹을 맺고 있는 단계에 있기 때문에 아직 마지막 단계의 경제통합에는 이르지 못하였다. 아직까지 점진적 통합 과정을 따라 정치적 통일까지 이룬 사례는 없다. 유럽연합도 정치적 통일을 그 목표로 삼고 있지는 않다. 경제통합을 거쳐 정치적 통일까지 진전될 수 있는 통합 사례로서 중국과 홍콩을 들 수 있다. 중국과 타이완의 통일 가능성도 배제할 수 없으니 이에는 상당한 기간이 소요될 것으로 보이며 난관도 많을 것이다.

남북한은 법적으로는 남북교역에 관세가 부과되지 않기 때문에 FAT 통합을 이미 이루었다고 볼 수 있으나 북한의 남한 상품 시장 판매 금지, 남한의 대북 경제제재 등으로 말미암아 실질적으로 아직 이 수준의 경제통합에 이르지는 못했다. 그리고 북한은 여전히 제도적으로 사회주의 체제를 고수하고 있기 때문에 FTA보다 더 높은 단계의 경제통합으로 진행되기 어렵다. 자본의 이동이 자유화되려면 사유재산제도가 보장되어야 하는데 사회주의는 국유가 기본이기 때문에 이 두 제도 사이의 충돌이 불가피하다. 따라서 남북한의 경제통합 정도는 유럽통합뿐만 아니라 중국·홍콩의 통합 단계보다 현저히 낮고 중국·타이완의 그것보다 낮은 수준이다.

3. 점진적 통일의 편익

점진적 통일은 남북한이 정치적으로 분리된 상태에서 경제통합을 거쳐 통일한다는 구상이다. 그러나 북한이 사회주의 체제를 고수하는 한 경제통합의 효과는 제한적이다. 따라서 남북한의 점진적 통일은 북한의 시장

경제체제로의 전환, "2지역 1(시장경제)체제"를 전제하고 있다. "2지역 1 체제"를 거친 통일은 남북한이 두 개의 분리된 지역으로 남아 있는 한 남 한으로부터 북한으로의 이전지출이 발생하지 않는다는 장점이 있다. 북 한이 누리는 장점도 있다. 즉 남한으로부터 투자를 유치하고 기술협력도 받지만 경제개발은 북한의 초기 조건에 부합되도록 독자적으로 추진할 수 있는 유연성을 가질 수 있다는 점이다.

시장 확대는 남북한 경제통합이 제공하는 가장 분명한 편익이다. 남한 기업들은 북한이라는 신 시장에 원자재, 부품, 완제품을 판매할 수 있을 것이다. 특히 북한 경제가 성장하면 북한 소비자의 구매력은 커지는 반면 기존에 북한에 들어간 소비재는 제한적이기 때문에 기업들은 판매 특수 를 누리게 될 것이다. 각종 전자제품, 의류, 신발 등 경공업 제품은 경제통 합 직후부터 북한으로부터의 수요가 급증할 것이다. 북한 제품의 남한 시 장 판매도 급증할 것이다. 초기에는 북한산 농수산품의 인기가 높을 것이 다. 북한 지역으로의 관광도 활성화될 것이다.

경제통합은 남북한 경제의 연관성을 증가시킬 것이다. 남한의 기업 중 원자재를 수입하던 기업들은 북한 지역에 원자재 공장을 건설하려 할 수 있을 것이다. 북한의 상대적으로 저렴한 노동력으로 인해 북한은 남한의 아웃소싱 기지의 역할을 수행할 수도 있다. 또한 북한의 토지가 국유이고 산업 발전 정도가 낮다는 것은 새로운 신산업으로 직행할 수 있는 가능성 을 암시한다. 첨단산업의 성장에 가장 큰 걸림돌은 규제이다. 현재의 규 제는 지금의 사회와 산업에 적용하기 위해 만든 것이기 때문에 미래사회 와 첨단산업 성장을 가로막을 가능성도 있다. 특히 규제는 기득권과 밀접 히 연관되어 있기 때문에 첨단산업의 등장으로 손해를 볼 수 있는 주체들 은 첨단산업의 도입을 반대할 것이다. 그러나 북한은 산업화 정도가 낮 기 때문에 규제와 이로 인한 기득권이 적다. 또한 토지가 국유이기 때문에 산업 유치 비용이 낮다. 이를 결합한다면 4차 산업혁명을 바로 수용하여 처음부터 북한을 첨단산업의 적용지로 개발할 수도 있다. 또한 공해가 적은 것도 장점이다. 청정 북한 지역을 아시아의 알프스로 만들어 국내외 많은 사람들이 방문하는 관광지로 만들 수도 있을 것이다. 여기에 건강관련과 의료산업을 배치한다면 외국에서 휴식과 치료를 위해 북한에 오는 사람들이 많을 것이다. 특히 뛰어난 남한의 의료기술과 공해가 없는 북한의 이점이 합쳐진다면 더욱 그러할 것이다.

시장 확대의 범위는 남북한에만 그치지 않을 것이다. 북한과 인접한 중국의 동북3성(랴오닝성, 질린성, 헤이룽장성) 및 러시아의 극동 시베리아 지역은 남북한 경제와 훨씬 밀접한 경제 관계를 가지게 될 것이다. 남북한 인구 7천 5백만, 동북 3성의 인구 1억 1천만, 그리고 극동시베리아의 인구 7백만이 합쳐지면 인구가 2억 명에 달하는 거대 경제권이 형성될 수 있다. 이 지역과 남북을 잇는 각종 인프라들이 개발될 전망이다. 예를 들면 중국 베이징에서 랴오닝성의 단둥을 거쳐 신의주, 서울을 연결하는 고속철과 고속도로가 건설될 가능성이 높다. 두만강과 압록강을 사이에 둔 북한과 중국의 여러 도시들을 잇는 각종 교량이 건설될 것이다. 그리고 러시아 석유와 가스가 관을 통하여 북한과 남한에 직접 공급될 수 있다. 이러한 인프라 건설은 남북한과 이 지역 사이의 무역과 투자를 크게 증가시킬 전망이다. 동시에 사람의 이동도 일층 자유로워지고 남한에서 유럽이나 중앙아시아를 항공이 아니라 기차나 자동차를 이용해서도 갈 수 있게 될 것이다.

남북한의 시장확대로 인해 남한 지역의 경제성장률은 연 0.13% 포인트 추가 성장할 수 있는 것으로 추정되었다(김병연, 2014). 이는 동북아의 경제통합으로 인한 시장확대 효과를 제외한 것이므로 이를 포함한 시장 확대의 경제성장 효과는 0.2% 포인트에 달할 수 있을 것이다. 북한 지역은 무역과 투자의 증가로 인해 연평균 3-10%의 성장을 기대할 수 있을 것이다.

남북한이 높은 수준의 경제통합을 이룬다는 것은 한반도 평화가 정착되었음을 의미한다. 이 평화의 정착은 이른바 코리아 디스카운트(Korea Discount)를 없애거나 크게 줄일 것이다. 한국 기업이나 정부의 해외 차입 이자율을 낮출 수 있고 한반도로 유입되는 해외 투자도 증가할 것이며 이는 남북 통합경제의 성장률을 높일 것이다. 더 중요한 효과는 사회 갈등의 감소와 자원 이용의 효율성 제고이다. 즉 북한 문제로 인한 남남갈등이 사라지고 시간과 자원 등이 북한 문제가 아니라 생산적인 곳으로 사용 가능함에 따라 남한의 경제성장률은 크게 높아질 수 있다. 현재 남한의 많은 갈등과 문제가 북한 때문에 일어나고 있다. 북한에 대응하기 위한 국방력, 외교력 소모도 많다. 남한의 사회 갈등이 줄어들고 이 역량이 생산활동에 사용될 수 있다면 자원 배분의 효율성이 크게 증가할 것이다. 더욱이 현재 남한과 북한이 각각 60만 명과 100만 명의 군 병력을 유지할 필요가 없어지기 때문에 군 병력이 크게 줄어들 수 있다. 이 또한 경제성장률을 높일 것이다. 남북한에 평화 정착이 가져다주는 경제효과는 남한 지역의 경제성장률을 0.7% 포인트 증가시킬 수 있는 것으로 추정되었다(김병연, 2014).

이상의 통일 편익은 반드시 점진적 통일의 경우에만 누릴 수 있는 것은 아니다. 급진통일도 시장확대와 평화 정착으로 인한 경제적 편익을 제공한다. 그러나 급진적 통일과 점진적 통일의 가장 중요한 차이점은 통일비용의 크기이다. 급진적 통일의 경우에는 상당한 규모의 사회보장지출이 필요하다. 이 지출은 외국 투자를 유치하여 해결할 수 없는 소비성 지출이다. 따라서 이 통일비용은 주로 남한 주민들의 세금 부담 증가를 통해 해결할 수밖에 없다. 반면 점진적 통일의 경우에는 남한으로부터 북한으로의 사회보장지출은 거의 없을 것이기 때문에 통일비용은 급진적 통일에 비해 현저히 낮다. 그러나 향유되는 통일편익은 급진적 통일과 거의 비슷할 것이다. 그뿐만 아니라 점진적 통일에서는 통일 이전에 북한의 경제주체의 의식과 행동, 그리고 경제제도 등이 자본주의, 민주주의 친화적으로 바뀔 수 있는 것도 중요한 장점이다.

4. 우리의 준비

준비된 통일은 축복이지만 그렇지 못하면 재앙이라는 말이 있다. 통일이 얼마나 복잡한 문제를 안고 있는지 이해한다면 이에 동의하지 않을 수 없다. 정치, 외교와 안보 문제를 제외하고 경제문제만 봐서도 그러하다. 남북통일은 독일통일보다 훨씬 어려운 문제이다. 북한은 시장경제로 체제를 전환시켜야 하고 저개발 경제를 성장시켜야 하며 남한 경제와 통합도 해야 하는 세 가지 과제를 동시에 안고 있다. 동독은 이 중 시장경제로의 체제전환과 서독경제와의 통합이라는 두 가지 과제만 해결하면 됐다. 동유럽 대부분 국가도 체제전환과 유럽연합 가입, 즉 경제통합의 과제를 안고 있었다. 또한 남한의 경우와 비교해서도 그러하다. 한국은 경제성장 하나의 목표를 달성하기 위해서 많은 노력을 기울였고 여러 난관을 극복해야 했다. 그러나 통일은 세 가지 과제를 풀어야하기 때문에 이보다 훨씬 더 힘든 과정임을 충분히 짐작할 수 있다.

그러나 다행한 측면도 있다. 통일의 후발주자로서 남북한은 이전 사례로부터 많은 교훈을 받을 수 있다. 동유럽과 중국으로부터 시장경제로의 체제이행 사례를 관찰하고 배울 수 있다. 이들 국가들은 체제이행을 처음 시도했기 때문에 시행착오도 많았다. 그리고 통일과 통합 사례로서 독일과 유럽연합의 경험을 학습할 수 있다. 경제성장과 관련해서도 한국의 경제발전 경험뿐만 아니라 4차 산업혁명이라 일컫는 새로운 산업에 기반한 경제발전에 대해 이전보다 더욱 확실한 지식을 갖고 있다. 따라서 체제이행과 경제통합 및 통일, 경제성장 각각, 그리고 이 세 가지 모두를 조율하고 조정할 수 있는 전문성이 있다면 통일로 인한 긍정적 효과는 극대화하면서도 부정적 효과는 최소화 할 수 있다. 이러한 전문성에 기초해서 정부도 구체적인 통일정책을 수립하고 있어야 하며 이에 대한 국민의 이해 수준도 증가해야 한다.

점진적 통일 과정 동안 우리가 해야 할 가장 중요한 정책 중 하나는 북한의 인적자본 개발이다. 남북 경제가 통합하여 성장하려면 남한의 자본과 기술, 북한의 노동력이 잘 결합되어야 한다. 그런데 만약 북한의 인적자본이 남한의 자본과 기술이 필요로 하는 수준에 미치지 못한다면 통합으로 인한 성장 효과는 제한될 것이다. 이는 북한 주민에 대한 인도적 지원과 교육에 남한이 더욱 큰 관심을 기울여야 함을 시사한다. 또한 시장경제적 환경에서의 근무 경험을 통해 북한 주민의 역량이 제고될 필요가 있다.

5. 맺음말

핵실험, 미사일 발사 등 북한의 군사적 도발과 인권 탄압, 공포정치 등의 폭정 때문에 급진적 통일이 낫다는 생각을 하는 사람도 있다. 급진적 통일을 이룰 수 있는 정책수단 문제는 차치하고서 이들은 어떤 정책으로 급진적 통일이 가져올 경제적, 정치적, 사회적 충격을 어떻게 극복할 수 있을지에 대한 구체적인 대안을 제시하지 못한다.

점진적으로 통일될 때 좋은 통일의 가능성은 높아진다. 점진적 통일의 편익은 매우 큰 반면 비용은 현저히 낮다. 그러나 점진적 통일은 실제적인 준비와 현 시점에서의 실행을 요구한다. 통일준비가 말의 성찬이 아니라 행동이 되기 위해서는 국민 개개인이 북한과 통일 문제를 더 잘 이해할 수 있어야 한다. 북한 문제에 대해 남남갈등이 줄어들고 여론이 수렴될 때 보다 실효성 있는 정책 수립이 가능할 것이다. 북한 문제를 정치적으로만 이용하려는 시도도 줄어들 것이다.

한 가지 거의 확실한 사실은 남북의 현 상태가 향후 수십 년 계속되기 어렵다는 것이다. 북한의 지속적인 핵개발과 미사일 실험, 시장화가 야기하는 북한 내부의 변화 등은 북한 변화를 불가피하게 만들고 있다. 그 변화가 남북 모두에게 희망과 번영, 평화와 행복을 가져다주기 위해 우리가 지금 무엇을 해야 하고 무엇을 준비해야 하는가. 이 고민 없이 한국의 미래사회를 논하기는 어렵다.

참고문헌

강문성, 김현주, 박순찬, 이만종, 이영훈, 이종화, 이홍식, 편주현. 『점진적 통일과정에서의 동북아 경제협력과 남북한 경제통합 방안』, 대외경제정책연구원. 2014.

김병연. 통일 한국의 경제비전, 배정호 외, 『통일 한국의 국가상과 한중협력』, 통일연구원. 2014.

고령화 사회와 상속제도의 변화

김상용(중앙대학교 법학전문대학원 교수)

1. 들어가는 말

우리사회의 변화 중에서 상속법과 관련하여 주목할 만한 현상을 꼽는다면 평균수명의 연장과 부양의식의 약화(가족 간의 유대관계 약화)를 들 수 있을 것이다. 2010년 이후 우리사회의 평균수명이 80세를 넘어서게 되면서 상속이 개시될 때 자녀의 연령이 이미 40대 이상인 경우가 상당수를 차지하게 되었다. 이러한 연령대에 이른 자녀들은 이미 경제적으로 독립하여 생활하고 있고, 부모에 대하여 부양청구권[1]을 갖지 않는 경우가 대부분이다. 이러한 상황에서 전통적으로 상속제도의 중요한 존재 이유로

---

1 자녀가 미성년자인 때에는 당연히 부모에 대하여 부양을 청구할 수 있는 권리를 갖는다. 그러나 자녀가 성년자가 되면 자신의 재산과 수입으로 스스로 생계를 유지할 수 없는 경우에만 부모에 대해서 부양을 청구할 수 있다.

김상용 제철장학회 해외유학장학생 7기(독일), 독일 Freiburg 대학교 법학박사, 법무부 민법(상속편) 개정특별분과위원회 위원장, 법무부 가족관계등록법 개정위원회 위원장, 현재 중앙대학교 법학전문대학원 교수

설명되어 왔던 피상속인[2] 사망 후 자녀에 대한 부양 기능은 설득력을 잃어가고 있다. 반면에 자녀의 노부모에 대한 부양의식이 약화되면서 생존 배우자의 입장에서 보면 상속재산의 중요성은 더욱 커졌다고 할 수 있다. 연금제도가 충분히 정비되어 있지 않은 우리사회의 현실에 비추어 볼 때 노후에 사별한 생존 배우자가 의지할 수 있는 것은 결국 상속재산과 자녀의 부양인데, 자녀의 부양의식이 급속하게 약화되는 현상이 나타나면서 상대적으로 상속재산의 중요성이 더욱 부각되고 있다. 이러한 사회현실을 반영하여 2000년대 이후 우리사회에서는 배우자의 상속분을 증가시키려는 입법적 시도가 꾸준히 이어져왔으나, 가시적인 성과를 이루지 못한 채 오늘에 이르고 있다.

한편 상속법과 관련된 우리사회의 변화는 자녀의 유류분[3]에 대해서도 다시 한번 생각해 볼 수 있는 계기를 제공하고 있다. 유류분은 피상속인의 유언의 자유를 제한하는 대표적인 제도이지만, 주로 다음과 같은 두 가지 이유에서 정당화되어 왔다. 첫째, 피상속인 사망 후 상속재산으로 상속인(특히 미성년자녀)을 부양할 필요가 있다는 점이다. 이를 위하여 일정한 범위의 상속인에게는 피상속인의 의사와 관계없이 일정한 상속재산이 남겨질 수 있도록 제도로 보장되어야 한다. 둘째, 피상속인과 가까운 친족관계에 있던 상속인에게는 일정한 비율의 상속재산이 보장되어야 한다는 것이다. 피상속인과 배우자, 자녀 등은 생전에 가족공동체에서 친밀한 유대관계를 형성하는 것이 일반적이라고 할 수 있는데, 이러한 관계 자체

---

2 어떤 사람이 사망하여 그 사람이 가지고 있던 재산이 다른 사람에게 상속되는 경우 사망한 사람을 피상속인이라고 한다. 반면에 사망한 사람이 가지고 있던 재산을 물려받는 사람을 상속인이라고 한다.

3 유류분(遺留分. compulsory portion)이란 피상속인의 의사와 관계없이 상속인이 상속재산에서 확보할 수 있는 일정한 비율을 말한다. 예를 들어 피상속인(부모)이 자신의 전 재산을 사회복지법인에 기부하고 상속인(자녀)에게는 아무 것도 남기지 않겠다는 유언을 한 경우에도 상속인인 자녀는 상속분의 2분의 1을 받을 수 있다. 따라서 피상속인 A가 전 재산 10억을 B사회복지법인에 기부하겠다는 유언을 한 경우에도 자녀 C는 5억을 받을 수 있다. 결과적으로 피상속인 A의 유언에도 불구하고 B사회복지법인이 기부받는 재산의 액수는 5억에 그친다.

로부터 유류분이 인정될 수 있다고 한다.

　그런데 이와 같은 유류분 제도의 존재 이유에 비추어 보면, 오늘날 자녀의 유류분에 대해서는 몇 가지 의문을 제기할 수 있다. 우선 위에서 본 바와 같이 평균수명의 연장으로 인하여 부모의 사망으로 상속이 개시될 때 자녀는 이미 경제적으로 독립된 생활을 하고 있는 경우가 많아졌는데, 이런 경우에는 피상속인 사후 상속재산으로 자녀를 부양해야 할 필요성은 더 이상 존재하지 않는다. 따라서 피상속인의 사망 후 자녀들의 부양을 위하여 유류분이 인정되어야 한다는 논거는 많은 경우에 있어서 더 이상 타당하지 않게 되었다. 다음으로 현대사회에서 가족 간의 유대관계가 점차 약화되는 현상이 나타나면서, 가족관계 그 자체로부터 유류분 제도의 정당성을 구하는 논거에 대해서도 의문이 제기되고 있다. 자녀에게 유류분이 인정되는 이유가 부모와 자녀 사이의 일반적인 친자관계(혈연관계)에 상응하는 유대관계가 존재하였음을 전제로 하는 것이라면, 이러한 전제가 충족되지 않는 경우에는 자녀의 유류분을 부정할 수 있는 가능성이 열려 있어야 할 것이다. 그러나 부모와 자녀 사이에 최소한의 유대관계가 존재하지 않았던 경우(부모와 자녀의 관계가 심각하게 파탄된 경우)라고 해도 자녀는 그와 관계없이 유류분을 보장받는 것이 원칙이다(설령 자녀가 오래 기간 부모를 방임하거나 정신적, 신체적으로 학대해 왔다고 해도, 상속결격[4] 사유에 이르지 않는다면 유류분을 받을 수 있다). 이와 같이 부모와 자녀 사이에 마땅히 존재해야 할 최소한의 유대관계가 있었는가를 고려하지 않고 예외 없이(상속결격의 경우를 제외하면) 자녀에게 유류분을 인정하는 것은 가족 간의 유대관계가 약화되고 있는 우리사회의 현실과 맞지 않는다는 비판을 받을 수 있다.

4　상속인에게 일정한 사유가 있는 경우에 상속자격(상속권)을 박탈하는 제도를 상속결격이라고 한다. 예를 들어 상속인이 피상속인을 살해하거나 살해하려다 미수에 그친 경우에는 상속결격이 되어 상속재산을 전혀 받을 수 없다.

2. 고령화 사회와 상속법의 대응

1) 배우자 상속분

가. 평균수명의 연장과 자녀의 상속권

1960년 민법 시행 당시의 평균수명은 여자 53.7세, 남자 51.1세(평균 52.4세)에 지나지 않았으나, 2013년에는 여자 85.1세, 남자 78.5세(평균 81.9세)로 크게 증가하였다.[5] 평균수명의 연장은 피상속인의 사망으로 인한 상속개시의 시점을 상당히 늦추는 결과로 이어졌으며, 2014년을 기준으로 볼 때 상속개시 당시 피상속인의 연령이 70세 이상인 경우가 전체의 약 2/3(66%)를 차지하게 되었다.[6] 이는 30년 전인 1984년의 49%와 비교해 보아도 상당히 증가한 수치라고 할 수 있다. 피상속인의 연령이 높아지는 추세는 앞으로 더욱 가속화될 전망이다.[7]

이와 같이 피상속인의 평균 연령이 높아짐에 따라 부 또는 모의 사망으로 상속이 개시될 때 자녀의 연령도 상당히 높아지게 되었다. 즉 상속개시 당시 자녀의 연령이 이미 30대, 40대에 이른 경우가 전체 상속 건수 중 상당한 비율을 차지하게 된 것이다. 이러한 경우 자녀들은 이미 직업

---

5   연도별·평균수명 추이

	1960	1970	1980	1990	2001	2010	2011	2012	2013
계	52.4	61.9	65.7	71.3	76.5	80.8	81.2	81.4	81.9
남	51.1	58.7	61.8	67.3	72.8	77.2	77.7	78.0	78.5
여	53.7	65.6	70.0	75.5	80.0	84.1	84.5	84.6	85.1

통계청, 장래인구추계(2012. 11) 및 생명표(수록기간 1970-2013)

6   피상속인의 연령이 50세에서 69세 사이인 비율은 2014년에 전체의 24%였다. 통계청(kosis.nso.go.kr), 2014년 출생·사망통계결과(출생·사망통계 잠정집계), VI. 참고통계표, 7. 성·연령별 사망자수.

7   2014년 현재 총인구 중 65세 이상 인구가 차지하는 비율은 12.7%(6,385,559명)이다. 우리사회는 2000년에 65세 이상 인구비율이 7.2%에 이르러 '고령화사회'에 진입했으며, 2018년에는 이 비율이 14.5%가 되어 '고령사회'에 들어설 것으로 전망된다. 나아가 지금으로부터 11년 후인 2026년에는 65세 이상 인구의 비율이 20.8%가 되어 '초고령사회'에 도달할 것으로 예상된다. 통계청, 고령자통계(2014) 및 2005 인구주택총조사 전수집계결과(인구부문) 참조.

에 필요한 교육을 이수한 후 경제력을 갖추고 독립하여 생계를 유지하고 있는 경우가 대부분이라고 할 수 있다. 따라서 전통적으로 상속제도의 중요한 기능[8]으로 인정되었던 피상속인 사후 부양의 필요성은 더 이상 존재하지 않는 경우가 보통이다. 또한 오늘날에는 부모가 재산을 형성하는 데 자녀가 기여하는 경우는 찾아보기 어려우므로, 상속의 근거를 상속재산의 형성에 따른 기여의 청산이라는 측면에서 구하는 관점에서 보아도 자녀의 상속권은 그 정당성을 찾기 어렵다.

나. 평균수명의 연장과 배우자 상속분

평균수명의 연장으로 인하여 부부가 평생 함께 사는 기간은 과거에 비하여 훨씬 길어졌으며, 특히 노후에 부부만 따로 사는 경우가 늘어나고 있다. 2012년 현재 부모가 장성한 자녀와 동거하지 않고 따로 사는 경우는 전체의 67.8%에 이른다.[9] 이러한 사실은 부부가 평생 해로하는 경우 함께 사는 기간이 길어졌을 뿐만 아니라 노후에 자녀에게 의존하기보다는 배우자에게 서로 의지하는 경향이 강해졌음을 보여주고 있다. 즉 부부관계가 과거보다 더 긴밀해졌음을 의미하는 것이다. 여자의 평균수명이 남자보다 약 7세가량 길다는 사실과 혼인 당시 남녀의 연령차(남편이 아내보다 연령이 높은 경우가 많다)에 비추어 볼 때, 부부가 평생 해로하다가 사별하는 경우에는 남편이 먼저 사망할 가능성이 상대적으로 높다. 실제로 2010년 이후의 통계를 보면 사별한 65세 이상의 부부 중 남편이 먼저 사

---

8 상속제도의 존재이유는 전통적으로 다음과 같은 측면에서 설명되어 왔다. 첫째, 상속이 개시되면 피상속인의 배우자와 직계비속 등의 근친이 상속인으로서 상속재산을 승계하게 되는데(법정상속제도), 이와 같은 사람들을 법정상속인으로 규정하여 상속을 인정하는 이유는 피상속인의 사후에 유족의 부양을 보장하기 위한 것이다(사후 부양의 기능). 둘째, 상속재산은 피상속인 개인뿐만 아니라, 배우자니 그 밖의 가족의 공동의 협력에 의하여 형성된 경우가 많을 것이라고 전제하고, 상속의 개시를 계기로 상속재산의 형성에 따른 기여를 청산할 필요가 있다는 것이다(잠재적 공유관계의 청산).

9 통계청(kosis.nso.go.kr), 2013년 사회통계조사(복지), 현재 자녀와 동거여부-60세 이상 가구원.

망한 경우가 약 80%에 이른다는 사실을 알 수 있다.[10] 즉, 노후에 배우자의 사망으로 혼인이 해소된 경우에는 여자노인이 생존 배우자로서 남은 삶을 혼자 살아갈 가능성이 훨씬 높다. 여자노인들은 과거에 전업주부로서 가사와 육아에 종사한 경우가 많으므로, 자기 명의의 재산을 형성하지 못한 경우가 많고 연금을 받는 경우도 많지 않다.[11] 결국 이러한 여자노인들이 생계를 위하여 의지할 수 있는 것은 남편에게서 받은 상속재산과 자녀들의 부양뿐이다. 특히 자녀가 부양을 하지 않는 여자노인의 경우에는 거의 전적으로 상속재산에 의지하여 생계를 이어가게 되므로(노부모 부양은 자녀의 전적인 책임이라는 응답비율이 2002년에는 64.8%였던 반면에 2014년에는 31.2%로 급감하였다. 또한 60세 이후 자녀와 함께 살고 싶지 않다는 응답비율은 2002년 49.3%에서 2013년 71.4%로 증가하였다),[12] 상속재산이 가지는 중요성은 더욱 크다. 반면에 자녀들은 이미 장성하여 경제력을 갖추고 독립하여 생활하고 있으므로, 상속재산이 없더라도 살아가는 데 별 지장이 없는 경우가 대부분이다. 그렇다면 사회정책적인 측면에서 보아도 생존배우자의 상속분을 늘리는 것이 타당하다고 생각된다.

다. 배우자 상속분에 관한 현행법 규정의 문제점

현행 법규정에 의하면 자녀의 수에 비례하여 배우자의 상속분이 줄어들게 되어 있는데, 이러한 상속구조는 자녀가 많은 가정의 배우자에게 상속에서 불리한 결과를 가져오게 되어 불합리하다(자녀가 1인인 경우의 배우

---

10   통계청(kosis.nso.go.kr), 2014년 인구주택총조사보고서 : 인구동향조사 5. 혼인상태별인구.

11   2013년에 65세 이상 인구 중 연금을 받은 비율은 37.6%을 차지하였다(그 중 33.7%가 국민연금수급자였다). 통계청, 고령자통계(2014).

12   통계로 본 서울 가족구조 및 부양 변화, 2015년 4월. 이러한 경향은 통계청 조사에서도 유사하게 나타난다. 2014년 기준 통계를 보면 부모의 부양책임과 관련하여 부모 스스로 해결하거나(16.6%), 가족과 정부·사회가 공동으로 부담해야 한다는 견해(47.3%)와 비교해 볼 때 가족이 전적으로 부담해야 한다는 견해는 31.7%에 불과하다. 통계청(kosis.nso.go.kr), 사회조사 : 부모 부양에 대한 견해(2014년); 반면에 1998년에 실시된 조사에서는 자녀가 부모의 부양을 전적으로 책임져야 한다고 응답한 비율이 89%에 이르고 있었다. 통계청(kosis.nso.go.kr), 2012년 사회조사 : 노인 자녀동거율.

자 상속분: 3/5, 자녀 2인: 3/7, 자녀 3인: 3/9, 자녀 4인: 3/11, 자녀 5인: 3/13 등과 같이 자녀의 수가 늘어남에 따라 배우자의 상속분이 줄어드는 법규정에 대해서는 "다산에 대한 징벌"이라는 비판이 가해질 수 있다). 또한 자녀가 1명인 경우를 제외하고는 배우자의 상속분이 1/2에 미치지 못하므로, 노후에 배우자의 사망으로 혼인이 해소된 경우에 생존 배우자(많은 경우 아내)의 생활을 보장하기에는 부족하다는 점도 지적할 수 있다(예를 들어 남편이 집 한 채와 약간의 예금을 남겨 둔 채 사망한 경우에 자녀가 셋이라면 이 집을 팔아서 재산을 나누어야 하는데, 배우자에게 돌아오는 몫은 그 중의 3분의 1이 된다. 생존 배우자인 아내는 결국 남편과 함께 살던 집을 떠나 셋집을 구해야만 한다. 이러한 결과는 생존 배우자의 생활 기반을 크게 약화시키고 불안정하게 만드는 것이다).

라. 대안 – 사망으로 인한 혼인해소 시에도 재산분할청구를 인정하는 방안

1990년 민법개정에 의하여 이혼 시 재산분할제도가 도입되었다(민법 제839조의2). 재산분할제도는 부부가 혼인 중에 취득한 재산을 부부의 실질적인 공동재산(공유재산)으로 본다는 전제에서 출발한다. 배우자가 소득활동을 하지 않고, 가사와 육아를 담당한 전업주부인 경우에도 상대방 배우자의 재산취득(혹은 유지, 증가)에 기여한 것으로 평가하며, 따라서 상대방 배우자의 재산에 대해서 실질적인(또는 잠재적인) 공유지분을 갖는 것으로 본다. 그러므로 이혼 시 재산분할은 무상의 증여와는 성질을 달리하며, 원래 부부 각자에게 속해 있던 것을 혼인의 해소를 계기로 하여 각자에게 귀속시킨다는 의미를 갖는다(따라서 이혼 시 상대방 배우자로부터 분할 받은 재산에 대해서는 증여세를 부과하지 않는다).

이혼으로 혼인이 해소될 때 각자의 몫을 각자에게 귀속시킴으로써 부부 사이의 실질적인 공유관계가 청산될 수 있는 것과는 달리, 사망으로 인한 혼인해소의 경우에는 이와 같은 부부재산관계의 청산이 일어나지

않는다. 배우자가 사망하여 혼인이 해소된 경우에는 생존배우자는 자녀(직계비속) 등의 공동상속인과 더불어 피상속인인 배우자의 재산을 상속할 뿐이며, 배우자의 재산에 대하여 실질적인 공유지분에 따른 분배, 청산을 주장할 수 없다. 이런 경우 상속재산에는 사망한 배우자(피상속인)의 재산뿐만 아니라, 생존 배우자의 실질적인 공유지분도 포함되어 있다고 볼 수 있는데, 경우에 따라서 생존 배우자는 피상속인의 재산에 대하여 자신이 갖는 실질적인 공유지분보다 더 적은 몫을 상속분으로 받을 수도 있다. 예를 들어 혼인기간이 40년인 갑(아내)과 을(남편) 부부가 이혼하는 경우에는 갑이 전업주부라고 해도 대략 50% 정도의 재산분할을 받는 것이 가능한 반면, 을이 사망하여 상속이 개시되는 경우에는 자녀의 수에 따라 갑이 받을 수 있는 재산은 줄어들게 된다. 만약 3명의 자녀가 있다면 갑의 상속분은 $3/9(\frac{1}{3})$이 되어 이혼으로 인하여 재산분할을 받는 경우보다 불리하게 되는 불합리한 결과를 감수해야만 한다. 반면에 자녀들은 배우자 갑의 실질적인 공유지분($5/10$-$3/9$ = $3/18$. 16.7%. 즉 상속재산 중 약 17%는 갑의 실질적인 공유지분임에도 자녀에게 귀속한다)에 대해서도 상속분을 가지게 되어 실질적으로 갑에게 속한 재산을 상속재산으로 받게 되는 불합리한 결과에 이르게 된다. 이러한 문제를 해소하려면 사망으로 인하여 혼인이 해소되는 경우에도 생전에 이혼으로 혼인이 해소되는 경우와 마찬가지로 부부재산관계의 청산절차를 거치도록 할 필요가 있다. 즉 피상속인이 남긴 재산에서 생존 배우자의 실질적인 공유지분을 먼저 공제하여 생존 배우자에게 귀속시킨 다음에 남은 재산(순 상속재산)을 생존 배우자와 자녀(다른 공동상속인)의 상속분에 따라 나누는 것이다(위의 예에서 을의 재산 중 $1/2$을 우선 갑에게 귀속시키고 나머지 $1/2$을 을과 3명의 자녀가 법정상속분에 따라 상속하는 것이다. 이렇게 하는 경우 을이 받는 재산은 $4/6(\frac{2}{3})$가 된다($1/2+1/6(1/2 \times 3/9)$).

오늘날 자녀가 상속재산의 형성에 기여하는 경우가 거의 없다는 사실을 감안해 볼 때, 자녀가 상속인으로서 받는 상속분은 형식적으로는 물론 실질적으로도 피상속인의 재산이라고 볼 수 있다[13](게다가 생존 배우자의 실질적인 공유지분이 상속재산과 분리되지 않는 결과, 실질적으로는 생존 배우자에게 속하는 재산도 상속재산에 포함되어 직계비속에게 상속될 수 있다). 반면에 생존 배우자는 실질적인 피상속인의 재산으로부터는 거의 상속을 받지 못하고, 자신의 실질적인 공유지분에 상당하는 부분을 상속분으로 받거나(자녀가 1인 경우), 경우에 따라서는 자기의 실질적인 공유지분에도 미치지 못하는 부분을 상속분으로 받게 된다(자녀가 2인 이상인 경우). 배우자가 상속재산의 일부를 구성하는 실질적인 자기의 공유지분을 제외하고 실질적인 피상속인의 재산(순 상속재산)으로부터 상속을 받을 수 있을 때, 비로소 배우자와 다른 공동상속인 사이의 형평이 실현된다고 말할 수 있을 것이다.

부부재산관계의 청산이라는 면에서 볼 때 생전에 이혼으로 혼인이 해소되는 경우와 사망으로 인하여 혼인이 해소되는 경우 사이에 차이가 생기는 것은 합리적인 이유에 의해서 설명되기 어렵다.[14] 부부가 혼인 중에 형성한 재산을 형식적인 소유명의에 관계없이 실질적인 부부의 공동재산으로 보는 데 동의한다면,[15] 이혼으로 혼인이 해소되는 경우뿐만 아니라 사망으로 인하여 혼인이 해소될 때에도 부부사이의 실질적인 공유관계를 청산하여 원래 각자에게 속한 것을 각자에게 귀속시키는 것이 논리적으로 일관된다고 할 수 있다.

2) 자녀의 유류분

---

13 배우자와 달리 자녀는 대개의 경우 피상속인인 부 또는 모의 재산에 대해서 실질적인(또는 잠재적인) 공유지분을 가진다고 볼 수 없다. 부모의 재산형성에 대해서 실질적으로 기여한 바가 없기 때문이다.

14 Strätz, Gesetzliches Erbrecht und Pflichtteilsrecht, FamRZ 1998, 1558.

15 우리 대법원과 헌법재판소는 일관되게 이러한 태도를 견지하고 있다. 예컨대, 대결 1993. 5. 11, 93스6; 헌재결 1997. 10. 30, 96헌바14.

가. 자녀의 유류분 제도에 대한 검토

유언자유의 원칙에 따라 피상속인은 법정상속[16]과 다르게 자유로이 자신의 재산을 처분할 수 있다. 유언에 의하여 법정상속인이 상속에서 배제될 수도 있고, 상속인의 범위에 속하지 않은 사람이 유증[17]을 받을 수도 있다. 유언자유의 원칙은 유류분에 의해서 상당한 제한을 받게 되는데, 당사자의 의사에 따른 재산의 자유로운 처분을 제한하는 데에는 이를 정당화할 수 있는 이유가 필요할 것이다. 전통적으로 유류분 제도를 정당화하는 근거로는 다음과 같은 이유가 제시되었다.

첫째, 배우자나 자녀(직계비속) 등 일정한 범위의 상속인(유류분권리자)이 피상속인의 의사와 관계없이 일정한 비율의 상속재산을 받을 수 있도록 하는 이유는 피상속인 사후 유족의 부양을 보장하기 위한 것이다.[18] 이러한 설명은 전통적으로 유류분 제도를 정당화하는 가장 보편적인 근거로서 제시되어왔으나, 상속재산으로 부양을 받을 필요가 있는가와 관계없이 일정한 범위의 근친을 당연히 유류분권리자로 정하는 법규정을 설명하기에는 부족하다는 비판을 받는다.[19] 특히 오늘날 평균수명의 연장으로 인하여 상속이 개시될 때 상속인인 자녀의 상당수가 이미 경제적으로 독립하여 생활하고 있다는 점에 비추어 보면, 상속재산으로 자녀를 부양할 필요성에 근거하여 유류분의 정당성을 이끌어내기는 어렵게 되었다.

둘째, 상속재산은 피상속인 개인뿐만 아니라, 배우자나 그 밖의 가족의 공동의 협력에 의하여 형성된 경우가 많을 것이라고 전제하고, 피상속인이 그 의사에 따라 상속재산의 형성에 기여한 가족구성원을 상속에서 배제한 경우에도 이들에게 일정한 비율의 상속재산을 보장함으로써 재산형

---

16 민법은 상속인이 되는 사람(법정상속인)과 상속분(법정상속분)에 대해서 규정하고 있는데, 이를 통틀어 법정상속이라고 한다.

17 유증이란 유언에 의해서 재산을 주는 것을 말한다.

18 Leipold, Wandlungen in den Grundlagen des Erbrechts, AcP 180(1980), 160/189.

19 Münchkomm/Lange, § 2303 Rn. 7.

성의 기여에 따른 청산을 할 필요가 있다는 것이다.[20] 산업사회 이전의 가족은 생산공동체로서의 성격을 갖는 경우가 많아서 자녀들이 상속재산(특히 가산(家産)의 성격을 갖는 아버지의 재산)의 형성에 기여하는 것이 일반적이었다. 그러나 산업화된 사회에서 가족은 생산공동체로서의 기능을 상실하고, 그 대신 자녀양육, 소비와 휴식을 위한 공동체의 성격을 띠게 되었는데, 이와 같이 변화된 가족구조에서 자녀가 부모의 재산형성에 기여하는 경우는 상대적으로 드물게 되었다. 따라서 상속재산의 형성에 따른 기여의 청산이라는 관점에서 유류분제도의 취지를 설명하는 것은 적어도 자녀의 유류분을 정당화하는 논거로서는 미흡하다.

셋째, 가족 간의 유대관계 그 자체에서 유류분 제도의 정당성을 구할 수 있다는 입장이 있다. 피상속인과 배우자, 자녀, 부모 등은 가족공동체에서 생활하면서 상호 간에 친밀한 유대관계를 형성하였을 것으로 일반적으로 추정되는데, 이러한 가족 간의 유대관계에 기초하여 유류분이 인정될 수 있다는 것이다.[21] 이 설명에 의하면 유류분은 가족구성원 사이에 일반적으로 존재하는 최소한의 유대관계를 전제로 하여 인정될 수 있는 것이다. 이러한 설명이 논리적으로 일관성을 유지하려면, 반대로 피상속인과 유류분권리자 사이에 최소한의 유대관계가 존재하지 않았던 경우에는 유류분을 부정할 수 있는 가능성이 열려 있어야 할 것이다.

민법에 따르면 유류분은 피상속인과 유류분권리자 사이에 최소한의 유대관계가 존재하지 않았던 경우에도 당연히 인정된다(예컨대, 자녀의 무관심과 학대로 부모와 자녀 사이가 완전히 파탄된 경우에도 자녀는 유류분을 주장할 수 있

20 Rauscher, Reformfragen des gesetzlichen Erb-und Pflichtteilsrechts, Band II/2: Reformvorschläge Pflichtteilsrecht(1993), S. 101.

21 Papantoniou, Die soziale Funktion des Erbrechts, AcP 173(1973), 385/396f.; Otte, Das Pflichtteilsrecht - Verfassungsrechtsprechung und Rechtspolitik,, AcP 202(2002), 317, 351-355; Lipp, Finanzielle Solidarität zwischen Verwandten im Privat- und im Sozialrecht, NJW 2001, 2201/2206; Hass, Ist das Pflichtteilsrecht verfassungswidrig?, ZEV 2000, 249/252.

다). 따라서 가족구성원 간에 보편적으로 존재하는 유대관계로부터 유류분 제도의 정당성을 이끌어내는 입장에서도 민법상 유류분 제도의 근거를 충분히 설명하기는 어렵다(피상속인과 유류분권리자 사이에 최소한의 유대관계가 존재하지 않는 경우에도 피상속인의 최종 의사에 반하여 유류분권리자에게 일정한 비율의 상속재산을 남기도록 강제하기 때문이다).

나. 유류분 제도의 개정방향

(1) 유류분을 부양의 필요와 연계시키는 방안

위에서 본 바와 같이 전통적으로 유류분 제도의 존재 이유를 설명해왔던 가장 중요한 논거 중의 하나는 피상속인의 사후 남겨진 가족, 특히 배우자와 미성년자녀를 상속재산으로 부양할 필요가 있다는 것이었다(유류분 제도의 부양기능). 그러나 평균수명의 연장으로 인구구조가 변화하고 고령화 사회에 접어든 시대에 이러한 설명만으로 유류분 제도의 존재 이유를 설명하는 것은 어렵게 되었다. 유류분 제도의 고유한 기능으로 여겨졌던 유족에 대한 부양은 배우자의 유류분을 설명하는 데 있어서는 여전히 타당하나, 자녀의 유류분이 인정되어야 할 이유로는 설득력을 잃어가고 있다. 피상속인의 사망으로 상속이 개시될 때 자녀가 미성년자인 경우보다 이미 성년에 이르러 직업에 필요한 교육을 마치고 경제적으로 독립된 생활을 유지하고 있는 경우가 더 많아졌기 때문이다.

자녀에게 유류분을 인정하는 이유가 피상속인 사후 상속재산으로 부양을 보장하려는 데 있다면, 피상속인 생전에 그로부터 부양을 받고 있던 자녀(피상속인에 대해서 부양청구권을 가지고 있던 자녀)에 대해서만 유류분을 인정하면 족하다는 주장이 나올 수 있다.[22] 이에 따르면 미성년자녀,

---

22   예를 들면, Leipold, JZ 1990, 697/703(Anmerkung zu BGH, Urteil v. 6. 12. 1989).

질병, 장애 등의 이유로 부양의 필요성이 있는 자녀에게는 유류분이 인정되어야 하지만, 성년자로서 이미 독립하여 스스로 생활할 수 있는 기반을 갖춘 자녀에 대해서는 유류분을 감축하거나 또는 아예 인정하지 않아도 무방하다고 한다(즉 부양의 필요성과 관계없이 언제나 동일한 비율의 유류분을 보장하는 경직된 규정에서 탈피하여 부양의 필요성에 따라 피상속인이 자녀의 유류분을 감축할 수 있는 여지를 열어 둘 필요가 있다는 주장이다).

(2) 가족 간의 유대관계가 결여되어 있는 경우에 유류분을 감축(또는 박탈)하는 방안

피상속인 사후 상속재산으로 유족의 부양을 보장하는 것은 전통적으로 유류분 제도의 가장 중요한 기능으로 여겨져 왔으나, 상속이 개시될 때 자녀들이 이미 경제적으로 독립된 기반을 갖추고 있는 경우가 많은 현대사회에서는 점차 그 효용을 잃어가고 있다. 이러한 상황에서 가족 간의 유대관계 그 자체로부터 유류분 제도의 존재 이유를 도출하는 입장은 더욱 입지가 강화되고 있는 것으로 보인다. 그런데 한편 이러한 관점에서 보면 가족구성원 사이에 보편적으로 존재해야 할 최소한의 유대관계가 결여되어 있었던 경우에는 굳이 유류분을 인정해야 할 이유가 없어진다. 유류분 제도를 둔 나라들이 일반적으로 유류분을 상실(또는 감축)시킬 수 있는 가능성에 대해서도 규정하고 있는 이유는 이러한 배경에서 이해될 수 있다(유럽 대부분의 나라들이 유류분의 상실 또는 감축 가능성에 대해서 규정하고 있다). 나아가 이미 유류분의 상실(또는 감축)에 관한 규정을 두고 있는 나라들에서 특히 자녀의 유류분과 관련하여 그 사유를 확대하자는 논의가 활발하게 진행되고 있다는 사실은 주목할 만하다.[23]

---

23 Münchkomm/Frank, §2333, Rn. 1: Herzog, Refom der Pflichtteilsentziehung? - Ein Vorschlag, FF 2003, 19.

3. 정리 및 검토

1990년 민법개정으로 재산분할제도가 도입되면서 부부가 이혼을 하는 경우에는 상대방 배우자에 대하여 재산분할청구를 할 수 있게 되었다. 이혼 시에 재산분할청구가 인정되는 가장 기본적인 이유는 혼인 중에 공동의 노력으로 형성한 재산을 부부의 실질적인 공동재산이라고 보기 때문이다.

부부가 혼인 중에 공동으로 형성한 재산이 부부의 실질적인 공동재산이라면 이혼으로 혼인이 해소되는 경우뿐 아니라 부부 일방의 사망으로 혼인이 해소되는 경우에도 동일한 방법으로 분할(청산)을 인정하는 것이 형평에도 맞고 논리적으로도 일관성이 있다고 생각된다. 그러나 우리 민법은 똑같이 혼인이 해소되는 경우라고 해도 그 원인이 이혼이 아니라 부부 일방의 사망인 때에는 재산분할청구를 허용하지 않는다는 태도를 취하고 있다. 부부 일방의 사망으로 혼인이 해소되는 경우에는 이혼 시와 같은 부부공동재산의 분할(청산)절차는 생략되고, 단지 법정상속분에 따라서 재산을 나눌 뿐이다.

결과적으로 우리 민법에서는 이혼의 성립을 전제로 하면 부부가 혼인 중에 공동의 협력으로 형성한 재산은 부부의 실질적인 공동재산으로 인정이 되는 반면, 사망으로 혼인이 해소되는 경우에는 동일한 재산이라고 해도 부부의 공동재산으로 인정받지 못한다는 불균형과 모순이 생긴다. 사망으로 혼인이 해소되는 경우에도 이혼 시와 마찬가지로 부부의 실질적인 공동재산을 분할(청산)할 수 있게 하고, 남은 재산을 법정상속분에 따라서 나눌 때 비로소 이러한 모순이 해소되었다고 말할 수 있을 것이다.

이러한 모순을 해소할 수 있는 대안으로 위에서는 사망으로 혼인이 해소되는 경우에도 이혼 시와 같이 재산분할을 거쳐 상속재산을 나누는 방법을 제시하였다. 이러한 제도가 도입된다면 생존 배우자의 실질적인 상속분이 증가하는 효과를 기대할 수 있을 것이다.

한편 사회정책적인 관점에서 보더라도 배우자 상속분을 증가시키는 방향으로 법을 개정하자는 주장은 충분히 공감대를 형성할 수 있을 것으로 보인다. 우리사회에서 진행되고 있는 변화 중에서 특히 상속과 관련하여 주목되는 두 가지 현상을 꼽는다면 평균수명의 연장과 노부모에 대한 부양의식의 약화를 들 수 있다. 평균수명의 연장은 상속의 개시시기를 늦추는 결과로 이어졌으며, 이제 부모의 사망으로 상속이 개시될 때 자녀들은 이미 30대, 40대에 이른 경우가 대부분이다. 이러한 연령대에 있는 자녀들은 이미 경제적으로 독립된 생활을 하고 있는 경우가 많아서 굳이 상속재산을 받지 않아도 현재의 생활을 유지하는 데 큰 지장이 없다. 반면에 생존 배우자의 입장에서 보면 사망한 배우자가 남긴 재산은 노후 생활의 유지를 위하여 반드시 필요한 기반인 경우가 대부분이다. 게다가 자녀들의 노부모에 대한 부양의식이 급속도로 약화되고 있는 우리사회의 현실을 고려해 본다면 생존 배우자에게 있어서 상속재산이 갖는 중요성은 더욱 크다고 할 수 있다. 이와 같이 변화하는 사회 현실에서 생존 배우자에게 보다 많은 상속재산이 돌아갈 수 있도록 배려하는 것은 더 이상 외면할 수 없는 우리시대의 과제가 되었다고 생각한다.

상속이 개시될 때 자녀가 이미 경제적으로 독립된 기반을 가지고 있는 경우가 많아진 현대사회에서 유류분의 부양적 기능은 점차 그 효용을 잃어가고 있다. 이에 따라 피상속인과 유류분 권리자 사이에 존재하는 가족관계 그 자체로부터 유류분 제도의 정당성을 구하는 입장이 상대적으로 부각되고 있다. 그런데 이 입장에서도 유류분이 인정되기 위해서는 피상속인과 유류분 권리자 사이에 가족관계(혈연관계)가 있다는 것만으로는 부족하고, 그 가족관계에 상응하는 최소한의 유대관계가 전제되어야 한다고 한다. 따라서 가족 간에 보편적으로 존재하는 최소한의 유대관계가 결여되어 있고, 그와 같이 관계가 파탄에 이르게 된 책임이 유류분 권리자에게 있는 경우에는 유류분을 상실시키는 것이 타당하다고 본다. 이러한 이유에서 유류분 제도를 도입한 대부분의 나라들은 유류분 상실(또는 감축)에 관한 규정을 함께 두고 있는 경우가 많다.

우리의 입장에서 이러한 논의를 얼마나 수용할 수 있을 것인지는 간단히 결론을 내리기 어렵다. 다만 우리사회에서도 이제 자녀의 유류분에 대하여 문제를 제기하고 개정 방향을 논의할 필요는 있다고 생각된다. 예를 들어, 피상속인이 유언으로 자녀를 상속에서 제외한 경우에는 그 자녀의 부양 필요성, 피상속인과의 관계 등을 고려하여 법원이 유류분을 감축할 수 있도록 하는 방안에 대해서 논의해 볼 수 있을 것이다. 구체적인 사정을 고려하여 자녀의 유류분을 적절하게 감축할 수 있도록 함으로써 피상속인의 유언의 자유와 자녀의 유류분이 조화를 이루는 지점을 찾을 수 있을 것으로 기대된다.

참고문헌

Frank, Erbrecht, 4. Auflage 2007.
Frank, Dei Verfassungsrechtliche Gewährleistung des Pflichtteilsrecht, Öffenliches Recht im offenen Staat, FS für Rainer Wahl(2011)
Leipold, Wandlungen in den Grundlagen des Erbrechts, AcP 180(1980)
Papantoniou, Die soziale Funktion des Erbrechts, AcP 173(1973)
Münchener Kommentar Bd. 9, Erbrecht, 4. Auflage 2004.

저성장 경제와 한국의 미래

김현철(서울대학교 국제대학원 교수)

1. 들어가는 글

1968년에 설립된 후, 한국의 경제발전과 함께 성장해온 POSCO가 2015년에 처음으로 적자를 기록하였다. 물론 이번의 적자가 철강 제품의 단가 하락뿐만 아니라 신규 사업들의 부진 때문에 발생한 측면도 있지만 한국의 초우량기업의 대명사로 여겨져 왔던 POSCO인 만큼 적자의 충격은 컸다.

POSCO의 적자는 한국 경제에 켜진 적신호이기도 하다. 철강이란 '산업의 쌀'로 불리어질 만큼 그 나라의 경제 성장과 궤를 같이하고 있기 때문이다. 경제가 성장할 때는 철강이 많이 필요하지만 경제 성장이 한계에 부딪히면 철강 소비도 같이 줄어들기 때문이다.

김현철 서울대학교 국제대학원 교수이자 서울대 부설 일본연구소 소장이다. 서울대 경영대학과 동 대학원을 졸업하였으며 일본 게이오 대학에서 경영학 박사학위를 받았다. 나고야 상과 대학 조교수와 츠쿠바 대학 부교수를 역임하였다. 2015년에 출간한 [저성장시대 어떻게 돌파할 것인가(다산북스)]는 경영경제분야 베스트셀러를 기록하였다. 이밖에도 30여권의 저술이 있으며 그 중 일부는 영어와 일본어, 중국어, 러시아어 등으로 번역 출간되기도 하였다.

최근 부진이 누적되어 국가적 부담으로까지 등장한 조선 산업이 좋은 예이다. 조선 산업이 활황일 때는 후판과 같은 철강 수요 또한 왕성하지만 최근처럼 조선 산업의 구조조정이 한창이면 철강 수요 또한 줄어들기 때문이다.

이 장에서는 한국의 전반적인 경제 현황을 저성장이란 키워드로 살펴보고자 한다. 저성장이란 그 나라의 경제가 고성장 시대를 마감하고 경제 성장률이 대단히 낮아진 상태를 말한다. 특히 우리보다 먼저 저성장을 경험한 일본 경제를 살펴봄으로써 한국 경제의 앞날을 예측해 보고자 한다.

2. 침체에 빠진 한국 경제

오래도록 한국의 경제 발전을 견인해 오던 수출이 최근 좋지 않다. 2016년 6월 현재도 18개월 연속 마이너스 성장을 기록하고 있다.

이것은 1960년대에 본격적인 경제 발전을 시작한 이후 처음 있는 일이다. 한국에는 지금까지 수많은 경제 위기가 있었지만 대체로 한국의 수출은 V자를 그리며 회복하였다. 2008년의 세계적인 금융위기 때에도 급락한 수출이 곧 회복되었고 1997년의 외환위기 때조차도 수출이 한국 경제의 V자 회복을 견인하였다. 하지만 그 수출이 2011년에 무역 1조 달러를 달성한 이후 지지부진 하더니만 2015년 1월부터는 계속 마이너스를 기록하고 있다.

문제는 수출이 향후 크게 회복될 가능성이 높지 않다는 점이다. 이는 한국의 전체 수출구조를 보면 잘 알 수 있다.

한국의 수출구조를 보면 전체 수출 중 70% 이상이 신흥국 시장으로 수출되고 있다. 신흥국 시장은 장기적으로는 세계 경제 성장을 견인할 시장이지만 중단기적으로는 어렵다. 중국을 위시하여 러시아, 브라질, 터키, 중동, 인도네시아 등의 신흥국 시장이 좋지 않다. 이 때문에 한국의 수출이 조만간 크게 회복될 가망성이 그리 높지 않다.

[그림 1] 한국의 수출구조

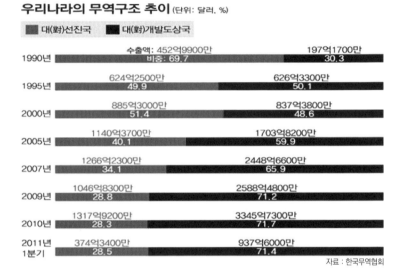

우리나라의 무역구조 추이 (단위: 달러, %)

	대(對)선진국	대(對)개발도상국
1990년	수출액: 452억9900만 / 비중: 69.7	197억1700만 / 30.3
1995년	624억2500만 / 49.9	626억3300만 / 50.1
2000년	885억3000만 / 51.4	837억3800만 / 48.6
2005년	1140억3700만 / 40.1	1703억8200만 / 59.9
2007년	1266억2300만 / 34.1	2448억6600만 / 65.9
2009년	1046억8300만 / 28.8	2588억4800만 / 71.2
2010년	1317억9200만 / 28.3	3345억7300만 / 71.7
2011년 1분기	374억3400만 / 28.5	937억6000만 / 71.4

자료 : 한국무역협회

한국은 수출이 안 좋으면 내수로 대체하여 성장하는 전략을 취해 왔었다. 한국 경제의 반이 수출이고 나머지 반이 내수이기에 수출 시장이 안 좋으면 내수로 돌파구를 마련하고 내수 시장이 안 좋으면 수출로 돌파구를 마련하는 전략을 취해 왔던 것이다. 하지만 최근에는 내수 경기 또한 좋지 않다.

한국의 내수 시장에서는 부동산 버블이 진행되어 왔다. 2008년과 2009년의 글로벌 금융 위기 때를 제외하고는 한국의 부동산 가격이 계속 상승해 왔다. 그 결과 많은 가계들이 빚을 내어 부동산을 구입하였는데 이것이 곧 가계 부채이다. 2015년만 하더라도 가계 부채가 1,200조원을 돌파하였다. 그 결과 많은 가계들이 수입의 많은 부분을 빚 갚는 데 사용하고 있다.

내수 경기가 회복되려면 가계들이 소비를 열심히 해주어야 한다. 하지만 가계 부채 때문에 많은 가계들이 소비보다는 빚 갚기에 몰두하다 보니 소비가 돌지 않고 있다. 이 때문에 정부가 나서서 코리아 그랜드 세일을 추진하기도 하고 소비세를 인하하여 제품 가격을 낮추어 보기도 하지만 내수 경기가 좀처럼 살아나지 않고 있다.

[그림 2] 한국의 가계부채

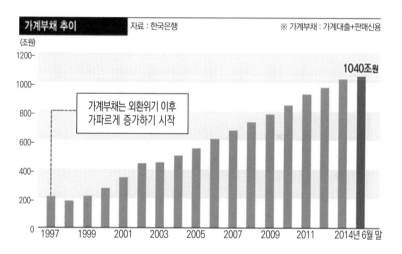

한국 경제를 이끌고 있는 내수와 수출이 동시에 안 좋으니 한국 경제 전체의 성장률이 하락할 수밖에 없다. 최근 몇 년간만 보더라도 2%대의 성장률에 머무르고 있다. 이러다가는 2%의 성장이 고착화되는 것이 아닌가 하는 우려가 나오고 있으며 자칫하다가는 일본과 같은 장기 저성장에 빠져드는 것이 아닌가 하는 우려도 나오고 있다.

정말, 이런 우려가 현실화될 것인가? 일본이 장기 저성장에 빠져들게 된 원인과 진행 과정을 자세히 살펴보면 그 해답을 구할 수 있을 것이다.

3. 일본 경제의 장기 저성장

인구절벽과 소비절벽

일본 경제도 한국과 마찬가지로 수출과 내수 경기 침체로 장기 저성장에 돌입하기 시작하였다. 일본의 경우는 1980년대 후반부터 엔화가 급속히 강세가 됨으로써 수출이 타격을 받기 시작하였고 내수 또한 1990년에 부동산과 주식 버블이 붕괴되면서 침체 국면에 들어가기 시작하였다.

하지만 일본 경제가 본격적으로 장기 저성장에 돌입하기 시작한 것은 인구절벽이 오기 시작한 1995년경부터이다. 인구절벽(Demographic Cliff) 이란 15세부터 64세까지의 생산가능인구가 줄어드는 현상을 말한다. 세계 제2차 대전 이후 늘어만 가던 일본의 생산가능인구가 1995년을 피크로 줄기 시작하였는데 이를 계기로 일본 경제는 본격적인 장기 저성장 시대로 돌입하게 되었다.

생산가능인구가 줄면 왜 그 나라 경제의 성장 동력이 떨어지는 것일까? 생산가능인구는 말 그대로 생산활동을 열심히 하는 인구이기에 이들이 처음으로 줄어들기 시작하자 일본 경제의 생산활동이 위축되기 시작하는 것은 당연하다. 하지만 그보다 일본 경제에 더 큰 타격을 주는 것은 바로 이들의 소비활동이다. 생산가능인구는 열심히 생산활동도 하지만 열심히 소비활동도 하는 인구이다. 이들 인구가 줄기 시작하자 일본 국내의 내수 소비가 줄기 시작한 것이다.

내수 소비의 큰 축을 이루는 것이 백화점이나 할인점이다. 일본의 생산

가능인구가 줄기 시작하자 이들 매출이 줄기 시작했다. 하지만 일본에서 백화점이나 할인점은 한국과 마찬가지로 대기업들이 운영하기 때문에 이 점포들의 매출 하락을 편의점이나 다른 전문점의 매출 증대로 보완할 수 있었다.

그런데 일본의 경우는 전혀 예상치 못한 영역에서 매출이 줄기 시작했다. 그것은 동네 술집과 노래방(일명 가라오케), 옷 가게, 식당, 미용실, 세탁소 들의 매출이 시차를 두고 함께 줄어들었다. 이들 동네 가게들은 젊은층을 대상으로 장사를 하는 가게들이기에 생산가능인구가 줄기 시작하자 이들의 매출이 함께 줄기 시작하였던 것이다.

이것은 일본 경제에 커다란 타격을 주었다. 백화점이나 할인점 매출이 줄면 경우에 따라서는 정부가 나서 이들 기업들을 핀 포인트로 도와줄 수 있지만 전국에 산재해 있는 가게들은 일본 정부가 나서서 일일이 도와주기에는 한계가 있었다. 이 때문에 일본 경제는 마치 만성병 환자처럼 알게 모르게 이들 가게의 쇠퇴와 도산으로 말미암아 서서히 병들어 갔다.

복합 불황과 사회 양극화

생산가능인구의 감소로 시작된 소비절벽(Consumption Cliff)은 일본 경제를 악순환 구조에 빠뜨려 버렸다.

소비가 줄자 기업들은 투자를 줄일 뿐만 아니라 경비를 줄이기 위하여 인력을 구조조정하기도 하고 임금을 삭감하기도 하였다. 그러자 이것이 가계 소득에 영향을 주어 소비를 더욱 줄이는 계기가 되었다. 즉 기업발 불황과 가계발 불황이 뒤엉켜서 경제가 더욱 어려워지는 현상이 일본 경제에 나타났다. 이를 일본에서는 복합 불황이라고 하였다. 즉 불황이 하나만 발생하는 것이 아니라 복합적으로 발생하였던 것이다.

이것은 단순히 경제 문제로 국한되지 않고 사회 문제와 정치 문제로 비화되어 나갔다. 기업발 불황과 가계발 불황이 뒤엉켜 나타나자 사회의 한계 계층들이 몰락하기 시작하였다. 노후 준비가 안 된 노인들이 길거리의 노숙자가 되기도 하였고 조기 퇴직하여 가게를 시작한 샐러리맨들이 파산하여 신용불량자로 전락하기도 하였다. 또한 학교를 갓 나온 젊은이들이 취업 빙하기를 겪게 되었고 겨우 취직을 하더라도 비정규직에 머무는 경우가 많았다.

[그림 3] 일본의 복합불황

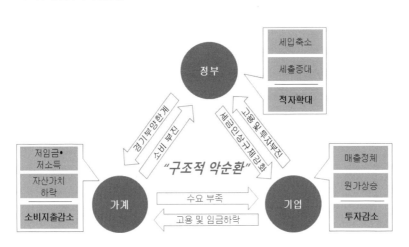

그 결과, 경제 성장기만 하더라도 '전 국민이 중산층'이라고 일컬어지던 일본 사회가 양극화(social polarization)되기 시작하였다. 부자들은 점점 더 부자가 되었고 가난한 사람들은 더 살기 힘든 사회가 되었다.

이것은 많은 사회 병리 현상도 수반하였다. 젊은이들 중에는 연애와 결혼을 포기하는 젊은이들이 생겨났고 일부 젊은이들은 사회에 염증을 느끼고 집에 틀어박혀 외출을 삼가는 현상이 나타나기까지 하였다. 가정 폭력이나 학대, 자살, 고독사와 같은 일들이 빈번하게 뉴스에 등장했다.

이것은 일반 시민들의 불안을 가중시켰고 시민들은 이러한 문제들을 해결하지 못하는 정치가들에게 염증을 내기 시작하였다. 그 결과 수상이 매년 바뀌는 사태가 일어나 국가의 리더십까지 흔들리게 되었다.

일부 정치가들은 국민의 불만을 근본적으로 해결해 나가기보다는 일시적으로 국민들의 환심을 사는 포퓰리즘(Populism)에 빠져들기도 하였다. 그 결과 일본의 국가 재정은 계속 무너져 내려 세계 최고의 재정 건전 국가가 단 20년 만에 선진국 중 최악의 재정 불건전 국가로 전락하는 일마저 일어났다.

결국 전후에 계속 유지되던 자민당 일당 독재가 종식되고 처음으로 정권 교체가 일어나기도 하였지만 정권을 잡은 민주당조차도 경험 부족으로 경제를 더욱 악화시켜 버렸다. 이것을 기화로 정권을 재탈환한 것이 자민당의 아베 수상이다. 아베 수상은 아베노믹스를 통하여 어려움에 빠진 일본 경제를 정상 상태로 되돌려 놓음과 동시에 미래 성장 산업을 육성함으로서 일본 경제가 다시 도약할 수 있는 토대를 마련하고자 하였다. 하지만 이제는 생산가능인구는 물론이고 총인구조차도 줄어드는 상황에서 일본 경제가 다시 고성장을 구가하기에는 역부족이다. 이것이 지난 20년간 일본의 경제, 소위 잃어버린 20년이었다.

4. 한국의 인구절벽과 소비절벽

한국이 20년의 시차를 두고 일본을 따라가고 있다. 버블 붕괴 등으로 수출과 내수가 동시에 좋지 않은 상황을 맞이하였을 뿐만 아니라 인구절벽도 똑같이 따라가고 있다.

[그림 4] 인구절벽을 맞이하는 한국

우리나라의 생산가능인구
15~64세 사이의 인구 예상치, 단위:만명

3703
3635
3289
3000
2887
2534
2000
2186
2011 16   30   40   50   60년
자료:통계청

한국의 생산가능인구는 2016년이 피크다. 2017년부터 줄기 시작한다. 일본이 1995년이 피크였고 96년부터 줄기 시작하였으니 20년의 시차를 두고 똑같이 인구절벽을 경험하는 것이다.

만약 한국 정부와 한국 사회가 특단의 조치를 취하지 않는 한 일본처럼 소비절벽이 올 수 있다. 백화점 매출과 할인점 매출뿐만 아니라 거리 곳곳에 있는 수많은 식당과 술집, 미용실, 옷 가게 등의 매출도 줄 수 있다. 그러면 복합불황이 올 수도 있고 사회 양극화와 정치적 불안이 올 수도 있다.

문제는 이것이 바로 앞에 다가오는데도 정부도 사회도 개인도 준비가 없다. 준비는 고사하고 위기의식 조차 없다.

한국은 일본보다 더 좋지 않은 상황에서 소비절벽을 맞게 된다. 경제 규모도 1990년대의 일본보다 못하고 국민 소득도 일본보다 못하다. 국가 재정도 당시의 일본보다 못하고 기업의 경쟁력 또한 일본보다 못하다.

그런데 고령화의 속도는 당시의 일본보다 더 빠르고 인구절벽의 속도마저 일본의 2배나 된다. 노인 빈곤율은 벌써 50% 가까이 되고 사회 양극화는 지금의 일본보다 더 심하다. 소비절벽이 도래하기도 전에 벌써 일본보다 더 심각한 상황이다. 이 상태에서 본격적인 소비절벽과 복합불황이 오면 한국사회는 경제적 문제를 떠나서 사회적 갈등으로 대혼란을 겪을 수 있다.

한국은 한시바삐 문제의 심각성을 깨달아야 한다. 그 뒤에 국가의 총력을 기울려 소비절벽을 막아야 한다.

위기도 모르고 당하니 위기이지 알고 있으면 피할 수 있다. 우리는 20여 년 동안 수많은 시행착오를 거듭한 일본을 바로 옆에 두고 있는 행운을 가졌다. 일본이 성공한 정책을 철저히 따라하고 실패한 정책은 절대 하지 말아야 한다. 이것이 한국이 장기 저성장을 피할 수 있는 길이다.

특히 한국은 일본이 가지지 못한 카드를 가지고 있다. 바로 통일이다. 통일은 과거에는 비용이었지만 이제는 한국이 인구절벽을 피할 수 있는 마지막 카드이다. 이 때문에 통일이 대박인 것이다. 이 카드 또한 잘만 살린다면 우리는 인구절벽과 소비절벽을 피하는 것은 물론이거니와 한국이 다시 한 번 더 웅비할 수 있다.

5. 맺음말

1990년 당시 포스코(POSCO)의 박태준 회장은 "많은 학생들이 미국으로 유학 가는데 왜 일본으로는 유학을 안 가느냐?", "일본 기업과 경제는 꼭 배워야 하니 좋은 학생을 뽑아 보내도록 하시오"라는 지시를 내렸다. 당시 제철장학회(현 청암재단)는 미국을 위시하여 독일, 프랑스, 영국 등에 한국의 우수한 인재들을 선발하여 보냈지만 일본 기업과 경제를 배우려는 학생은 없었다. 이 때 선발된 사람이 필자였다.

당시 많은 경영대 학생들이 미국으로 유학을 갔지만 일부 학생들은 일본적 경영으로 이름을 떨친 일본으로의 유학도 생각하고 있었다. 나 또한 일본적 경영에 큰 관심을 가졌던 터라 제철장학회에 응모하게 되었고 또한 영광스럽게 선발되어 1992년에 일본으로 유학가게 되었다.

하지만 도착한 순간부터 일본 경제는 버블 붕괴 뒤의 혼란에 휩싸여 있었고 곧 인구절벽과 소비절벽, 복합불황, 사회적 혼란이 거듭되게 되었다. 교과서에는 일본적 경영으로 일본 기업들을 칭찬하는 글들로 가득 찼었지만 현실의 기업들은 도산과 구조조정, 경쟁력 약화에 허덕이고 있었다. 결국 교과서를 버리고 일본기업들의 현장으로 들어가 무너져가는 일본기업들의 모습을 담아 박사학위를 받았고 그 뒤에도 계속 일본에 남아 어려움을 겪는 일본기업들을 지켜보아야 했다.

2002년에 10년간의 일본생활을 청산하고 모교로 되돌아 왔지만 모교에서조차도 일본경제의 추락과 일본기업들의 어려움을 가르치고 있다.

우리는 이제 일본의 장기 저성장 시대를 알아야 한다. 왜 저성장의 늪에 빠졌는지, 그 결과는 어떠하였는지를 알아야 한다. 알면 피할 수 있다.

특히 포스코의 '우향우 정신'처럼 온 국민이 일치단결하여 노력한다면 이 위기도 극복할 수 있다. 이것이 고 박태준 회장님이 바라는 일이기도 할 것이다.

참고문헌

김현철(2016). 저성장시대 어떻게 돌파할 것인가, 다산북스.

김현철(2011). 황제경영 대 주군경영, 21세기북스.

김현철(2004). 일본유통 일본마케팅, 법문사.

송복 외 지음(2012). 청암 박태준 연구 총서, 아시아.

기후변화와 우리나라의 탄소배출권거래제

남효순(서울대학교 법학전문대학원 교수)

1. 서론

인류 역사상 어느 시대이든 종말론이 등장하였다. 종교적 종말론이 그 것이다. 앞으로도 종교를 빙자한 종말론은 계속 득세할 것이다. 그러나 그것은 어디까지나 신념일 뿐이다. 그런데 현대에 접어들어 실제로 위협 적인 종말론이 대두되고 있다. 핵폭탄과 기후이변에 의한 종말론이 그것 이다. 핵폭탄의 위협은 핵보유국들이 국제기구를 만들어 스스로 그 행사 를 자제함으로써 통제되고 있다. 그러나 기후이변에 의한 종말은 인류가 대처를 잊고 있던 사이에 현재 엄청난 재앙으로 다가오고 있다.

지난 1901년~2012년에 이르는 112년간 지구의 평균기온은 0.89℃ 상승하였다. 그 결과 온실효과에 의한 열대성 저기압의 빈발, 지구 북반 구의 한파와 대설, 호주 및 러시아의 이상고온, 엘니뇨현상 등 인류가 일

남효순   한국민사법학회장을 역임하였고, 현재 외교통상부 여권정책심의위원회 위원, 행정자치부 자문위원장, 법 제처 법령해석심의위원회 등에서 위원직을 수행하고 있다. 연구 분야는 민법 중 재산법을 전공하고, 특히 물권법 의 연구에 전념하고 있다.

찍이 경험하지 못하였던 기후이변이 일어나고 있다. 이러한 기후이변으로 인한 사회적 경제적 피해가 막대하게 증가하고 있다. 2014년 유엔정부간기후변화위원회(UNIPCC)가 발표한 제5차 기후변화평가보고서에 의하면 21세기말까지 산업화 이전 시대와 비교하여 평균기온 상승을 2℃ 이내로 억제하지 못하면, 지구는 더 이상 인류가 살 수 없는 곳으로 변해버리고 만다고 한다.

온실효과란 지구가 태양에서 에너지를 받은 후 다시 에너지를 방출하면, 대기 중에 있는 여러 가지 기체가 지구가 방출하는 긴 파장의 에너지를 흡수하여 대기 중에 묶어 두는 현상을 말한다. 온실효과는 지구와 함께 늘 존재해 왔던 현상이다. 그러나 산업의 발달로 인하여 이산화탄소, 메탄 등이 증가하면서 필요 이상으로 기온을 상승시켜 오늘날 문제가 되고 있다.

2. 온실가스 배출을 감축하려는 국제적 노력

온실가스(greenhouse gases)란 이산화탄소(CO_2), 메탄(CH_4), 아산화질소(N_2O), 수소불화탄소(HFCs), 과불화탄소(PFCs), 육불화황(SF_6) 등의 가스로서 적외선 복사열을 흡수하거나 재방출하여 온실효과를 유발하는 대기 중 가스 상태의 물질을 말한다. 이들 가운데 온실효과를 일으키는 주범이 바로 이산화탄소이기 때문에, 온실가스를 이산화탄소 하나로 약칭하고 있다. 이제 인류는 코앞에 닥친 기후이변에 손을 놓고 있을 수만은 없다. 무엇보다도 온실가스의 배출을 감축해야 한다. 앞으로 인류는 21세기말까지 산업화 이전에 대비하여 평균기온 상승을 2℃ 이내로 억제하기 위해서 1단계로 2050년까지 2010년에 내비하여 최대 70%까지 온실가스 배출을 감축해야 한다고 한다. 온실가스를 감축하기 위한 국제적 노력과 우리나라의 온실가스 배출의 현황과 대책에 대하여 살펴본다.

1) UN의 '기후변화협약'과 '교토의정서'

1992년 5월 9일 온실가스 배출에 관한 기후변화협약이 브라질의 리우데자이네로에서 체결되었다. 기후변화협약의 모든 당사국은 온실가스 배출의 감축을 위한 정책을 자체적으로 시행하는 국가보고서를 작성하여 제출해야 하며, 부속서 I국에 속하는 국가는 2000년 온실가스 배출량을 1990년 수준으로 유지하도록 노력하여야 하며, 부속서 II국에 속하는 국가는 기후변화 대응에 취약한 개도국에 대해 재정 및 관련 기술을 이전할 의무를 부담하여야 한다.[1]

기후변화협약의 구체적 이행방안으로 1997년 12월 11일 온실가스 삭감을 목표로 하는 교토의정서가 체결되어 2005년 2월 16일 발효되었다. 교토의정서에 의하면, 비준국 중 기후변화협약 부속서 I국(Annex I country)에 속하는 의무이행대상국은 1차 이행연도(2008-2012)에는 전체 탄소배출량을 1990년 대비 평균 5.2% 감축하여야 하고, 각국의 감축목표량은 8 ~ +10%로 차별화하였다. 비부속서 I국(Non Annex I country: 대부분 개발도상국)의 국가는 1차 이행연도에는 배출삭감의무는 없으나 배출삭감에 자발적으로 동참할 수 있고, 2차 이행연도(20132017)에는 의무적으로 온실가스의 배출량을 감축하여야 한다.

교토의정서는 감축의무의 신축적인 이행을 위하여 탄소배출권거래제(Emission Trading Scheme, ETS)를 도입하였다.[2] 교토의정서는 온실가스 감축에 시장원리(market mechanism)를 도입하여, 온실가스 감축의무를 부

---

1   우리나라는 기후변화협약상 온실가스 배출량을 감축할 의무를 부담하지 않는 비부속서 국가에 해당한다.

2   그 밖에 교토의정서는 공동이행(Joint Implementation, JI), 청정개발체제(Clean Development Mechanism, CDM)도 도입하였다.

담하는 사업체들은 직접 많은 비용을 들여 감축하기보다는 시장에서 보다 저렴한 배출권을 구입하여 감축의무를 이행할 수 있는 길을 열어주었다. 자본주의에 익숙한 인류가 자본주의제도를 탄소배출권거래제에 도입하게 된 것이다. 탄소배출권거래제를 통하여 온실가스배출을 규제하면 직접규제인 규제보다 감축비용을 44-60%를 절감할 수 있다고 한다.

2) 세계의 탄소배출권거래제 현황

탄소배출권거래제는 2005년 유럽연합(EU)이 최초로 시행하였다. 시행한 지 10년 이 지난 2015년 현재 총 17개 국가가 탄소배출권거래제를 시행하고 있다. 그리고 2015년 현재 우리나라를 포함해 전 세계 39개국에서 전국 또는 지역 단위로 이를 시행하고 있다. 지역단위 또는 자발적 배출권거래제를 운영하는 국가로는 미국(동부 10개주, 발전부문 한정), 일본(동경도, 상업건물 중심) 등이 있으며, 가까운 미래에 배출권거래제의 도입을 검토하고 있는 국가는 호주, 중국 등이 있다. 중국은 지역별로 배출권거래제를 시험한 후 2017년부터 국가 차원의 배출권거래제를 시행할 예정이다.

3) 우리나라의 온실가스배출과 입법

우리나라는 온실가스배출에 관한 기후변화협약과 교토의정서에 모두 가입하였다. 우리나라는 2010년 1인당 온실가스 배출량이 11.52톤(tCO2-eq)으로 연간 배출량은 5억톤(tCO2-eq)이 되어 OECD국가 중 7위였으며, 배출량 증가추세는 연평균 3.9%로 OECD 국가 중 1위였다. 따라서 국제사회가 적극적인 온실가스감축정책을 실행하라고 계속 압박하여 왔다.[3] 이에 우리 정부는 교토의정서상 의무이행당사국이 아님에도 불구

---

3 1tCO₂는 표준상태(24℃, 1기압)에서 1㎥ 상자에 CO₂가 가득 찬 양으로, 약 3,700그루의 어린 잣나무를 심을 경우 흡수할 수 있는 탄소량이다.

하고 2009년 덴마크 코펜하겐에서 열린 UN기후변화총회에서 국가 온실가스 배출량을 2020년까지 전망배출량(Business As Usual, BAU) 30%를 감축하기로 약속하였다. 이 약속은 현재의 추세로 2020년에 배출될 온실가스배출량의 30%를 감축한다는 의미이다.

우리나라는 2010년 1월 13일 「저탄소 녹색성장 기본법」(이하 기본법)의 제정을 통해 배출권거래제의 도입을 위한 법적 기초를 마련하였고, 2012년 5월 2일 배출권거래제에 관한 「온실가스 배출권의 할당 및 거래에 관한 법률」(이하 온실가스배출권법)을 제정하기에 이르렀다. 그리고 배출권거래제는 2년간의 준비기간을 거쳐 2015년부터 시행하였다. 그리하여 우리나라는 아시아국가로서는 첫째로 국가배출권거래제(Korean Emissions Trading Scheme, K-ETS)를 도입하게 되었다. 그 배경에는 배출권거래제가 국제적으로 불가피한 제도가 된 이상 조기에 이를 실시하여 2015년 현재 향후 2년간 전 세계적으로 70조원으로 추산되는 배출권거래시장에 진출하기 위한 것이었다.

3. 탄소배출권과 탄소배출거래제의 규율

온실가스배출법은 탄소배출권과 탄소배출거래제에 어떻게 규율하고 있는 것일까? 이를 위해서 먼저 탄소배출권과 탄소배출권거래제가 등장한 배경과 탄소배출권의 법적 성격에 대하여 간략히 살펴보고자 한다.

1) 탄소배출권과 탄소배출권거래제의 등장배경
제조업을 비롯하여 많은 기업들은 공장을 가동하는 등의 행위를 하면서 탄소를 배출하게 된다. 종전에는 탄소배출은 기업에 자유로 방임되었고 특별히 이를 권리로 규율할 필요가 없었다. 그러나 기후변화에 관한 국제연합의 기후변화협약이 채택되어 "배출량거래에 관한 원칙·방식·규칙·지침"을 규정하도록 함으로써, 비로소 탄소배출권의 개념이 등장하게 되었다. 한편 탄소배출권거래제란 탄소배출량을 초과하여 배출량이 부족한 기업과 탄소배출을 감축하여 배출량이 남는 기업 사이에 거래를 허용하는 제도를 말한다. 달리 말하면, 시장원리에 기초하여 감축의무를 초과 달성하여 탄소의 한계감축비용이 낮은 기업(또는 국가)가 한계감축비용이 높은 기업(또는 국가)에 탄소배출권을 판매하는 것을 허용하는 제도이다.

2) 탄소배출권의 법적 성격

탄소배출권이라는 개념이 등장하자 이것이 과연 공권이냐 아니면 사권이냐는 논란이 시작되었다. 탄소배출권을 공권으로 규율한다는 것은 특정인이 자신의 자유 내지 기본권을 영위하기 위하여 탄소를 외부로 배출하면서 이익을 누릴 수 있도록 국가에 대한 개인적 공권임을 인정하는 것이다. 이에 반하여 탄소배출권을 사권으로 규율한다는 것은 사인간의 재산권으로 인정하는 것을 말한다. 즉, 탄소배출권은 사적 거래의 대상이 되는 것이 근본적인 특징이다. 결론적으로 말하여, 탄소배출권은 사권으로도 공권으로도 규율되어야 할 복합적인 성질을 지니고 있다. 이러한 이유에서 각 나라마다 공법적 규율과 사법적 규율이 혼재하고 있다. 이는 우리 온실가스법도 마찬가지이다.

3) 탄소배출권과 탄소배출권거래제의 규율

국가는 먼저 탄소배출권을 할당할 대상업체를 지정하고 해당 대상업체에 탄소배출권을 할당한다. 단소배출권을 할당받은 대상업체는 실제 배출량을 국가에 보고하여 이를 검증·인증을 받으면, 배출량에 해당하는 탄소배출권을 이행년도 종료일부터 6월까지 국가에 제출하여야 한다. 대상업체는 배출권거래소를 통하여 제출에 부족한 탄소배출권을 매입하거나 제출하고 남은 배출권을 매도하는 거래가 허용된다. 이 과정에서 대상업체는 탄소배출권을 매도하지 않고 다음 이행년도로 이월하거나 또 부족한 탄소배출권을 다음 이행년도에서 차입하거나 상쇄시킬 수도 있다.

가. 대상업체의 지정

국가는 매 계획기간 시작 5개월 전까지 국가배출권할당계획에 따라 대상업체를 지정한다. 계획기간이란 "국가온실가스감축목표를 달성하기 위하여 5년 단위로 온실가스 배출업체에 배출권을 할당하고 그 이행실적을 관리하기 위하여 설정되는 기간"으로 원래 5년이다. 그러나 온실가스배출권법은 부칙으로 "1차 계획기간"은 2015. 1. 1.부터 2017. 12. 31.까지 또 "2차 계획기간"은 2018. 1. 1.부터 2020. 12. 31.까지로 정하고 있다. 2021년부터는 계획기간은 원래대로 5년이 된다.

나. 탄소배출량·탄소배출권의 할당

국가는 지정된 대상업체에 탄소배출할당량을 할당한다. 국가는 매 계획년도마다 탄소배출감출목표를 설정하여 탄소배출량을 할당한다. 그러면 기업은 그 범위에서 탄소배출권을 갖는다.

탄소배출권은 무상 또는 유상으로 할당된다. 1차 계획기간에는 배출권의 전부를 무상으로 할당하고, 2차 계획기간에는 할당대상업체별로 할당되는 배출권의 100분의 97을 무상으로 한다. 그리고 3차 계획기간 이후에는 무상할당비율은 100분의 90 이내의 범위에서 이전 계획기간의 평가 및 관련 국제 동향 등을 고려하여 할당계획으로 정한다. 따라서 3차 계획기간 이후부터는 유상할당의 비율이 높아지게 된다. 이 경우 할당계획에서 정하는 무상할당비율은 직전 계획기간의 무상할당비율을 초과할 수 없다. 3차 계획기간 이후에 할당대상업체에 유상으로 할당하는 배출권은 경매 등의 방법으로 할당된다. 이상에서 살펴본 바와 같이 탄소배출권은 원칙적으로 무상으로 할당하지만, 계획연도가 거듭 진척됨에 따라 유상의 할당비율이 높아진다.

다. 탄소배출량의 보고·검증·인증

국가는 할당대상업체의 실제 배출한 온실가스 배출량을 보고받으면, 검증기관의 검증을 받게 한 후 이를 인증한다. 국가는 실제 온실가스 배출량을 인증한 때에는 지체 없이 그 결과를 할당대상업체에 통지하고, 그 내용을 이행년도 종료일부터 5개월 이내에 배출권등록부에 등록한다.

라. 탄소배출권의 제출

할당대상업체는 이행년도 종료일부터 6개월 이내에 인증 받은 온실가스 배출량에 상응하는 이행년도별 탄소배출권을 국가에 제출하여야 한다. 한편 배출권에는 상쇄배출권(Korean Credit Unit, KUC)이라는 것이 있다. 이는 할당배출권에 갈음하여 제출함으로써 할당대상업체의 초과배출량을 상쇄시킬 목적의 배출권을 말한다.

마. 탄소배출권의 이월·차입

할당대상업체는 인증받은 배출량에 해당하는 배출권을 제출하기 위하여 계획기간 내의 다른 이행년도에 할당된 배출권의 일부를 차입할 수도 있고 또 남은 배출권을 계획기간 내의 다음 이행년도 또는 다음 계획기간의 최초 이행년도로 이월할 수 있다. 이 경우 이월 또는 차입된 배출권은 각각 그 해당 이행년도에 할당된 것으로 본다. 남는 배출권은 다음 이행년도로 이월되지 아니하면 이행년도 종료일부터 6개월이 경과하는 때에 효력을 상실하게 된다. 상쇄배출권의 경우도 마찬가지이다.

바. 탄소배출권의 상쇄

상쇄제도는 할당대상업체의 온실가스배출량 감축의무 이행을 위한 보조적 수단이다. 또 상쇄배출권은 초과배출량을 맞추기 위한 배출권이다. 할당대상업체는 국가로부터 인증받은 '외부사업 인증실적'(Korean Offset Credit, KOC)을 상쇄배출권으로 전환하여 배출권으로 제출할 수 있다. '외부사업 인증실적'이란 할당대상업체가 온실가스감축의 효과를 갖는 기술·사업 등을 국가로부터 인증 받은 것을 말한다.

사. 탄소배출권의 거래

배출권은 매매나 그 밖의 방법으로 거래할 수 있다. 또 배출권은 상속받을 수도 있다. 배출권을 거래하려는 자는 첫째, 사전에 배출권등록부에 배출권 거래계정을 등록하여야 한다. 이는 부동산 등을 거래하려면 부동산등기부에 부동산의 등기를 하는 것과 마찬가지의 제도이다. 둘째, 거래 후 그 사실을 국가에 신고하여야 한다. 셋째, 국가는 배출권의 거래를 신고 받은 후 지체 없이 배출권등록부에 그 내용을 등록하여야 한다. 국가는 거래 신고서를 제출받았을 때에는 지체 없이 배출권 거래계정을 등록한 자인지 여부, 배출권 최소 또는 최대 보유한도의 준수 여부, 양수인과 양도인의 합의 여부를 확인한 후 양도인의 배출권 거래계정에서 양수인의 배출권 거래계정으로 이전하여 등록하여야 한다.

아. 탄소배출권거래소

국가는 배출권의 공정한 가격 형성과 매매, 그 밖에 거래의 안정성과 효율성을 도모하기 위하여 배출권거래소를 운영하고 있다. 국가는 2014년 1

월 한국거래소(KRX)를 배출권거래소로 지정하였다. 배출권거래소를 운영하는 것은 탄소배출권을 주식과 동일한 재화로 취급한다는 것을 의미한다.

국가는 배출권 거래가격의 안정성을 위하여 법이 정하는 시장안정화조치를 취할 수 있다. 예를 들면, 배출권 가격이 6개월 연속으로 직전 2개 연도의 평균 가격보다 대통령령으로 정하는 비율 이상으로 높게 형성될 경우, 배출권에 대한 수요의 급증 등으로 인하여 단기간에 거래량이 크게 증가하는 경우, 그 밖에 배출권 거래시장의 질서를 유지하거나 공익을 보호하기 위하여 필요한 경우에는 시장안정화조치를 취할 수 있다.

4. 결어

온실가스배출법이 지난 1년간 시행한 탄소배출권거래제의 현황은 어떠한가? 탄소배출권거래제는 걸음마 단계에 있고 그 현황은 매우 실망스럽기까지 하다. 한국거래소에서의 탄소배출권거래 현황은 아래 표와 같다.

[표] 2015년 배출권 거래현황

거래 월별 (거래일수)	총거래량	장외거래	장내거래				
			계	할당배출권(KAU15)		상쇄배출권(KCU15)	
				거래량	거래대금	거래량	거래대금
1월(4일)			1.4천t	1.4천t	0.1억원		
4월(5일)			279.9천t			279.7천t	29.2억원
6월(1일)			500.0천t			500.0천t	51.0억원
10월(2일)			180.0천t	180.0천t	21.6억원		
12월(7일)			381.1천t	140.0천t	16.9억원	141.0천t	20.1억원
계(19일)	5,505.0천t	4,262.9천t	1,242.1천t	321.4천t	38.7억원	920.7천t	100.3억원

2015년 1차 이행연도의 할당배출권의 총할당량은 5억4천300만 톤이

었다. 그러나 2015년 1차 이행연도의 배출권(할당배출권과 상쇄배출권)의 총 거래량은 550만5천 톤으로 2015년 할당량 대비 1%에 해당하는 미미한 것이었다. 이 중 배출권거래소를 통한 장내거래는 124만2천100톤(거래대금 139억원)이었고, 장외거래는 426만2천900 톤이었다.

배출권거래시장 중 장내거래가 차지하는 비중은 매우 미흡하다. 거래 량도 적고 거래일수도 적다. 우선 2015년 한 해 동안 거래가 이뤄진 날은 손에 꼽을 정도다. 할당배출권은 1월에 4일, 10월에 2일, 12월에 2일, 상 쇄배출권은 4월에 개장되어 5일, 6월에 1일, 12월에 5일밖에 거래되지 않았다. 또 거래량은 할당배출권은 32만1천400 톤, 상쇄배출권(KCU15) 은 92만700톤이었다. 이 중 할당배출권은 개장 첫 주에 1천400톤이 거 래된 후, 10월에 18만 톤이 거래되었고, 12월에 28만1천100톤이 거래되 었다. 또 상쇄배출권도 4월 6일 상장되어 27만9천900톤이 거래됐고, 6 월에 50만 톤이 거래된 후, 12월에 14만1천100톤이 거래되었다. 장내거 래가 위축되면서, 배출권의 부족분을 매입하는 수요자는 장외거래를 통 하여 배출권을 구입할 수밖에 없었다. 즉, 장내거래의 배출권가격이 저렴 하므로, 수요자는 장외에서 배출권을 매입할 수밖에 없었던 것이다. 그리 고 상쇄배출권(KCU)이 할당배출권(KAU)보다 높은 가격에 거래되는데, 이 는 장내시장에 배출권이 공급되지 않기 때문이다.[4]

탄소배출권거래소에서 시장메커니즘이 미미하게 작동하고 있는 근본 적 원인은 무엇인가? 우선 초기 실행에 따르는 업체들의 불안감을 들 수 있다. 또 국가의 지나친 통제를 들 수 있다. 국가는 탄소배출권의 가격을 최저가격을 정하고 일정비율 이상의 가격 앙등을 통제하고 있다.

이제 탄소배출량을 감축하지 않고서는 21세기말까지 지구의 평균기온 상승을 2℃ 이내로 잡을 수 없다. 그것을 달성해야만 인류는 지구를 인류

---

4 EU에서는 할당배출권의 가격이 상쇄배출권 가격보다 높게 형성되는 것과 대조적이다.

가 살 수 있는 곳으로 지켜낼 수 있다. 이제 지구의 운명은 탄소배출권과 그 거래제도에 달려 있다고 해도 과언이 아니다.

참고문헌

이창수, 포스트 교토체제하 배출권거래제의 국제적 연계, 경인문화사, 2013.
조홍식·이재협·허성욱 편, 기후변화와 법의 지배, 박영사, 2010.
법무법인 세종, 배출권거래제법 및 산업계지원법 연구, 2010

| 박태준미래전략연구총서를 펴내며 |

현재가 과거의 축적 위에 있듯 미래는 현재를 포함한 과거의 축적 위에 있게 된다. 과거와 현재가 미래의 상당한 실재를 담보하는 것이다. 다만, 소통의 수준에는 격차가 크다. '역사와의 대화'에서 확인할 수 있는 것처럼 현재가 과거와 소통하는 일은 선명한 이해를 이룰 수 있어도, 현재가 미래와 소통하는 일은 희미한 공감을 넘어서기 어렵다. 이른바 'ICT시대'라 불리는 21세기 '지금 여기'서는 더욱 그러하다. 현란하고 다양한 현재의 상상력들이 서로 융합하고 충돌하면서 예측불허의 창조적 조화를 생성하기 때문이다. 그러나 그것이 인간 또는 인간사회의 어떤 근원적인 문제를 해결할 수는 없다.

나는 어디서 와서 어디로 가는가? 어떻게 살아야 인간답게 사는 것인가? 이런 질문들은 모든 개인에게 가장 근원적인 문제다. 이 문제의 완전한 해답이 나오는 날에 인문학은 사그라질지 모른다.

더 나은 공동체로 가는 변화의 길은 무엇인가? 더 나은 공동체로 가는 시대정신과 비전은 무엇인가? 이런 질문들은 인간사회가 결코 놓아버릴 수 없는 가장 근원적인 문제다. 이 문제가 '현재 공동체에서 벗어날 수 없는 우리'에게 당위적 책무의 하나로서 미래전략 탐구를 강력히 요청한다. 거대담론적인 미래전략도 있어야 하고, 실사구시적인 미래전략도 있어야 한다.

거대담론적인 미래전략 연구가 이상적(理想的)인 체제를 기획하는 원대한 작업에 주력한다면, 실사구시적인 미래전략 연구는 가까운 장래에 공동체가 당면할 주요 이슈들을 예측하고 대응책을 제시하는 작업에 주력한다. 박태준미래전략연구소는 앞으로 일정 기간 동안 후자에 집중할 계획이며, 그 결실들을 총서로 출간하여 더 나은 공동체를 향해 나아가는 사회적 자산으로 공유할 것이다.

꼭두새벽에 깨어난 이는 먼동을 예감한다. 그 먼동의 한 자락이 이 총서에 담겨 있기를 바랄 따름이다.

박태준미래전략연구소

박태준미래전략연구총서 5

호모 컨버전스: 제4차 산업혁명과 미래사회 ⓒ권호정 외

발행일	2016년 12월 1일 초판 1쇄 발행
	2018년 2월 26일 초판 3쇄 발행
펴낸이	김재범
펴낸곳	(주)아시아
지은이	권호정 외
편집	김형욱 신아름
관리	강초민 홍희표
출판등록	2006년 1월 27일 제406-2006-000004호
인쇄 · 제본	AP프린팅
종이	한솔 PNS
디자인	나루기획

전화	02-821-5055
팩스	02-821-5057
주소	경기도 파주시 회동길 445(서울 사무소: 서울시 동작구 서달로 161-1 3층)
이메일	bookasia@hanmail.net
홈페이지	www.bookasia.org
페이스북	www.facebook.com/asiapublishers

ISBN	979-11-5662-299-4 94080
	979-11-5662-119-5 (set)

이 도서의 국립중앙도서관 출판도서목록(CIP)은 서지정보유통지원시스템 홈페이지(http://seoji.nl.go.kr)와
국가자료공동목록시스템(http://www.nl.go.kr/kolisner)에서 이용하실 수 있습니다.
(CIP제어번호: CIP2016026408)